World of Wines

와인의 세계

이정훈 · 고종원 공저

기문사
www.kimoonsa.co.kr

머리말 Preface

과거에도 사회 여러 계층, 여러 사회적 이슈에서도 자연스레 자주 등장해 온 와인은 신화에서 야사까지 인류 역사와 함께 해온 아주 특수한 스토리를 갖고 있는 매개체이기도 하다. 본 서적 또한 이러한 와인의 매력을 지식적인 이론과 실무를 통해 전하는데 목적을 두고 있다.

어느덧 1977년 국산 와인 1호인 마주앙이 탄생한지 40년의 시간이 흘렀다. 그 후 한국에서 와인은 1988년 서울 올림픽을 기점으로 한국 시장에 서서히 우리 사회에 들어오기 시작했다. 그렇게 무난하게 정착하는가 싶더니 1997년 IMF 외환위기를 겪으면서 사치품이라는 시각으로 잠시 곁을 떠나있기도 했다.

2002년 월드컵이 한국 사회에 커다란 영향을 주었던 것처럼 2000년대 초반 웰빙이라는 문화를 타고 다시 돌아온 와인은 '신의 물방울' 만화라는 기존 사회에서는 다소 생소한 수단을 매개체를 통해 주류 사회에 새로운 문화를 만들어가는 역할을 하였다.

당시 CEO들에게 와인은 국제사교와 경영을 위한 필수 조건으로 여겨졌고 여기저기에서 와인 시음회와 문화 강좌가 넘쳐났었다. 결국 지금 편의점에서도 와인을 판매하는 모습을 보면 생활 한편을 자리잡게 된 시발점이기도 하다. 그야말로 격세지감을 느껴지게 한다.

본 서적은 제1장부터 제20장까지 와인 한 가지만 다루는 와인 전문 서적이다. 과거 첫 번째 와인 붐이 일어났던 시기에 앞다투어 와인 관련 서적이 출간되었지만 첫 번째 성숙기에 다다른 지금 그 동안의 변화나 흐름을 알려주는 서적은 부재한 상태이다. 이에 호텔 관광분야의 교육 전문 교수와 외식분야에 종사하는 전문가가 뜻을 모아 와인의 세계라는 제목으로 와인 서적을 출간하게 되었다.

본 서적은 첫째 호텔 및 외식 산업 전반을 전공으로 하는 학생들에게 보다 체계적이면서도 실무에 도움되도록 와인에 대한 전반적인 이론적 지식과 함께 소믈리에 실무에 이르기까지의 경험적 지식 전달을 목적으로 한다. 이론적 지식은 가능한 국내외의 여러 전문 서적과 검증된 사료을 바탕으로 서술하였으며, 경험적 지식은 외식 사업 전반 현장에서의 체험과 오랜 접객 서비스 실무 및 실제 사례, 해외 경향 등을 폭넓게 다루고 있다.

또한 본 서적이 직업적 소양을 넘어 다른 한편으로 순수한 애호가로서 실생활에서 와인을 즐기는데 일조할 수 있다면 더욱 뜻 깊을 것이다. 책장을 넘어 생활의 한 부분이 된다는 것은 큰 변화이기 때문이다.

사회 전반적인 흐름으로 볼 때 외식 문화의 성장, 고도주에서 저도주로의 음주 문화의 변화, 여성의 사회적 지위 향상, 직장에서 가정으로의 삶의 기준 변화 등 앞으로도 와인은 우리 생활에 삶의 윤활유 역할을 담당할 것으로 보인다.

그동안 본 서적 나오기까지 출간 결정을 해주신 기문사 사장님과 특히 협력하고 수고해 주신 한재성 부장님, 편집부 관계자님의 노고에 깊은 감사를 드린다.

집필 기간이 오랬던 만큼 애착이 많은 본 서적이 독자들이 와인을 즐겁게 즐기는데 도움이 되었으면 저자로서 더 이상 바랄 바가 없을 것이다. 2017년 빈티지 와인을 마실 때 오늘이 기억날 것 같다.

끝으로 와인을 창조케 하시고 축복을 주신 주님께 찬양하며, 사랑하는 사람 아름다운 사람 고귀한 사람 잊을 수 없는 사람 저자에게 추모하고 싶은 천사같은 이에게 진정으로 고마웠고 감사했고 잊을 수 없을 것이라는 말로 마음의 더없이 깊은 사랑을 전달하고자 한다.

2017년 9월 공저자를 대표하여 이정훈

차례

C·o·n·t·e·n·t·s

제1부

와인 입문

와인의 세계

제1장

와인의 개요

1 와인과 그외 주류의 분류

와인은 포도를 원료로 만든 양조주로 알코올은 일반적으로 7~15% 정도이다. 양조주는 효모균의 활동에 의해 당분이 알코올과 이산화탄소로 변화하여 만들어진다. 다른 양조주로는 맥주, 일본의 사케, 중국의 노주 등이 있다.

증류주는 물과 알코올의 비등점의 차이를 이용하여 양조주에서 알코올성분을 분리하는 작업으로 만들어진다.증류 방식에는 단식 증류와 연속식 증류 방식이 있다. 과실을 원료로 하는 증류주로는 브랜디가 유명하며 곡물을 원료로 하는 증류주는 보드카, 위스키, 진, 증류식 소주 등이 있다.

혼성주는 양조주, 증류주를 기본 재료로 하며 약초, 허브, 과실, 당분, 그 외 향을 첨가하여 만든 알코올 음료이다.

양조주 원료로 하는 혼성주는 플레이버 와인이라 부르며 버무스(Vermouth)가 대표적이고 증류주 원료로 하는 혼성주는 리큐어가 대표적이다.

2 와인의 분류

거품의 유무와 주정을 비롯한 첨가물 여부에 따른 분류는 다음과 같다.

스틸 와인(Still Wine)	탄산가스 기압이 없거나 1기압 미만의 와인
스파클링 와인(Sparkling Wine)	탄산가스 3기압 이상의 와인
포티파이드 와인(Fortified Wine)	알코올을 첨가한 주정강화 와인
플레이버 와인(Flavored Wine)	와인을 기본으로 한 혼성주

포티 파이드 와인은 발효 중 당도를 남기기 위해 또는 발효 후 알코올 40%의 브랜디를 첨가하여 알코올이 16%~20% 정도가 된다. 스페인의 쉐리, 포르투갈의 포트, 이탈리아의 마르살라, 프랑스의 천연감미 와인 (V.D.N, V.d.L)이 해당한다.

플레이버 와인은 와인에 약초, 허브, 과실, 당분, 그 외 향을 첨가하여 만든 혼성주로 향을 강화 및 더하였다는 의미로 아로마 타이즈드 와인(Aromatized wine)이라고도 부르며 프랑스의 리렛, 그리스의 레치나 등이 해당한다.

3 와인의 역사

와인의 역사는 B.C(기원전)5000년경 지금의 서아시아(중동) 이란과 조지아(Georgia)부근에서 시작되었다고 전해진다. 영국의 과학 전문 매거진인 네이처(Nature)에서 이란의 산맥지대에서 와인의 흔적이 발견되었다고 밝힌 바 있으며 또 다른 설로 B.C 7000년경의 포도 경작의 증거가 조지아에서 발견되어 조지아의 코카서스(Caucasus)가 기원이라는 설도 있다.

고대 조지아의 전통 크베브리 와인 양조법(Qvevri wine-making method)

B.C2500년경 바빌로니아 지금의 이라크인 티그리스 유프라테스강 유역의 메소포타미

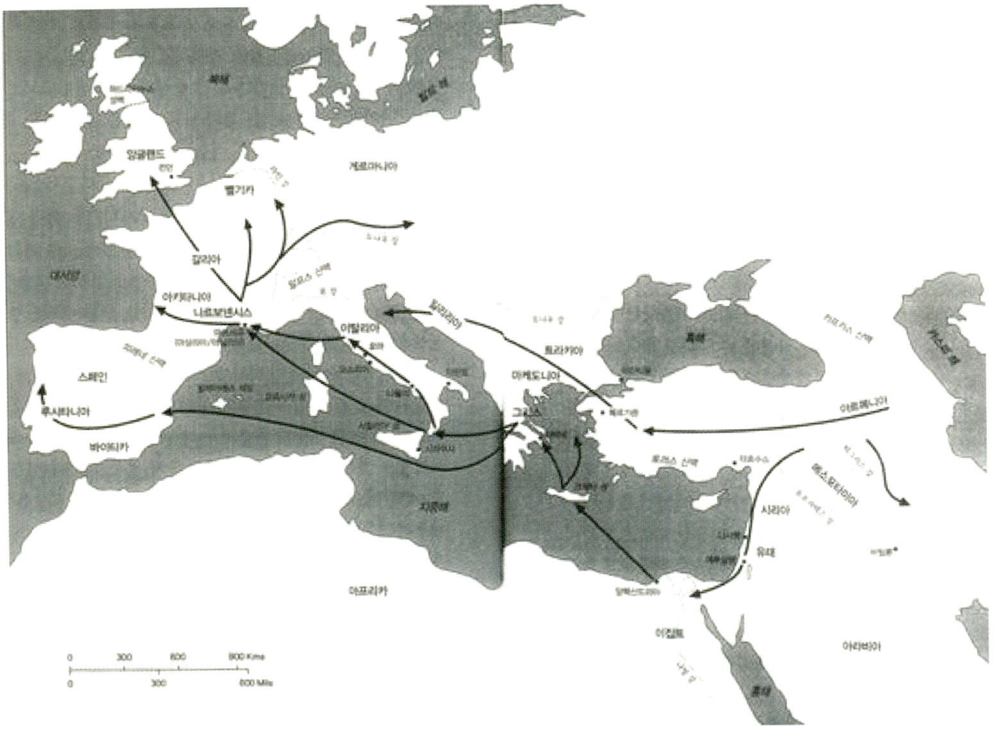

아 문명과 같은 시기 이집트 피라미드에 포도재배 와인 양조에 관한 벽화가 그려져 있었으며 B.C 1700년 바빌론 왕조 함무라비 법전에 와인 판매에 관한 규정이 적혀 있었다.

B.C 1600년경 그리스 미노아 문명 시기 크레타섬의 팔라이카스트로에서 암포라와 포도압착기가 출토되었는데 이는 크레타섬의 미케네 출신 지도자가 그리스 본토로 전해주었음이 추측된다.

바쿠스

신화에도 등장하기 시작하여 포도주의 신으로 그리스 문명에서는 바쿠스, 로마 문명에서는 디오니소스로 불려진다.

B.C 1500년경 페니키아인(요르단)이 암포라를 이집트에 전해 주었고, B.C 800년 현재의 이탈리아 중부 토스카나 북부 지방에 와인 양조가 시작되었다.

B.C 500년 로마제국 시대 그리스인에 의해 시칠리아를 비롯 이탈리아 남부로 와인전파

되어 B.C 100년 로마군의 원정에 의해 프랑스의 갈리아 지방,독일의 게르만, 스페인의 히스파니아에 전해진다.

A.D(서기) 92년 로마 황제 도미티아누스가 곡물 부족 현상을 막고자 이탈리아에 새로운 포도밭 경작을 금지함에 따라 포도 경작은 프랑스에서 활성화되게 되었다.

100년 프랑스의 론, 독일의 라인, 200년 프랑스의 브르고뉴, 보르도, 400년 샹파뉴로 프랑스 전역으로 확산되기 시작한다. 이 시기 와인의 저장 운송 용기로서 나무로 만든 오크통 사용이 시작되었다.

280년 로마황제 프로부스가 갈리아에서 포도재배를 장려하였고, 로마시대부터의 오랜 도시 현 독일의 트리어(Trier)와 모젤(Mosel)부근에서 포도 재배가 활성화되기 시작했다.

400년 로마제국의 붕괴하고 711년 이슬람 제국(터키, 무어인)이 북아프리카, 이베리아 반도까지 이르게 된다. 술을 금기하는 이슬람 율법에 따라 와인은 암흑시대를 맞이하지만 교회의 포도 재배는 계속된다.

샤를마뉴 황제

800년 프랑크 왕국 샤를마뉴 황제(칼대제)가 신성 로마 제국의 황제로 즉위하였고 와인을 장려하여 특히 라인가우, 브르고뉴 에서 산업이 활성화되었다. 이 시기 가톨릭 종파인 베네딕트 파에 의해 와인은 이탈리아, 프랑스, 독일에서 발전하게 된다.

종교적인 이유로 수도원의 포도밭이 확대되는데 1096년부터 시작된 십자군 전쟁으로 전투에 나서는 기사들이 영혼을 위한 기도를 위해 기부하여 교회의 포도밭은 기하급수적으로 늘어나게 된다.

이러한 상황에서 1112년 베네딕트파에서 분리된 시토파에 의해 와인은 부흥기를 맞이하게 된다. 이들은 와인을 자신들이 마시기 위해 만들던 이전 베네딕트파의 수도사와 달리 엄격한 교리를 따르는 수도사들이었다.

이들은 토양과 기후, 포도재배와 와인의 관계를 연구하였고 와인양조과정뿐 아니라 땅을 고르고, 가지치기, 접붙이기 등에 관한 여러 실험을 실시하여 현재의 "크뤼(Cru)"라는 개념과 특정 포도원의 밭의 와인은 나름의 일관된 특징이 변하지 않는 떼루아(Terroir)를 밝혀냈다. 그리하여 브르고뉴의 돌담을 상징하는 끌로(Clos)가 특정 떼루아를 갖는 포도밭이란 개념을 확립하게 되었다.

브르고뉴에서는 유명한 "끌로 드 부죠"가 그 결정체이고 브르고뉴의 수도사들이 다시 포도나무를 가지고 독일의 라인가우로 전파하여 중세 최대 규모의 포도밭 "에베르바흐 수도원(Kloster Eberbach)"이 탄생하게 된다.

1200년 이슬람교도의 세력이 쇠퇴하면서 스페인이 다시 가톨릭 문화권으로 수복되어 포도원도 완전히 복구되었다.

1453년 쉐리주가 영국으로 수출되기 시작했고 신대륙에서1500년경 스페인, 포루투갈에 의해 해외 와인 산지가 확대 되어 남 아메리카 페루에 최초의 와인 양조가 시작되고 이어서 1520년 멕시코, 1557년 아르헨티나로 확대되었다.

1500년 후반 만들어진 유리병은 코르크와 함께 사용되기 시작하여 샴페인의 발명에 이어지게 된다. 1600년 초기 헝가리에서는 귀부 스위트 와인인 토카이가 만들어졌고 1660년 보르도의 쏘떼른에서도 귀부 스위트 와인이 생산되기 시작했다.

1600년경 네덜란드 인에 의 해 증류기술이 전파되어 꼬냑, 브랜디의 상품명이 1678년 영국에서 등장하게 된다. 1660년 중반 샤또 오브리옹이 영국 시장에서 인기를 끌어 보르도 와인이 유명해지고 지역와인을 섞어서 판매하던 기존 방식에서 특정 포도밭이나 양조장을 대변하는 샤또(Chateau)의 개념이 등장하였다.

1668년 샹파뉴 지방에서는 후대에 샴페인의 아버지라 불리는 돔페리뇽이 오빌레 수도원에 근무하며 샴페인연구를 시작한다.

피에르 페리뇽(돔 페리뇽)

바다건너 신대륙 칠레, 아르헨티나에서는 1850년 유럽에서 고급품종이 들어오는 등 와인 산업이 중요한 시기를 맞이 하게 된다.

1855년에는 나폴레옹 3세의 지시로 프랑스 만국 박람회에 최초의 와인 등급인 보르도 메독 지방과 쏘떼른 지방의 와인에 등급체계가 만들어지게 된다. 이 등급체계는 와인역사상 최초의 등급체계로 역사성과 정통성을 지니게 된다.

그러나 불과 5년뒤 1860년 포도나무 뿌리에 기생하는 진딧물 벌레인 필록세라의 창궐로 유럽 포도밭의 초토화되기 시작하였고 필록세라의 피해로 와인이 부족한 이 시기에 신세계 와인들의 유럽 와인 수출이 본격화되기 시작한다.

와인산업은 1914년부터의1945년까지1,2차세계대전과 경제 공황을 치르는 등 긴 침체기를 보낸다.

그 와중에 1935년 프랑스에서 현재 여러 나라 와인법의 모델이 되는 원산지 통제 명칭제도(A.O.C)를 도입하여 와인의 위조 및 품질 관리에 앞장선다.

1950년 포도재배 농법에서 농사용 트랙터 도입으로 농법은 기계화 도입으로 진보하게 된다.

1970년 "파리의 심판"이라 불리는 미국과 프랑스 와인의 비교 블라인드 테이스팅을 통해 미국 와인이 국제 시장에서 고급 와인으로 인식되기 시작하며 신세계 와인의 성장을 보여주었다.

품질 관리를 위해 1980년에는 원산지 통제 명칭 제도가 각국에서 재정립되고 1981년 프랑스의 양조학자 에밀 페노가 온도 조절 발효의 중요성을 강조함으로 와인 산업에서 양조자의 역할이 크게 대두되었다.

1990년 오스트레일리아 와인의 생산량, 수출이 늘어 나는 등 세계 시장에서 신세계 와인의 도약이 활발히 일어나고 2000년대 이래 와인산업은 전세계가 서로를 마켓으로 인식 활발한 교류와 발전을 이루고 있다.

제2장

포도 품종

1 포도의 분류

식물 분류에서 계층에 따른 분류법으로 Species(종, 種), Genus(속, 屬), Family(과, 科), Order(목, 目), Class(강, 鋼), Phylum(문, 門), Kingdom(계, 系)로 구분된다. 포도속 Vitis(grapevines)는 꽃 피는 포도 재배 식물 79 Species(종, 種)의 Genus(속, 屬)이다.

대표적인 종(품종)으로는 유럽종인 비티스 비니페라 (Vitis Vinifera), 미국종인 비티스 라부르스카 (Vitis Labrusca)가 대표적이며 그 외에 비티스 리파리아(Vitis Riparia), 비티스 루페스트리스(Vitis Rupestris)를 들 수 있다.

1) 비티스 비니페라(Vitis Vinifera)

포도속(Vitis)에는 여러 품종이 있지만 비티스 비니페라 품종이 대부분의 와인에 사용되는 가장 중요한 품종으로 샤르도네나, 까베르네 쏘비뇽등이 여기에 속한다.

유럽 품종, 또는 국제 품종으로도 불리며 서아시아가 원산지이고 전세계 와인 양조에 사용된다.

(1) 레드 와인 품종

❶ 까베르네 쏘비뇽(Cabernet Sauvignon)

"레드 와인 품종의 왕"으로 불리는 대표적인 품종으로 그 어떤 포도 품종보다 안정적으로 질 좋은 와인을 생산한다. 원산지는 프랑스 보르도의 메독 지방이며 우아하고 장기 숙성력이 강한 풀바디 와인의 대명사로 불린다.

블랙커런트, 박하, 녹색 고추 향의 풍미가 풍부한 와인으로 오크 숙성 시 바닐라와 삼나무 등의 향이 복합적으로 어우러진다.

보르도에서는 전통적으로 이 품종에 멜롯 이나 까베르네 프랑과 브렌딩 하여 와인을 생산하며 캘리포니아 나파 밸리 에서도 성공적으로 정착하여 과일 향이 듬뿍 담긴 마시기 좋은 와인을 생산한다.

주요 산지는 프랑스 보르도, 캘리포니아, 남아프리카 공화국, 오스트레일리아,칠레 등이다.

❷ 멜롯(Merlot)

보르도가 원산지로 지롱드 강 좌안 메독 에서는 브렌딩의 보조 품종으로 사용되며 지롱드 강 우안 쌩 떼밀리옹이나 뽀므롤 마을에서는 메인 포도 품종으로 사용된다.

좋은 멜롯 와인은 장기 숙성이 가능하며 감칠맛과 함께 부드러운 자두향의 레드 와인으로 변화한다.

신세계 특히 미국에서 품종 와인으로 주목 받아 잘 생산되었으며 특히 캘리포니아의 멜롯은 부드러운 탄닌과 과일 풍미가 매력적인 와인으로 인기를 끌고 있다.

주요산지는 프랑스 보드로(쌩 떼밀리옹, 뽀므롤), 캘리포니아, 칠레 등이다.

❸ 피노누아(Pinot oir)

초기에는 붉은 과일 향을 비롯하며 산미가 인상적인 와인으로 심플하게 느껴지지만 숙성과 함께 나타나는 다양한 향이 특징인 세계적으로 추종 받는 미디엄 바디의 와인을 생산하는 품종이다.

덜 익었을 때는 여름에 나오는 붉은 과일 향이 나오며 상큼하고 과일캐릭터의 와인이지만 숙성이 진행되면 동물적인 향과 송로 버섯의 향을 띄는 등 복합적으로 변모 하는 야누스적인 품종이다.

주요 산지는 프랑스 브르고뉴, 꼬뜨 도르, 뉴질랜드 센트랄 오타고,미국 오레곤, 오스트레일리아, 독일 등이다.

❹ 시라(Syrah) / 쉬라즈(Shiraz)

프랑스에서 "시라"로 불리는 이 포도 품종은 프랑스산은 검은 과실, 후추 향이 지배적이고 오스트레일리아에서는 좀더 농익은 향과 강한 알코올이 특징적인 와인을 만들어낸다. 신세계인 호주에서는 쉬라즈로 불리고 프랑스와는 전혀 다른 브렌딩 파트너인 까베르네 쏘비뇽과 브렌딩되는 등 특별한 조합의 와인이 생산된다.

양조자에 따라 오스트레일리아에서도 라벨에 와인의 스타일을 명시하기 위하여 쉬라, 쉬라즈를 선택해서 기재하고 있다.

주요 산지는 프랑스 론 밸리, 프랑스 남부, 오스트레일리아 등이다.

❻ 까베르네 프랑(Cabernet franc)

까베르네 쏘비뇽과 친척관계인 품종으로 보르도에서는 보조 품종으로 루아르 밸리 에서는 주요 품종으로 사용된다. 블랙베리, 블랙커런트, 허브 향을 내는 가볍고 부드러운 레드 와인을 생산한다.

주요산지는 프랑스 보르도, 루아르 등이다.

❼ 그르나슈(Grenache)

열기를 좋아하는 품종으로 높은 알코올 도수에 체리 향의 과일 풍미의 성격을 갖고 있으며 세계에서 가장 많이 심는 품종으로 단일 품종보다는 브렌딩 품종으로 사용된다.

주요 산지는 프랑스 론 밸리와 남부 프랑스, 스페인 등이다.

❽ 가메이(Gamay)

원산지는 프랑스 보졸레로 프랑스와 유럽각지에서 재배되고 있다. 가볍고 체리맛 풍미로 유명하며 색조는 선명한 보라색으로 탄닌 함유가 적어 가볍게 마시기 좋은 품종이다.

주요 산지는 보졸레, 루아르 밸리이다.

⑨ 네비올로(Nebbiolo)

피에몬테의 바롤로와 바르바레스코에서 풀바디의 힘있는 와인을 생산한다. 레드베리, 장미, 제비꽃 부케가 특징이며 숙성시 담배 향과 송로버섯 향이 난다.

주요 산지는 이탈리아 피에몬테이다.

⑩ 산지오베제(Sangiovese)

이탈리아에서 가장 널리 재배되며 미디엄에서 풀바디 와인까지 생산된다. 상큼한 산미가 매력적인 품종으로 네비올로와 함께 이탈리아를 대표하는 레드 품종이다.

주요산지는 이탈리아 토스카나지역 키안티, 브르넬로 디 몬탈치노, 비노 노빌레 디 몬테풀치아노이다.

⑪ 템프라뇨(Tempranillo)

최고 품질의 스페인산 와인 품종으로 미디엄에서 풀바디 까지의 와인을 생산한다. 강한 타닌과 나무 딸기향, 매콤한 풍미가 특징이다.

주요산지는 스페인의 리오하, 리베라 델 두에로 이다.

⑫ 진판델(Zinfandel)

캘리포니아에서는 진판델 이탈리아 남부에서는 프리미티보로 불리는 품종으로 미국에서는 매우 옅은 분홍 장미 빛 세미 스위트 와인(화이트 진판델)에서부터 알코올과 풀바디의 묵직한 정통 드라이 와인까지 생산하는 팔색조 같은 품종으로 인정받고 있다. 즙이 많은 검은 과일과 부드러운 탄닌이 특징이다.

주요 산지로는 캘리포니아와 이탈리아 남부이다.

⑬ 무르베드르(Mourevedre)

짙은 색과 향이 강한 품종으로 프랑스 남부와 스페인에서 주로 브렌딩에 이용되었으나 지금은 진한 색깔과 강한 향 덕분에 많은 사랑 받고 있다.

주요 산지로는 프랑스 남부와 스페인이며 특히 스페인의 후미야(Jumilla) 마을에서 수령이 100년된 고목에서 만들어지는 와인으로 유명하다.

주요 산지는 프랑스 남부, 스페인이다.

⑭ 토우리갈 나시오날(Tourigal Nacional)

포루투갈의 Port wine을 생산하는 대표적인 포도 품종으로 현재 수준급의 포루투갈 드라이 레드 와인을 생산하는 품종이기도 하다.

주요산지는 포루투갈이고 포트 와인산지는 포르토Porto, 드라이 레드 와인 산지는 도우로(Douro)와 다웅(Dao)이다.

(2) 화이트 포도 품종

❶ 샤르도네(Chardonnay)

세계에서 가장 인기 있는 화이트 와인 품종으로 질적인 면에서 최고의 와인을 생산한다. 프랑스의 브르고뉴, 샴페인 제조에도 중요한 품종이다.

보통 빈 캔버스 같은 포도 품종이라고 흔히 표현하기도 하는데 그 이유는 주로 풀 바디의 드라이 화이트 와인으로 만들어지지만 재배된 장소나 양조자의 양조에 따라 산뜻한 맛에서부터 금속성의 날카로운 맛이나 강한 열대성 풍미를 갖는 맛까지 다양하게 만들어진다. 양조자나 떼루아에 따라 다른 스타일로 만들어 질 수 있기 때문이다.

보통 서늘한 기후에서는 레몬 또는 녹색 과일의 풍미와 산뜻한 산미가 있는 와인을 만들고 따뜻한 기후에서는 열대 과일 풍미와 함께 오크 숙성을 통한 풀바디의 와인을 만든다.

주요 산지로는 프랑스의 브르고뉴와 샹파뉴, 캘리포니아, 오스트레일리아 등이다.

❷ 쏘비뇽 블랑(Sauvignon Blanc)

드라이하고 산뜻하면서 산도와 아로마가 강한 품종으로 최근 인기가 급상승하고 있는 품종이다. 주로 구즈베리 풍미가 나며 푸른 고추나 풀, 고양이 오줌 냄새도 난다.

뉴질랜드의 말보로(Marlborough)에서는 강렬한 산미와 진한 아로마를 특징으로 하는 전형적인 상큼한 화이트 와인이 만들어지고 캘리포니아에서는 오크통에 숙성시켜 독특한 아로마를 억제시키는 경우도 있다. 잘 만들어진 와인에서는 열대 과일 맛이 나기도 한다.

이 품종은 품종와인으로는 뉴질랜드의 명성이 높지만 보르도에서 세미용과 브렌딩 하여 만드는 스위트 와인으로 유명 한다.

❸ 세미용(Semillon)

품종 자체로는 그다지 유명하지 않지만 보르도의 전설적인 스위트 와인을 만드는데 가장 중요한 역할을 하는 품종이다.

진하고 농축적이며 감미로운 풍미가 쏘비뇽 블랑의 매력적인 산미와 조화를 이루기 때문이다 .세미용은 다양한 스타일로 제조되지만 꿀, 오렌지 마말레이드,토스트 등이 공통적이다.

단일 품종으로는 오스트레일리아에서 드라이 화이트 와인을 생산한다. 종종 오크 숙성을 거치기도 하나 오크를 사용하지 않은 경우에는 맛이 가볍고 향이 강한 스타일로 양조된다.

주요 산지는 프랑스 보르도의 쏘떼른, 바르삭, 오스트레일리아의 헌터 밸리, 바로사 밸리 등이다.

❹ 리슬링(Riesling)

많은 사람들이 인정하는 세계에서 가장 인기 있는 포도 품종 중 하나이다. 전형적으로 상쾌한 산미의 가볍고 향기로운 와인이 만들어지는데 근사한 아로마와 상대적으로 낮은 알코올을 특징으로 한다. 광물질에서부터 관능적이고 감미로운 과일 풍미까지 표현 할 수 있는 범위가 다양하다. 오크통에서 발효되는 경우는 거의 없다.

주요 산지는 독일, 프랑스의 알자스, 오스트레일리아, 뉴질랜드, 미국 등이다.

❺ 슈냉 블랑(Chenin Blanc)

드라이한 와인에서 스위트한 와인까지 다채로운 와인을 만드는 품종으로 루아르 밸리에서 가장 많이 재배되며 라임, 바닐라부터 꿀까지 다양한 풍미를 자랑한다.

주요 산지로 프랑스 루아르 밸리, 남아프리카 공화국 등이다.

❻ 피노 그리(Pinot Gris)

색이 짙으며 미세한 꿀, 연기, 향신료의 풍미를 보여준다. 같은 품종이지만 이탈리아산은 프랑스 알자스 산보다 가벼운 바디를 갖고 있다.

주요 산지는 프랑스 알자스, 이탈리아 등이다.

❼ 게브르츠 트라미너(Gewurztraminer)

리치(lychee), 장미, 라일락들의 진한 향이 나며, 때때로 훈제 베이컨향 풍미도 갖고 있다.

주요 산지는 프랑스의 알자스 등이다.

❽ 뮈스까(Muscat)

뮈스까의 가계에는 뮈스까 아 쁘띠 그랑, 알렉산드리아. 오토넬등이 있으며 고급 뮈스카(Muscat)로는 알자스의 드라이 화이트, 오스트레일리아산 스위트한 리퀘르 뮈스까가 대표적이다. 일반적으로 대중에게 친숙한 이탈이아의 모스카토(Moscato)를 들 수 있다.

주요 산지는 프랑스 남부, 알자스, 오스트레일리아, 이탈리아 등이다.

❾ 비오니에(Viognier)

고급품종으로 살구와 사향 냄새가 나는 풀바디의 화이트 와인을 생산한다. 주요 산지는 프랑스 남부 론 밸리의 꽁드리유(Condrieu), 캘리포니아, 칠레 등이다.

❿ 트레비아노(Trebbiano) / 위니 블랑(Ugni Blanc)

드라이 화인트 와인 및 꼬냑에 증류주에도 사용된다. 이탈리아에서 생산량이 가장 많은 품종이다.

주요 산지로는 이탈리아, 프랑스 등이다.

⓫ 푸르민트(Furmint)

헝가리의 전설적인 스위트 와인인 토카이(Tokaji)를 제조하는 데 쓰인다. 상쾌한 산미와 강한 알코올로 유명하며 얇은 껍질 덕분에 디저트 와인에 이상적이다

주요 산지는 헝가리이다.

⓬ 팔로미노(Palomino)

스페인 남부 안달루시아에서 쉐리를 만드는 품종으로 산도가 낮고 당분이 많아서 쉐리를 제조 는데는 적합하나 다른 지역에서는 주목 받지 못하는 품종이다.

주요 산지는 스페인의 헤레스(Jerez)이다.

⑬ 그뤼너 펠트리너(Gruner Veltriner)

뛰어난 잠재력을 품고 있는 품종으로 오스트리아 전역에서 재배된다. 특히 바카우 지방에서 만드는 와인은 독특한 향신료풍미의 드라이한 풀바디 화이트와인 생산되며 숙성시킬수록 더 좋은 품질이 된다.

주요 산지는 오스트리아 바카우(Wacau), 빈(Wein) 등이다.

2) 비티스 라부르스카(Vitis Labrusca)

아메리카 포도 품종으로 와인보다는 주스나 생식용으로 많이 쓰인다. 미국 동북부 뉴욕과 캐나다가 원산지이다.

주요 포도 품종으로는 콩코드(Concord), 챔피언(Champion), 나이아가라(Niagara), 델라웨어(Delaware) 등이 있다.

3) 비티스 리파리아(Vitis Riparia), 비티스 루페스트리스(Vitis Rupestris)

비티스 비니페라가 병충해에 저항력을 주기 위해 뿌리대목으로 사용되는 꺾꽂이 대목품종이다. 원산지는 미국 동북부이다.

4) 교배품종

교배로 만들어낸 품종을 말하며 이러한 품종들은 보통 포도재배에 불리한 기후나 부정적인 요소를 극복하기 위해 만들어지는 경우가 많다.

독일의 경우 포도나무 재배의 북방한계선에 위치하고 있어 늦서리의 위험을 피하고자 천천히 익는 만숙종인 리슬링보다 빨리 익는 뮐러 트루가우(Muller Thurgau: Riesling * Gutedel)를 탄생시킨 것이 대표적인 예이다.

제3장

떼루아와 포도 재배

1 떼루아(Terrior)

와인의 개성을 만드는 요소에는 포도 품종, 재배 양조기술 이외에 기후, 지형, 토양의 조합 등의 복합적인 요소가 있다. 이것을 떼루아(Trerroir)라고 부르는데 포도의 성장에 영향을 미치는 모든 환경을 설명하는 단어이다.

같은 품종이라 하더라도 떼루아에 의해 특징이 서로 다른 와인이 만들어지기 때문이다.

1) 기후

(1) 해양성 기후

바다와 같은 큰 물에 인접한 지역으로 지형적 특징은 수분이 태양열을 흡수해 복사함으로 포도밭에 영향을 미치는 일교차나 계절의 변화에 온도 변화를 적절히 유지한다.

해양성 기후에서는 토양이 중요한데 부족한 열기를 담아두어 보충하는 자갈토양이 대표적인 예이다. 해양성 기후인 보르도가 우수한 포도로 위대한 와인을 만들어 내는 이유로 자갈토양을 빼고 언급할 수 없는 이유이기도 하다.

대표적인 산지는 프랑스 보르도 지방이다.

(2) 대륙성 기후

보통 물가에 멀리 떨어져 있어서 일조량이 많고 건조하다. 또한 밤과 낮의 계절간 온도의 차이가 심해 포도재배에 도움을 준다. 그러나 서리나 우박으로 피해를 입는 경우가 많아 큰 위험요소로 작용한다.

대표적인 산지는 프랑스 브르고뉴 지방이다.

(3) 지중해성 기후

여름에는 덥고 건조하며 겨울에는 상대적으로 온화하며 습도를 갖기 때문에 포도재배에 최적인 기후이다. 지중해 연안의 대표적 기후이기 때문에 지방의 이름이 그대로 사용되었다.

대표적 산지는 지중해 연안 프랑스와 꼬뜨 뒤 론 남부 지방이다.

2) 토양

(1) 석회질 토양

알칼리성인 석회질 토양은 칼슘이 풍부하여 포도에 산도를 부여해주는 중요한 토양이다. 대표적인 산지로는 프랑스의 샹파뉴, 샤블리, 브르고뉴, 꼬냑, 스페인의 헤레스 등이 있다.

(2) 점판암 토양

점판질은 열보존력이 좋고 미네랄이 풍부하여 와인에 광물질의 특성을 전해준다. 대표적인 산지로는 독일의 모젤, 팔츠, 포루투갈의 알토 도우로 등이 있다.

(3) 점토질 토양

점토는 차가운 성질의 토양으로 물기를 잘 보존하므로 덥고 건조한 지역에 좋다. 대표적 산지로는 프랑스의 뽀므롤 등이 있다.

(4) 자갈 토양

자갈토양은 따뜻하고 배수가 좋아서 서늘하고 습기 찬 지역에 좋다. 대표적 산지로는 프랑스의 보르도 등이 있다.

3) 그 외 이상적인 재배조건

일반적으로 와인용 포도가 잘 자라기 위한 조건은 다음과 같다.

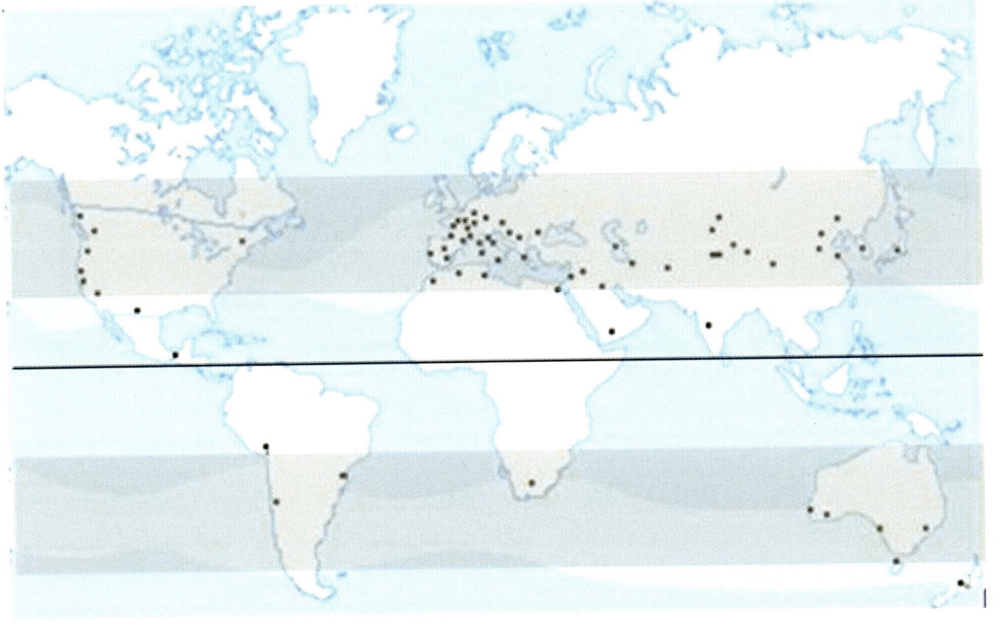

와인 벨트

재배 지역은 와인 벨트인 북반구에서는 북위 30°~50°, 남반구에서는 남위 30°~50°에 위치하고 연평균 기온은 10℃~16℃이며 포도가 자라나는 시기의 일조 시간은 13,00시간~1500시간이 필요하다. 강우량은 연간 500mm~900mm가 적당하나 겨울에서 봄에 비가 내리고 포도가 익어가는 여름과 특히 수확기인 가을에 비가 내리지 않아야 한다. 이 시기는 당도, 산도를 비롯한 구성요소 성분의 질 결정되는 중요한 시기이다.

2 포도 재배

1) 포도의 생육 1년 사이클

보통 한 해의 시작은 1월부터 시작되지만 포도 재배자 에게 있어서 1년의 시작은 수확 후에 시작된다.

또한 북반구와 남반구의 계절은 정반대이기에 여기서는 북반구 프랑스의 수확 후 겨울 준비인 11월을 기준으로 살펴보고자 한다.

(1) 겨울

❶ 11월

다음해 포도 생산에 관계없는 가지를 잘라내는 가을 가지치기를 시작한다. 또, 상태가 안 좋은 포도나무를 뽑고 다시 심을 포도밭을 관리하며 땅을 골라준다.

겨울서리를 방지하기 위해 포도나무 밑둥인 뿌리 위에 두둑을 쌓듯 흙을 쌓아 준다. 이는 겨울내 포도나무 뿌리가 동사하는 것을 방지하기 위함이다.

포도나무는 잎이 떨어지고 이때부터 3월가지 휴면기로 들어서며 겨울잠을 자게 된다.

❷ 12월

11월의 두둑 쌓는 작업을 계속 한다. 이 작업은 큰 추위가 오기 전에 끝내야 하는 중요한 작업이다.

❸ 1월

겨울 가지치기를 시작한다. 새순을 줄여 포도 재배 량을 줄이고자 이전 해에 자란 가지를 잘라내는 것을 시작한다. 이 작업은 포도나무의 생장 균형을 유지하며 수명을 길게 유지 시켜주기 위한 작업이다.

보통 프랑스에서 이 시기는 포도재배자의 수호성인인 생 빈세트(Saint Vincent)의 축제일인 1월22일 후에 실시한다.

❹ 2월

1월에 이어 가지치기를 계속 실시하고 2월중에 가지치기를 마무리한 후 잘라낸 잔가지를 태우는데 이시기 포도밭에서 흔히 볼 수 있는 광경이다.

(2) 봄

❶ 3월

포도 재배자는 비료를 살포하고 새로운 포도나무를 대목에 접붙이기 작업을 실시한다. 비료를 주는 것은 포도나무의 생장을 돕고 병충해와 서리로부터의 저항성을 기르기 위함이다. 이로써 포도나무에 활력을 불어넣어 포도나무 성장의 시작이 나타나기 시작한다.

이 시기에 보이는 생장 과정으로 "포도나무의 눈물"이라는 단계가 있는데 이는 수액이 올라와 가지 끝자락에 수액이 맺히는 현상을 말한다. 이를 포도나무가 운다고 표현하는데 이는 뿌리 조직이 겨울잠을 마치고 활동을 시작하였음을 알 수 있다.

❷ 4월

포도나무 밑둥 에 덮어두었던 흙을 제거하고 나무의 열 가운데로 흙을 모아주는 작업을 실시한다. 이 작업으로 자연스럽게 제초작업이 되면서 토양이 숨을 쉬게 되고 빗물이 잘 스며들게 되는 작업이 자연스럽게 이루어진다. 요즘에는 화학제초제를 사용하는 경우도 있다.

이즈음 기온이 10℃ 정도가 되고 알맞은 습도가 이어지면 봉우리에서 발아가 시작된다. 이는 식물 생장의 시작으로 초록색 싹이 튼 후, 곧 나뭇잎이 돋아나게 된다.

❸ 5월

이 시기부터 포도나무는 곰팡이, 바이러스, 해충 등에 취약하기 때문에 이에 대비해 포도 재배자의 관리가 중점적으로 시작되는 시기이다. 서늘하거나 습기가 많은 지역에서는 더 자주 약을 살포한다.

(3) 여름

❶ 6월

기온이 20℃가 되면 개화가 시작되고 10여일 후 꽃이 피어나게 되는 개화기이다. 개화는 수확시기를 결정짓는 중요한 조건이 된다. 이때부터 포도나무는 "과실"을 맺게 되는데 꽃가루가 묻지 않은 꽃들은 "낙화"과정을 거치게 된다.

이시기 온도가 조금 낮으면 낙화로 수확량이 낮아질 수 있다. 포도 재배자는 가지를 철사줄에 묶는 작업을 실시한다.

❷ 7월

포도 재배자는 계속 자라면서 포도가 흡수할 영양분을 가져갈 수 있는 포도나무의 가지 끝을 치는 작업을 실시한다. 이를 여름 가지치기라고 한다.

❸ 8월

포도 재배자는 포도송이 주변의 잎들을 제거하여 일조량을 늘려 포도 껍질의 착색과 포도알의 성숙을 촉진시키는 작업을 실시한다.

포도알 당분이 높아지고 산도가 낮아지며 말랑말랑해 진다. 수확 직전까지 탄닌, 색소, 아로마의 함량이 계속해서 증가한다.

(4) 가을

❶ 9월

포도 재배자의 수확이 시작되는 시기이다. 과거에는 포도 수확이 허가되는 고시를 따랐으나 현재는 포도 알을 수시로 체크하여 수확시기를 정하며 요즘은 보다 완숙한 포도를 수확하기 위해 과거에 비해 시기를 늦춰 10월에 수확하는 경우도 많다.

❷ 10월

중점을 두는 것은 잘 익은 포도를 수확하는 것이므로 수확은 9~10월에 거쳐 실시한다.

10월 말경부터 포도나무 잎사귀가 서리를 맞아 색이 변하고 떨어지기 시작한다.

이시기를 포도나무의 순환기라 하는데 포도 나무는 식물 성장기 중 휴식기에 들어가게 되는 것이다.

수확 후 와인 양조와 함께 그 외의 업무가 시작된다.

❸ 청징과 안정화

수확한 포도가 여러과정을 거쳐 와인이 되어 오크통에 들어가면 몇번씩 다른 오크 통으로 이동하면서 가라앉은 찌꺼기를 제거하는 과정을 거치고 불필요한 탁함을 유발하는 물질을 제거하고 이후 병입될 때까지 오크통에서 숙성되게 된다.

2) 재배 방법

(1) 트레이닝 시스템

더블 귀요(Doble Gyuot) 평지에서 양질의 포도를 얻을 때 사용하는 방식-보르도

바스켓 트레이닝(Basket Training) 바람이 강한 곳에서 바람을 막는 수형 방법 - 그리스 산토리니 등

고블렛 트레이닝(Goblet Training) 따뜻한 곳의 햇볕으로부터 포도를 잎으로 가려서 포도송이를지키는 방법 - 프랑스 남부 론 등

(2) 포도나무 병충해

병충해는 수확량 감소와 품질 저하를 초래하며 나무의 생장에도 치명적인 손상을 가져다 준다. 병해는 포도알에 발생하는 탄저병, 포도나무 잎,새순, 포도알에 발생하는 흰가루병, 노균병등 10여가지가 있다.

충해에는 대표적으로 필록세라가 있다. 이 해충은 진딧물과 유사하며 유충과 성충이 잎과 뿌리에 기생하여 잎혹과 뿌리혹을 만들고 수액과 양분을 흡수하여 포도나무를 고사시킨다.

이외에도 풍뎅이, 포도 유리 나방, 포도 호랑 하늘소도 충해에 속한다.

(3) 지속 가능한 농법

최근의 화두는 유기농이나 자연 주의 농법만큼은 아니더라도 농업 전반적으로 자연을 거스르지 않는 방향으로 진행되는 추세이다

지속 가능한 농법은 유기농 만큼 제약이 많지 않으면서 전통적으로 실시되고 있는 유기농법의 이로운 점과 최신의 과학을 결합 시킨 것이다. 이 농법에는 어느 정도의 화학물질 사용이 허용된다. 미국 캘리포니아에서는 유기농법을 추진하는 생산자들이 유기농으로 완벽하게 이행하기 전에 그 위험 부담을 줄이기 위해 이 농법을 실시하는 경우가 많다.

제4장

와인 양조

1 와인 양조 개론

포도에는 과실의 당분과 포도당이 함께 존재한다. 와인은 그 당분이 효모에의 해 알코올로 변화하는 소박한 알코올음료 이다.

영어로는 와인(Wine), 불어로는 뱅(Vin), 독일어로는 바인(Wein), 포르투갈어로 비뉴(Vinho), 이탈리아어 및 스페인어로 비노(Vino)라 한다. 와인 생산국에서 와인의 법적 정의는 "신선한 포도 또는 포도과즙의 발효 제품"으로 한정 되어 있고, 다른 과실제품은 여기에서 제외시킨다. 한국에서는 다른 원료 사용시 원료를 명시한 후에 와인이라 명명할 수 있다. 그 예로 감 와인, 사과 와인 등이 있다.

발효는 당분이 효모의 활동에 의해 알코올과 탄산가스로 변화하는 과정을 말하며 와인의 발효에는 자연적으로 존재하는 야생효모와 인위적으로 배양하여 첨가하는 인공효모가 사용된다.

청도 감그린

1) 포도의 구성 요소

포도는 크게 포도알이 달린 꽃자루와 과육 및 껍질, 씨 등으로 이루어진 포도알로 되어 있다.

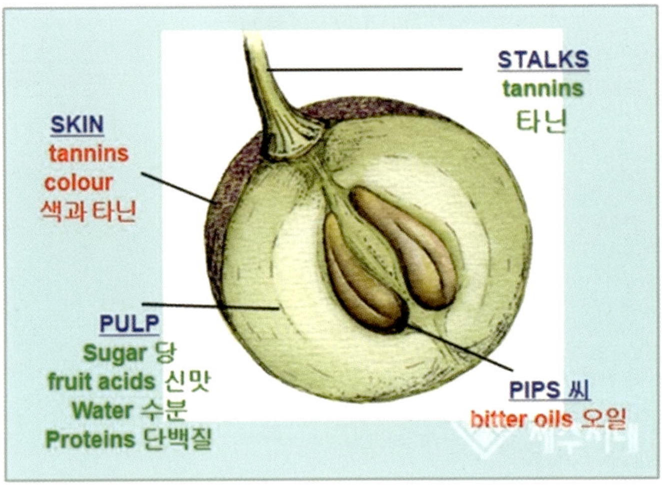

(1) 꽃자루(Stalks)

꽃자루는 포도송이의 3~5%를 차지하며 수분과 광물질이 함유되어 있으며 탄닌을 갖고 있다. 이를 통상 줄기 탄닌이라고 부르는데 과거에는 탄닌이 거칠다는 이유로 전부제거하고 포도알 만으로 와인을 양조했지만 최근에는 와인에 개성을 부여하는 역할로 양조자에 의해 섬세히 사용되는 경우도 많다.

(2) 포도알

❶ 과육(Pulp)

포도송이의 80%를 차지하며 가장 중요한 부분이다. 수분, 당분,세가지 중요한 산(주석산, 사과산, 구연산), 광물질 중 특히 칼륨, 질소 등의 물질로 구성되어 있다.

❷ 껍질(Skin)

포도송이의 10%를 차지하며 표면에 희끗 희끗한 부분이 효모의 착상을 돕는다. 껍질은 탄닌과 색소가 풍부하며 품종마다의 특유의 방향성물질이 껍질속안 얇은 막에 담겨있다.

❸ **씨앗**(Pips)

2~4개까지 들어 있으며 포도송이의 4~5%를 차지한다. 탄닌 성분과 지방성분이 함유되어 있으며 일반적으로 씨앗에서 나오는 탄닌은 껍질에 비해 거칠고 씁쓸하여 되도록 추출되지 않도록 양조 하였으나 최근에는 양조자에 따라 살짝 씨의 겉 부분을 갈아내어 부족한 탄닌 이나 개성을 부여하는데 사용하기도 한다.

2 와인의 양조 과정

1) 화이트 와인 양조

수확 - 선과 작업 - 제경, 파쇄 - 압착 - 과즙 발효(15~20℃) - 오크통 또는 스테인리스 탱크 숙성 - 앙금분리 - 정제와 거르기 - 병입 - 병숙성 - 출하

화이트 와인은 포도가 산화하는 위험요소가 높고 과실풍미가 중요하기 때문에 저온에서 2~3시간 침용 기간을 짧게 거친 후 껍질과 함께 발효하는 레드 와인과는 달리 압착 후 과즙만 발효시키는 과정을 거친다.

2) 로제 와인 양조

침용 하지 않고 바로 압착해서 옅은 색의 과즙으로 로제 와인을 만드는 직접 압착법과 독일에서 사용하는 방법으로 레드, 화이트 품종을 섞어서 만드는 로틀링 방법이 있으며 화이트 와인에 레드 와인을 블렌딩 하는 브렌딩 방법은 샹파뉴 지방에서 로제 샴페인으로만 허가되어 있다.

그외에 고급 로제 와인을 만드는 방법으로 침용 기간에 따른 색조를 결정하는 세니에(segniee)법이 있다.

3) 레드 와인 양조

수확 – 선과 작업 – 제경, 파쇄 – 침용, 발효(25~30℃) – 압착 – 오크통 또는 스테인리스 탱크 숙성 – 앙금분리 – 정제와 거르기 – 병입 – 병숙성 – 출하

침용(Maceration)과정에서 껍질의 탄닌 및 향 성분을 추출하고 발효 온도는 화이트 와인보다 높은 온도에서 발효한다. 발효는 20℃에서 시작되고 35℃가 넘으면 효모가 사멸하게 되므로 온도관리가 중요하다.

병입 되기 전 안정화되는 과정에서 발생하는 불순물을 걸러줄 필요가 있다. 이것은 정제라고 부르는데 보통 계란 흰자나 젤라틴 등을 넣어서 제거한다.

4) 스파클링 와인 양조

(1) 전통적 방식(Traditional Method)

비발포성 와인(Still wine)을 만든 후 다시 병속에 당분과 효모를 첨가하여 병 속에서 두번째 발효 시키는 방식으로 흔히 샹파뉴 방식이라고도 말한다.

그러나 샴페인 지방외에 샴페인 방식으로 만든 스파클링을 샴페인이라 명명하지 못하기 때문에 샴페인 지방외의 산지에서는 “크레망(Cremant)”이라는 명칭을 사용하고 있다. 일반적으로 프랑스의 각지방에서 전통적 방식(샴페인 방식)으로 만

든 스파클링을 가리키지만 광범위하게는 EU 안에서 만들어지는 전통적 방식 스파클링 와인의 명칭으로도 사용된다.

가장 고급스러운 스파클링 와인 생산 방법으로 독일의 젝트(Zekt), 스페인에서는 까바(Cava)가 이 방법으로 양조된다.

(2) 탱크 방식(Charmat Method)

비발포성 와인(Still wine)을 커다란 밀폐식 탱크 내에서 발효시킨 후 앙금 분리후 병입 하는 방식으로 샤르마 매서드라고도 부른다. 포도의 아로마를 남기고 싶은 발포성 와인을 만들거나 한번에 대량의 스파클링 와인을 만들 때 사용하는 방식이다. 이탈리아의 아스티 스프만테(Asti Spumante), 프로세코(Prosecco)가 이 방법으로 양조된다.

(3) 루랄 방식(Rural Method)

발효 중 잔당이 남아있는 와인을 병입 하여 병 안에서 발효를 계속 시키는 방식으로 만드는 원료가 다른 방식과는 달리 주스상태에서 시작하여 한번의 발효로 마치는 방식이다.

최초의 스파클링 와인 생산에 사용된 방식으로 옛적 방식이라고도 부르며 프랑스 랑그독 지방의 블랑케뜨 메토드 앙세스트랄레(Blanquette Methode Ancestrale)가 이 방식으로 양조된다.

(4) 가스 인젝션(Gas Injection)

콜라와 같이 탄산가스를 단순 주입하는 방식의 스파클링 와인으로 가장 수준 낮은 스파클링 와인을 만들 때 사용하는 방법이다.

5) 디저트 와인 양조

(1) 늦 수확 와인(Late Harvest)

포도를 완숙을 넘어 과숙시켜 당도를 응축시키는 방법으로 그 당도의 응축도에 따라 다양한 수준의 스위트 와인이 된다. 독일의 스패트레제(Spatlese), 알자스의 방당주 따르디브(Vendanges Tardives)를 예로 들 수 있다.

(2) 말린 포도 와인(Passito)

이탈리아의 파시토라는 방식으로 만드는 디저트 와인으로 수확한 포도를 말리는 과정을 통해 생산하는데 통상적으로 70%의 수분이 증발될 때까지 건조시켜 당분의 응축미를 높인다.

(3) 귀부 와인(Noble Rot)

보트리티스 시네리아라는 곰팡이균이 포도 알에 끼어 부패하게 되어 만들어지는 와인으로 귀하게 부패하였다는 뜻으로 귀부 와인이라고 부른다. 껍질이 얇은 포도 품종, 높은 습도의 아침 안개, 충분한 일조량의 상관관계의 떼루아에 의해 만들어지는 와인으로 세계 3대 귀부와인이라 불리는 헝가리의 토카이, 프랑스 쏘떼른의 샤또 디켐, 독일의 트로켄 베렌아우스레제가 이 방식으로 만들어진다.

(4) 아이스 와인 / 아이스 바인

포도밭에서 언 상태의 포도 송이를 수확하여 바로 착즙하여 만든 스위트 와인으로 독일에서는 아이스 바인, 캐나다에서는 아이스 와인이 생산된다.

오스트레일리아에서는 인공적으로 포도를 얼린 후 아이스 와인을 만드는 경우도 있다.

(5) 주정 강화 와인

주정 강화 와인은 크게 발효 전에 주정을 강화해 만드는 방식과 발효 중에 주정을 넣어 강화 시키는 방식으로 크게 나눈다.

전자는 프랑스의 V.d.l.을 만드는 방식이고 후자는 프랑스의 V.D.N.과 포루투갈의 포트 와인을 만드는 방식이다. 이러한 주정 강화 와인에서는 포도의 천연 당분이 주는 달콤함이 가득 느껴진다.

빈티지 차트

최초 빈티지 차트는 해당 년도의 기후등 작황상태를 점수화하여 표기한 차트를 뜻하였으나 지금의 빈티지 차트의 점수는 이제 단순히 포도를 수확한 해의 기후 여건만을 가리키지 않는다. 1990년대 중반 이후 지금까지 빈티지 차트의 점수를 보면 2002년 프랑스 론 지방 같은 극단적인예외를 제외하고 대부분 평균이상의 좋은 상태를 유지하고 있음을 볼 수 있다.

이것은 1990년대 중반 이후 양조기술의 비약적인 발전이 영향이 크다고 볼 수 있다. 또한 유명 사이트 및 평론가의 빈티지 차트의 점수는 고정적이지 않으며 주기적인 테이스팅을 진행한 이후에 수정된다.

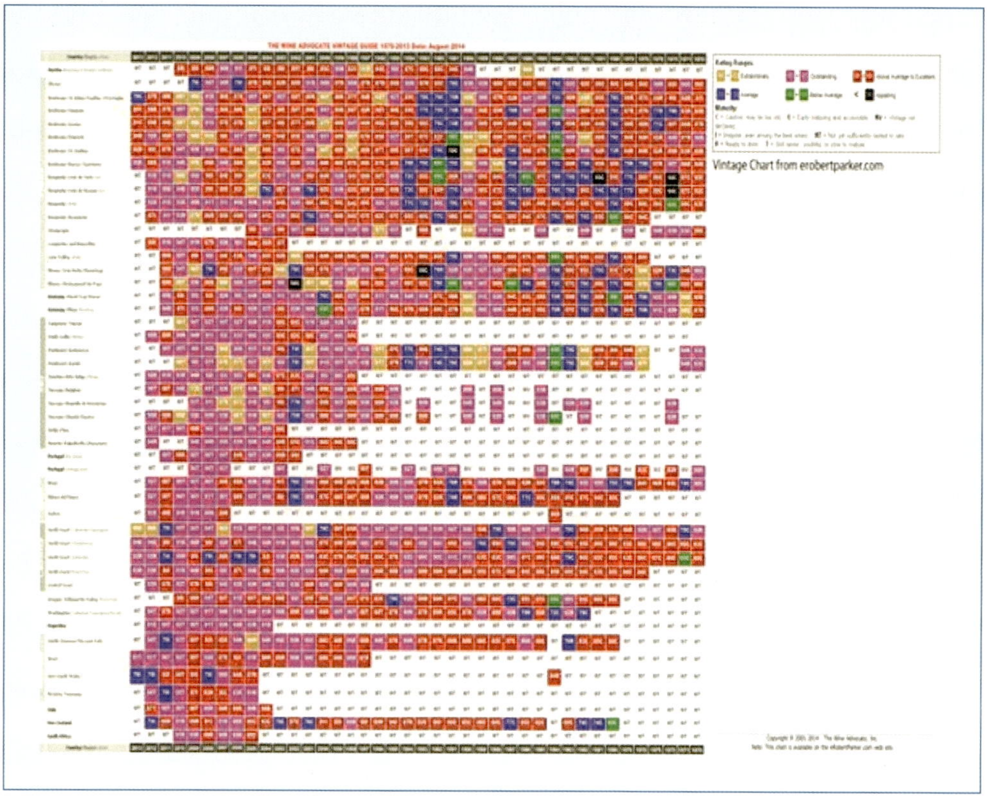

3 와인 규정

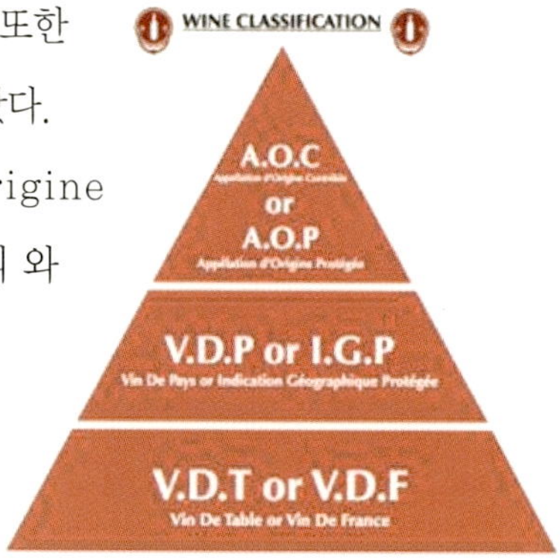

포도는 수 천년동안 여러 나라에서 재배되었고 와인 또한 여러 나라에서 일상적으로 또는 사치품으로 사용되어 왔다.

그런데 왜 프랑스의 A.O.C(Appellation d'origine controlee : 원산지 통제 명칭)가 전 세계 와인생산국의 와인규정의 롤 모델이 되었는가.

이 규정의 배경은 다음과 같다.

19세기말 필록세라에 의해 포도밭이 황폐해진 시기에 프랑스 샹파뉴(샴페인) 지방에서 특히 위조 샴페인 사기가 극성에 달했다. 위조 샴페인 수량이 전체 샴페인 생산 수량을 배로 웃도는 상황까지 이르자 샹파뉴 지역 시민 폭동까지 일어나게 되었다.

이에 정부는 폭동을 진정 시키기 위해 급하게 샴페인 지방에서 생산된 스파클링에만 샴페인이라는 라벨을 허가하게 된다

이러한 필록세라의 피해 후 와인의 품질악화 위조 와인의 유통을 한탄한 Chateau Fortia의 피에르 르 로아(Pierre Le Roy) 남작이 1923년 샤또 네프 뒤 파프 와인 생산자와 협동 조합을 결성 와인생산지구, 포도 품종의 제한, 재배법을 정하는 규정의 제정을 제창한 것을 시작으로 1935년 프랑스 전국에 이르는 공적인 제도로 발전하였다.

이런 배경과 활동으로 전 세계 와인 법의 표준이 된 A.O.C(원산지통제명칭, 현재의 A.O.P : Appellation d' Origine Protégée) 가 시행되었다.

지방행정부의 법률에 따르는 이 AOC규정은 는 말 그대로 포도의 "원산지 명칭 통제" 제도라고 할 수 있는데, 와인의 원료인 포도가 생산되는 위치와 명칭을 해당 구역별로 관리하는 제도이다. AOC 제도는 전통적으로 유명한 고급와인 생산지의 명성을 보호하고, 그 품질을 보존하기 위해서 만들어진 제도라 할 수 있다. 이 법률에는 각 포도재배 지역의 지리적 경계와 그 명칭을 정하고, 사용되는 포도의 품종, 재배방법, 단위면적당 수확량의 제한, 그리고 제조방법과 알코올 농도에 이르기까지 최소한의 세부 규정을 정하고 있다.

제주 효돈 감귤

이러한 원산지 통제 명칭은 각국에 여러 나라에도 여러 농산물 품질 제도에 도입되어 보다 브랜드가치를 갖는 상품을 만드는 제도로 활발히 활용되고 있다.

참고문헌

http://evjoo.tistory.com

https://www.google.co.kr

https://www.robertparker.com

https://closcachet.com.au/terroir-definition/

https://www.eatmart.co.kr/

http://hyodon.nonghyup.com

winefolly.com

㈜제주시대

제2부

나라별 와인

와인의 세계

제5장

프랑스 와인

1 지역 개관

프랑스 와인 역사는 800년경 페니키아인이 현재의 마르세이유로 건너오면서 시작된다.

로마 시대에 포도 재배가 확산이 되었고 1121년 시토파 수도원인 끌로 드 부조(Clos de Voget)에 의해 브르고뉴 와인의 품질 향상이 이루어졌다.

1152년부터 1452년 동안 영국 왕 헨리 2세와 당시 아키텐(현재 보르도)이었던 공국의 공주(전 프랑스의 왕비)가 결혼하여 당시 관례 데로 보르도는 결혼 지참금으로 영국령이 되게 된다.

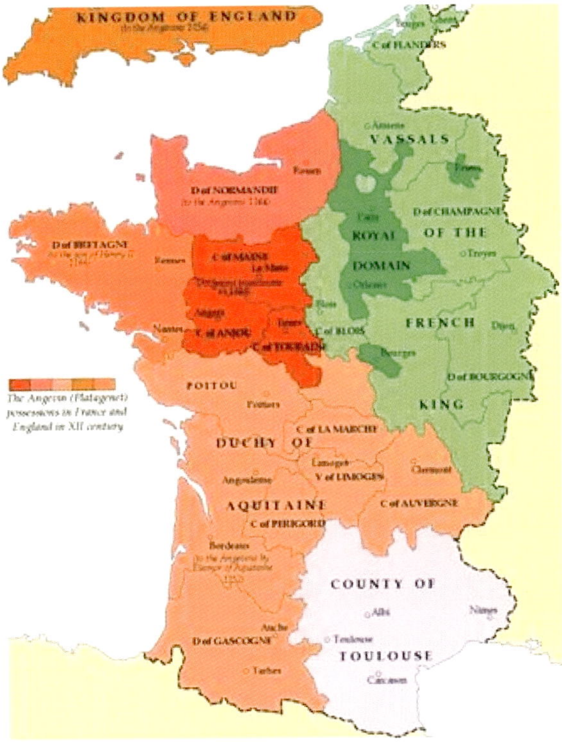

12세기 아키텐 공국 영토

샹파뉴(Chapagne)지방 에서는 1600년경 유리병과 코르크 마개의도입으로 샹파뉴(영 : 샴페인)가 발전되었고 1789년 프랑스 혁명에 의해 브르고뉴 지방의 교회, 영주의 포도밭이 민간에 불하된다.

1855년에는 파리 만국 박람회가 개최되어 보르도의 레드 와인과 스위트 와인의 등급체계가 정해지게 되었고 이것은 향후 프랑스 와인의 정통성을 대변하는 중요한 등급체계로 자리 잡게 된다.

1850년경부터 1900년대까지 포도나무 병충해 및 진딧물로 인하여 포도 재배에 큰 위기를 겪게 되지만 1935년에 원산지 통제 명칭 제도(A.O.C)를 실시하여 와인의 품질 관리에 근대적인 표준을 마련하여 와인 왕국 프랑스의 위치를 확고히 하게 된다.

프랑스 와인의 품질분류

프랑스 와인은

AOC(Appellation D'origine Controlee, 아뻴라시옹 도리진 콩트롤레) 최상위 원산지 통제 명칭 와인

VDQS(Vins Delimites De Qualite Superieure, 뱅 델리미테 드 쿠알리트 쉬페리에) 우수품질 와인

VDP(Vin De Pays, 뱅 드 뻬이) 지방명 와인

VDT(Vins De Table, 뱅 드 따블) 프랑스 전역에서 생산되는 가장 낮은 등급 와인

이렇게 지역에 상관없이 AOC, VDQS, VDP, VDT 4단계로 나뉘어 적용되었으나 2009년 9월 1일 와인법 개정으로 프랑스 와인등급에서 2014년 VDQS가 삭제되었다.이 조치로 상당수의 VDQS가 승격되었고 프랑스의 품질 분류는 AOC/AOP, Vin de pays/IGP, Vin de France 3단계로 구분된다.

2 보르도(Bordeaux)

1) 개요

지롱드 현 전체에 해당하는 세계적인 와인의 명산지로 유럽 최대의 삼림이 대서양의 바람을 막아주고 여름 동안의 더위를 부드럽게 만들어주는 온난한 해양성 기후의 산지로 포

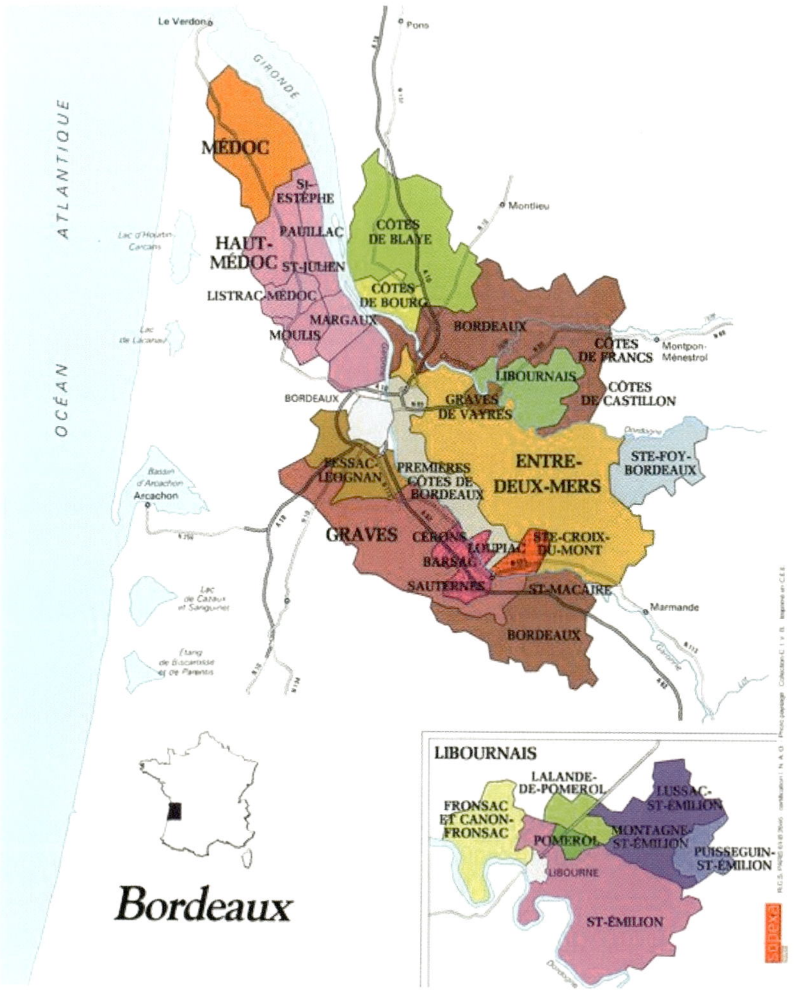

도재배에 적합하다. 프랑스 남서부를 흐르는 도르도뉴(Dordogne)와 가론(Garonne)강이 합류해서 지롱드(Gironde) 강이 되어 대서양으로 흘러간다.

세계적으로 명성이 높은 와인에서부터 일상 소비용 와인 까지 화이트, 로제, 레드, 발포성 와인, 스위트 화이트 와인, 다양하고 다채로운 와인을 생산하는 지방이다.

중세시대 영국에서 클레레(Clairet) 라는 이름의 색이 옅은 레드 와인 스타일로 인기를 얻기도 하였는데 현재에도 보르도 전체에서 생산될 수 있는 보르도 끌레렛(Bordeaux Clairet)이란 A.O.C는 이런 역사성에서 유래 된 것이다.

1855년 제정된 보르도 메독(Medoc) 와인 등급체계가 유명하며 와인 선적 항으로 유명한 주요한 상업 도시였던 가론 강의 항구는 "달의 항구(초생달 항구)"으로 유네스코 세계유산에 등재되었다.

보르도 지방은 과거 영국, 네델란드와의 교역을 통해 와인의 품질향상을 이루어 나갔다. 예를 들자면 네델란드인은 포도밭의 확대를 가져다 준 간척 기술과 함께 오크통을 유황으로 살균하는 기술 등 와인의 보존 성을 높여주는 기술을 전파해 주었으며 영국과의 교역으로 와인을 통 단위로 거래하던 관습에서 벗어나 유리병에 병입 하고 코르크로 밀봉하는 스타일을 처음으로 도입 시행하게 되었다.

보르도 와인이 갖는 가장 큰 의의는 엉 프리뫼르(En Primeur : 선물시장), 네고시앙(Negociant : 도매 상인), 꾸르띠에(Courtier : 중개상) 등의 개념이 상징하듯 수준 높은 상업성이 다른 와인 산지와는 다른 가장 큰 차이점이라 말할 수 있다.

2) 포도 품종

보르도는 비티스 비티페라(Vitis vinifera)라고 불리는 유럽 양조 포도 품종 중에서도 전세계적으로 가장 대표격으로 사용되는 품종들의 고향이다.

레드 와인은 까베르네 쏘비뇽, 멜롯, 까베르네 프랑을 주품종으로 쁘띠 베르도, 까르미네르 보조 품종의 브렌딩으로 만들어 진다. 세계 어디서든 이 브렌딩을 기초로 하여 와인을 양조할 경우 통상적으로 보르도 브렌딩이라고 부른다.

화이트 와인은 쏘비뇽 블랑, 세미용을 주품종으로 뮈스까델 보조품종의 브렌딩으로 만들어 진다.

3) 생산지역

보르도는 크게 보르도 좌안, 보르도 우안, 페샥 레오냥(, 쏘테른 & 바르삭, 앙트르 두 메르 5개로 나눈다.

(1) 보르도 좌안 생산지구

❶ 마고(Margaux)

지롱드강 좌안에 길게 이어진 메독 지구의 마을명 A.O.C로서 가장 남쪽에 위치하고 있으며 마르고, 깡뜨냑, 수상, 라바르드, 아르삭 5개의 마을에 걸쳐져 있다. 다른 오 메독에 위치하는 마을명 A.O.C가 까베르네 쏘비뇽중심인 것이 많지만 A.O.C 마고는 인근의 A.O.C 뽀이약이나 A.O.C 생쥴리앙보다 멜롯의 비율이 비교적 많은 특징이 있다. 섬세하고 기품이 있는 이 A.O.C는 오 메독의 와인중에서 가장 여성적인 와인이라고 평가 받는 경우가 많다.

1855년 파리만국 박람회의 메독 등급체계 에서 선정된 샤또가 21개(현재 20개)로 전체 생산량의 65%를 점하고 있다. 대표적인 샤또로는 1등급 프르미에 크뤼 샤또 마고로 이 샤또 에서는 17세기부터 포도재배 및 와인 생산을 하여 18~19세기에 걸쳐서 흔들리지 않는 명성을 쌓았다.

이것은 1등급 샤또 마고의 위상과 당시 시대의 취향의 영향으로 마고 마을은 1855년 등급체계에서 가장 많은 포도원이 선정되었으나 과대 평가되었다는 평가도 적지 않다.

❷ 생 줄리앙(Saint-Julien)

지롱드강 좌안을 따라 길게 이어진 오 메독지구의 거의 중앙에 위치하는 마을명 A.O.C 레드 와인의 명산지.1855년 메독 등급체계에서 11개의 샤또가 선정되었으며 이중 5개의 샤또가 2등급 와인으로 1등급 와인은 없지만 1등급에 견줄수 있는 평가를 받는 "샤또 레오빌 라스가즈" 샤또 뒤크뤼 보까이유드의 와인이 있다. 메독 지구에서 가장 재배면적이 적고 토양은 균일하여 와인 스타일이나 품질이 비교적 고른 것이 특징이다.

❸ 뽀이약(Pauillac)

메독지구 내에서도 가장 우수한 레드 와인 산지로 명성이 높다. 이곳에서는 까베르네 쏘비뇽을 주품종으로 만든 풍부한 향과 탄닌, 강인함, 우아함을 갖춘 고품격 레드 와인 생산으로 유명하다.

1855년 메독 등급 체계에서 선정된 18개의 샤또가 전체 생산량의 85%를 차지하고 5개의 1등급 와인 중 3개의 와인의 이곳에 위치하고 있다.

❹ 생 떼스테프

표토층에서는 메독지구 다운 인상이 가볍게 풍기는 자갈지층이나 깊은 심토 지층에는 이회토와 석회질의 층을 이룬다. 이것이 생떼스테프 와인다움을 포도나무에 가져다 준다.

때문에 메독의 좌안으로는 이례적으로 멜롯 품종이 많이 식재 되어있으며 또한 우수한 크뤼 부르주아의 대료 산지로도 유명하다.

❺ 물리(Moulis)

메독의 6개의 꼬뮌 중 가장 작은 면적이 작은 A.O.C이다. 서쪽의 방풍림이 포도밭을 바람으로부터 막아준다. 꼬뮌의 명칭은 과거 이곳에 건설되었던 많은 "풍차"에서 유래되었다.

1855년 메독 등급 체계인 그랑 크뤼 클라세에 선발된 샤도는 없었지만 이후 도입된 우수한 평가를 받는 "크뤼 브루주아"등급에 많은 수의 샤또가 높은 평가를 받은 실력파 샤또가 많은 곳이다.

❻ 리스트락(Listrac-Médoc)

지롱드 강 우안을 따라 길게 뻗어 있는 오메독 지구에 속하는 레드 와인의 6개 A.O.C 중 가장 하구로부터 떨어진 곳에 자리하고 있단. 높이는 43m로 메독 지구 중에서 가장 높은 곳에 위치하고 있다. A.O.C 인정은 1957년으로 메독 마을명 A.O.C로서는 가장 새로운 A.O.C이다.

위의 다른 A.O.C가 까베르네 쏘비뇽 중심의 멜롯 브랜딩에 보조품종으로 소량의 까베르네 프랑, 쁘디 메르도, 말벡을 더하는 방식이 주류인데 반해 리스트락은 다른 A.O.C에 비해 멜롯 품종의 비율이 많은 편이다.

❼ 오 메독(Haut Médoc)

보르도 시의 북쪽, 지롱드 강 좌안에 길게 뻗은 총길이 120km의 와인산지 중 상류로 남쪽의 29개 꼬뮌을 감싸고 있는 지구를 오 메독이라고 부른다.이 지구내에 위치한 위의 6개의 A.O.C 이외의 포도밭에서 법으로 정한 기준을 충족한 레드 와인은 오 메독 A.O.C 와인으로 판매된다.

이곳에는 또한 1855년 그랑크뤼로 지정된 오 메독 A.O.C로 5개의 그랑크뤼 클라세 와인도 있다.

❽ 메독(Médoc)

지롱드 강 좌안 전장 120km중에 상류의 오메독 보다 대서양에 가까운 중, 하류 지역의 A.O.C로 "Medoc"의미는 "물의 한가운데"라는 뜻의 라틴어에서 유래하였다. 지대가 "높은"을 의미하는 "Haut"메독에 비해 지대가"낮은", "Bas" 메독을 의미하나 의미가 품질이 낮다는 의미로 오인될 여지가 있어서 통상 단순히 "Medoc"으로 부른다.

보르도의 등급 체계

A. 1855년 메독 등급 체계

정식명칭 : 크뤼 클라세 뒤 메독(Crus Classes du Medoc)

Chateau(First wine)	Second wine	A.O.C
Premiers Crus(1등급, 5개)	Carruades de Lafite Rothschild	
Chateau Lafite Rothschild	Carruades de Lafite Rothschild	Pauillac
Chateau Latour	Les Forts de Latour	Pauillac
Chateau Margaux	Pavillon Rouge du Ch.Marguax	Marguax
Chateau Mouton Rothschild	Le Petit Mouton de Mouton Rothschild	Pauillac
Chateau Haut Brion	Ch. Bahans Haut Brion	Pessac-Legognan
Deuxiemes Crus(2등급, 14개)		
Chateau Rauzan Segla	Segla	Marguax
Chateau Rauzan Gassies	Le Chevalier de Rauzan Gassies	Marguax
Chateau Leoville Las Cases	Clos du Marquis Le Petit Lion du Marquis de Las Cases(from 2007 Vintage)	St-Julien
Chateau Leoville Poyferre	Ch. Moulin Riche	St-Julien
Chateau Leoville Barton	La Reserve de Leoville Barton	St-Julien
Chateau Durfort Vivens	Le Second de Vivens	Marguax
Chateau Gruaud Larose	La Sarget de Graud Larose	St-Julien
Chateau Lascombes	Chevalier de Lascomes	Marguax
Chateau Brane Cantenac	Le Baron de Brane	Marguax
Chateau Pichon Longueville Baron	Les Tourelle de Longueville	Pauillac
Chateau Pichon Longueville Contesse de Lalande	La Reserve de Comtesse	Pauillac
Chateau Ducru Beaucaillou	La Croix de Beaucaillou	St-Julien
Chateau Cos d' Estournel	Les Pagodes de Cos	St-Esterhe
Chateau Montrose	La Dame de Montrose	St-Esterhe
Troisiemes Crus(3등급, 14개)		
Chateau Kirwan	Les Charmes de Kirwan	Marguax
Chateau d' Issan	Les Remparts de Ferriere	Marguax
Chateau Lagrange	Les Fiefs de Lagrange	St-Julien
Chateau LangoaBarton	Lady Langoa	St-Julien
Chateau Giscours	La Sirene de Giscours	Marguax
Chateau Malescot st-Exupery	Dame de Malescot	Marguax
Chateau Cantenac Brown	Brio de Cantenac Brown	Marguax

Chateau Boyd Cantenac	Jacques Boyd	Marguax
Chateau Palmer	Alter Ego de Palmer	Marguax
Chateau la Lagune	Moulin de la Lagune	St-Julien
Chateau Desmirail	Initial de Demirail	Marguax
Chateau Calon Segur	Ch. Marquis de Calon	St-Esterhe
Chateau Ferriere	Les Remparts de Ferriere	Marguax
Chateau Marquis d' Alesme Becker	Marquise d Alesme	Marguax
Quatriemes Crus(4등급, 10개)		
Chateau Saint Pierre		St-Julien
Chateau Talbot	Connetable de Talbot	St-Julien
Chateau Branaire Ducru	Ch. Duluc	St-Julien
Chateau Duhaire Milon Rothschild	Moulin de Duhart	Pauillac
Chateau Pouget	Antoine Pouget	Marguax
Chateau La Tour Carnet	Doce de Carnet	Haut-Medoc
Chateau Lafon Rochet	Les Pelerins de Lafon Rochet	St-Esterhe
Chateau Beychevelle	Amiral de Beychevelle	St-Julien
Chateau Prieure Lichine	Le Cloitre du Marquis de Terme	Marguax
Chateau Marquis de Terme	Les gondats de Marquis de Terme	Marguax
Cinquiemes Crus(5등급, 18개)		Pauillac
Chateau Pontet Canet	Les Hauts de Pontet Canet	Pauillac
Chateau Batailley		Pauillac
Chateau Haut Btailley	Ch. La Tour d Aspic	Pauillac
Chateau Grand Puy Lacoste	Lacoste Borie	Pauillac
Chateau Grand Puy Ducasse	Ch. Artigues Arnaud	Pauillac
Chateau Lynch Bages	Ch. Haut-Bages Averous	Pauillac
Chateau Lynch Moussas	Les Haut de Lynch Moussas	Pauillac
Chateau Dauzac	La Bastide Dauzac	Margaux(Labarde)
Chateau d' Armailhac		Pauillac
Chateau du Tertre	Les Haut du Tertre	Margaux(Arsac)
Chateau Haut Bages Liberal	Ls Chapelle de Bages	Pauillac
Chateau Pedesclaux	Ch. Bellerose	Pauillac
Chateau Belgrave	Diane de Belgraves	Haut-Medoc (St-Laurent)
Chateau Camensac	La Closerie de Camensac	Haut-Medoc (St-Laurent)
Chateau Cantemerle	Les Allees de Cantemerle	Pauillac
Chateau Cos Labory	Le Charme de Labory	St-Esterhe
Chateau Clerc Milon		Pauillac
Chateau Croizet Bages	La Tourelle de Croizet Bages	Pauillac

*Ch.는 Chateau를 의미한다.

*1등급의 Chateau Haut-Brion은 당시 Graves A.O.C 와인이었지만 영국 시장에서 이미 유명한 보르도 와인으로 인기가 높은 와인으로 특별히 Medoc 등급체계에서 평가 받게 되었다. 1987년 분류된 페샤레오냥의 크뤼 클라세 드 그라브 등급에도 속한다.

B. 크뤼 브루주아(Cru Bourgeois)

Haut-Medoc, Medoc지구 안의 A.O.C 샤또를 평가 대상으로 한 새로운 보드로의 등급 체계로 2003년 3개의 등급체계를 공표하였으나 소송 등의 이유로 폐기 되었다가 2008년 빈티지부터 "Cru Bourgeois" 하나의 등급으로만 인정되는 등급 체계이다. 2017년 현재 다시 3개의 등급체계를 확립하려는 준비 중에 있다.

2007년 등급 삭제

2006년 크뤼 브루주아 쉬뻬리외

2008년 크뤼 브루주아

C. 크뤼 아르티잔(Crus Artizan)

"장인의 포도밭"이란 뜻으로 포도밭 면적이 5ha이하로 자신이 재배 양조 판매를 하는 소규모 가족경영의 작은 와인너리를 대상으로 한 등급체계이다. 총 면적은 340ha로 주로 메독과 오메독 지방에 있으며 2005년 빈티지부터 적용하고 있다.

■Chateau Mouton Rothschild 이야기

1855년 보르도 메독 지방에서 레드 와인의 등급 발표가 있었다. 나폴레옹 3세의 명으로 우수한 보르도 레드 와인과 스위트 화이트와인에 대한 역사상 처음으로 등급체계가 발표되는 날이었다.

Château Mouton Rothschild

시장의 거래가격을 기준으로 등급이 선정되는데 이날 샤또 무똥 로칠드는 샤또 라피트 로칠드와 비슷한 시장가격임에도 불구하고 1등급에 선정되지 못했다.

이때 무똥의 오너인 필립 로칠드 남작은 와인 모토를 다음과 같이 남겼다.

"1등이 될수 없고, 2등은 내가 원한 것이 아니었다. 나는 무똥이다."

1973년 샤또 무똥 로칠드는 그토록 원했던 1등급으로의 지위를 획득하게 된다. 최초 등급

선정 후 118년이 지난 후에 일어었다. 그날 이후 무똥은 라벨의 와인 모토를 바꾸게 된다.
"무똥은 1등이다. 한때 2등이었으나…무똥은 변하지 않는다."
혹자는 1855년 이후 단 한번의 승급을 로비스트로서의 막대한 로비의 성과로 보는 시각도 있으나 무똥이 남긴 업적을 비추어 보면 당연한 일이기도 하였다.(더군다나 무똥의 땅 일부는 원래 라피트의 일부분이기도 하였으며 과거부터 동급대우를 받아왔기 때문이다)

샤또 무똥 로칠드의 업적

1. 샤또 병입(Mis en bouteilles au Chateau)

포도 재배 부터 양조 병입까지 전 과정을 샤또에서 마치는 샤또 병입을 업계 최초로 도입하였다. 당시에도 기존의 유명 샤또 들도 포도를 재배하고 수확하고 양조까지 샤또에서 마치고자 하는 움직임이 있었다.
하지만 당시에는 네고시앙이 포도를 구매 양조하고 중개상인이 소매로 넘겨서 중간 수수료를 챙기는 상업 구조가 형성되어 있어서 샤또 에서 병입을 하려 하면 구매를 하지 않는 등 압력으로 사실상 실패할 수 밖에 없는 구조였다.
무똥은 6개의 유명 샤또 협의체를 구성하여 의지를 관철하였고 이후 보르도에서 샤또 병입이 도입되게 되었다.

2.세컨드 와인(Second wine)

1927년 최악의 빈티지로 명성을 깍일 수 없는 일이기에 무똥은 그 해 샤또 무똥 로칠드를 생산 할 수 없다는 판단을 내린다. 그 대신 샤또의 First wine이 아닌 무똥의 막내라는 뜻의 Mouton Cadet를 Second wine으로 저렴한 가격에 출시하게 되었고 결과는 성공적이었다.
그전까지 1등급 와인을 만들고 나머지 와인을 일반상품으로 판매했었는데 세컨드 와인이라는 부가가치 높은 새로운 상품이 개발되게 된 것이다.
이에 무똥은 세컨드 와인으로 Le Petit Mouton de Mouton Rothschild를 만들고 기존의 무똥 까떼는 네고시앙처럼 포도를 사서 만드는 브랜드 와인의 포트폴리오를 구축하게 된다.

3. 아트 레이블(Art Label)

무똥은 1945년 이차대전 종전을 기념하여 승리의 "V"를 넣은 라벨을 출시한다.

몇번의 예외를 제외하고 Salvador Dali, Francis Bacon, Picasso 및 Miró와 같은 예술가가 Mouton Rothschild의 병 라벨을 디자인했다.
이후 무똥의 라벨을 그리는 화가는 유명한 화가로 여겨지게 되었으며 수집가들에의해 무똥의 와인의 가치도 다른 한편에서 더 높게 가치 평가 되게 되었다. 가장 최근 빈티지인 2013년 빈티지의 작가는 한국의 이우환 화백이다.

(2) 보르도 우안 생산지구

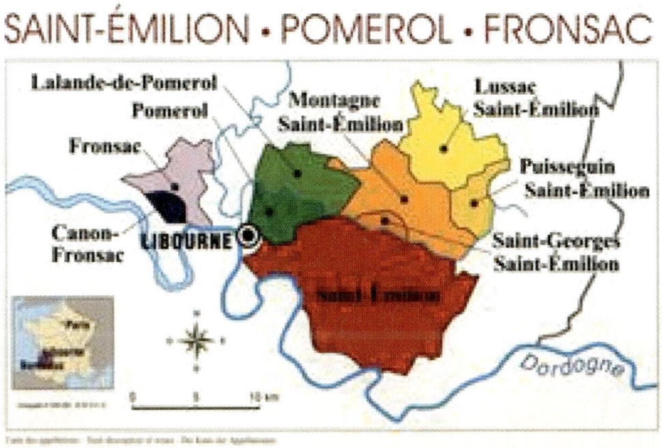

보르도의 우안을 나누는 도르도뉴강은 19세기 말경 철도개통까지 리부른네 지구, 남서 지방의 와인을 영국, 네델란드 등 유럽각국으로 수출하는 중요한 운송로로 활용되었다.

❶ 생떼밀리옹(Saint-Emilion)

생떼밀리옹 지구는 지롱드현 북동부에 위치하고 있으며 도르도뉴 강 우안에 퍼져 있다. 리부른네 마을에 가까운 레드 와인의 명산지로 포도밭은 생떼밀리옹 마을을 중심으로 해서 9개 마을에 이어져 있다.

지형은 평지, 언덕, 구릉으로 다채롭다. 전체적으로 점토질을 다량 함유한 석회질의 토양으로 멜롯 품종의 재배에 적합하기 때문에 메독지구에 비해 멜롯 함류량이 많은 것이 특징이다. 다음으로 까베르네 프랑으로 이곳에서 까베르네 쏘비뇽 품종은 비율은 5~15%로 낮은 편이다.

포도 언덕의 고지에 있는 생떼밀리옹 마을은 중세시대 돌로 만든 마을건물들이 남아있는 풍광이 아름다운 마을로서 마을의 이름은 이 곳에서 은둔생활을 하던 성인 에밀리옹에서 유래하였다.

중세시대에는 스페인의 성지 순례의 경유지로 영화로웠던 이 마을은 1999년 세계 문화 유산으로 등록되었다. 포도밭의 경관이 세계 문화 유산으로 등록된 것은 세계 최초의 일이다.

❷ 위성 생떼미릴옹(Satellites de Saint-Emillion)

뤼삭 생떼밀리옹, 몽따뉴 드 생떼밀리옹, 퓌스겡 생떼밀리옹, 생 조르주 생떼밀리옹으로 구성된 각 A.O.C의 생산자 협력기구인 생떼밀리옹 위성지구 생산자회가 조직되어 있다.

가. 몽따뉴 드 생떼밀리옹(Montagne-Saint-Emilion)

도르도뉴 강 우안의 A.O.C 생떼밀리옹 지구의 북동쪽에 위치하는 4개의 생떼밀리옹 위성지구 중 하나로 몽따뉴 드 생떼밀리옹을 중심으로 걸쳐있는 포도밭은 1600ha로 위성 지구중 가장 넓다. 표고 114m로 가장 높은 곳에 위치하고 있다.

"몽따뉴"는 프랑스 어로 "산"을 의미하지만 말기 라틴어로서는 "언덕"을 의미하기도 한다. 같은 위성 지구 인 A.O.C 생 죠르주 생떼밀리옹과 일부 겹치고 있다.

나.뤼삭 생떼밀리옹(Lussac-Saint-Emilion)

4개의 위성 생떼밀리옹(Satellites de Saint-Emillion) 중 가장 북쪽에 위치하고 있다. 리부른네 지구내에서도 갈로 로만 시기에 포도 재배가 이뤄진 흔적이 가장 짙게 남아 있는 산지이다.

그후 12세기경 베네딕트 파에 의해 부흥되어 영국 왕실에까지 이름을 알리게 되었다. 와인은 부드러우면서 비교적 젊은 시기에 즐길 수 있는 와인을 생산한다. 약 1500ha의 포도밭은 도르도뉴 강 우안의 점토질 토양과 멜롯 품종으로 이루어져 있다.

다. 퓌스겡 생떼밀리옹(Puisseguin-Saint-Emilion)

도르도뉴 강 우안의 A.O.C 생떼밀리옹 지구의 위성 지구 중 하나로 북에는 뤼삭 생떼밀리옹, 서쪽으로는 몽따뉴 드 생떼밀리옹 동쪽으로는 꼬뜨 드 가스띠용의 밭이 있다.

퓌스겡의 "Puy"는 산을 의미하고 "sseguin"(스겡)이라는 샤를마뉴대제의 중신의 이름에서 유래되었다.

라. 생 조르주 생떼밀리옹(Saint-Georges Saint-Emilion)

생죠르주 마을에 몽따뉴 드 생떼밀리옹의 밭도 있기 때문에 이 마을에서 2개의 A.O.C 와인이 생산될 수도 있다.

St-emillion의 등급체계

St-emillion Premiers grands crus classes
St-emillion Grands Crus Class
St-emillion Grands Crus
St-emillion

2012 St-emillion Premiers grands crus classes(A, B)

지롱드현 리부른네 시의 동쪽 도르도뉴 강 우안에 위치하는 생떼밀리옹 지구에서 생산되는 와인중에서 품질이 특히 우수하다고 평가 되는 등급 와인을 생떼밀리옹 그랑크뤼(Saint-Emilion Grand Cru Classes로 선정한다.
최상위 등급은 프리미에르 그랑 크뤼 클라쎄 A와 B로 나뉘며 1955년 등급이 시행된 이후 1958년, 1969년,1984년, 1986년 1996년 2006년 등급재조정이 행하여졌다 지난번 2006년 등급 조정에 결과에 따른 등급 소송이 잇따라 최근 2012년에 경정된 등급 조정은 다음과 같다.
2012년에는 그동안 변화없던 A클래스에 2개의 샤또가 진입한 것이 가장 큰 특징이다.

Premiers grands crus classés A
Château Ausone
Château Cheval Blanc
Château Angélus(2012년 승급)
Château Pavie(2012년 승급)

Premiers grands crus classés B
Château Beauséjour(Duffau-Lagarrosse)
Château Beau-Séjour Bécot
Château Bélair-Monange
Château Canon

Château Canon-la-Gaffelière(2012년 승급)
Château Figeac
Clos Fourtet
Château La Gaffelière
Château Larcis Ducasse(2012년 승급)
La Mondotte(2012년 승급)
Château Pavie-Macquin
Château Troplong Mondot
Château Trotte Vieille
Château Valandraud(2012년승급)

❸ 뽀므롤(Pomerol)

보르도 시의 동쪽 30km에 위치하고 리부른느 시의 바로 북쪽에 있는 레드와인의 명산지로서 전체 포도밭의 면적이 80ha로 보르도 지방에서는 가장작은 A.O.C중의 하나이다. 메독 지방과 비교하면 샤또라고 부르기 힘들 정도로 작고 소박학 풍경이지만 이곳에서 희소가치가 높은 우수한 레드 와인이 생산된다.

멜롯 중심의 섬세하고 풍만한 와인으로 그 중에는 멜롯 100%로 만드는 샤또 르 팽, 샤또 페트뤼스등 명성높은 명주도 있다.

백년 전쟁으로 황폐해진 포도밭을 15~16세기에 걸쳐서 부활시 각국의 와인 애호가로부터 높은 평가를 받는 곳이다.

❹ 라 랑드 드 뽀므롤(Lalande-de-Pomerol)

뽀므롤 바로 북쪽에 위치하는 곳으로, 포도밭은 도르도뉴강과 일르강의 합류점에 가까운 네악마을에 걸쳐있다. 멜롯 중심의 와인을 생산하는 곳으로 근접한 뽀므롤 와인과 달리 젊은 빈티지 부터 즐겁게 즐길 수 있다.

❺ 프롱삭 & 까농 프롱삭(Fronsac & Canon Fronsac)

두 A.O.C는 도르도뉴 강 우안과 좌안에 서로 마주보고 위치하며 리부른네에 속하는 A.O.C로 점토석회질의 언덕사면에 분포 하고있는 레드 와인 생산지이다.

보르도 중에서 가장 작은 A.O.C 중 하나이며 멜롯을 중심으로 풍부한 향기와 부드러운 와인을 생산한다.

❺ 꼬드 드 블라이예 & 꼬뜨 드 보르도 A.O.C(Blaye Côtes de Bordeaux)

레드 와인은 멜롯, 까베르네 프랑이 주종으로 말벡이나 까베르네 쏘비뇽도 조금 사용된다.

가. 꼬뜨 드 브르그(Bourg & Côtes de Bourg) A.O.C

나. 보르도 꼬뜨 와인 지역 통합 A.O.C(2009년)

Blaye Côtes de Bordeaux	Cadillac Côtes de Bordeaux
Castillon Côtes de Bordeaux	Francs Côtes de Bordeaux

의 4개의 A.O.C.가 Cote de Bordeaux A.O.C 로 통합되었다. 때문에 2008년 까지의 빈티지에는 각각의 4개의 A.O.C로 사용되었음을 인지해야 한다.

서로 다른 위치이면서도 통합 A.O.C를 사용하는 근거는 각각 꼬뜨 Côtes(언덕)이라는 공통적 떼루아가 있기 때문이다.

다. 그외 그라브 드 베레(Graves de Vayres), 쌍트 푸아 보르도(Sainte-Foy-Bordeaux) A.O.C가 있다.

(3) 그라브(Graves) 생산지구

❶ 페샥레오냥(Pessac-Léognan)

1987년 독자의 A.O.C를 갖게 되었다. 숙성 중이었던 1986년 빈티지부터 적용되어 라벨에 기재되었다. 1953년과 1959년 그라브 지구의 와인 등급체계인 크뤼 클라세 드 그라브에 인정받은 16개의 샤또가 모두 페샥레오냥 A.O.C에 위치하고 있다.

또한 크뤼 클라세 드 그라브는 보르도에서 드라이 화이트 와인으로 유일하게 크뤼 클라세 등급을 갖고 있는 등급체계이기도 하다.

Graves Classifications – Crus Classes, Grands Crus, Pessac-Leognan-Graves

Wine	Region	Classification Date
BOUSCAULT(*)	PESSAC-LEOGNAN	1959
CARBONNIEUX(*)	PESSAC-LEOGNAN	1959
DOMAINE DE CHEVALIER(*)	PESSAC-LEOGNAN	1959
FIEUZAL	PESSAC-LEOGNAN	1959
HAUT-BAILLY	PESSAC-LEOGNAN	1959
HAUT-BRION	PESSAC-LEOGNAN	1959
MALARTIC-LAGRAVIERE(*)	PESSAC-LEOGNAN	1959
MISSION HAUT-BRION	PESSAC-LEOGNAN	1959
OLIVIER(*)	PESSAC-LEOGNAN	1959
PAPE CLEMENT	PESSAC-LEOGNAN	1959
SMITH HAUT-LAFITTE	PESSAC-LEOGNAN	1959
TOUR HAUT-BRION	PESSAC-LEOGNAN	1959
TOUR MARTILLAC(*)	PESSAC-LEOGNAN	1959

White Growths of Graves (alphabetically sorted)

Wine	Region	Classification Date
BOUSCAULT(*)	PESSAC-LEOGNAN	1959
CARBONNIEUX(*)	PESSAC-LEOGNAN	1959
DOMAINE DE CHEVALIER(*)	PESSAC-LEOGNAN	1959
COUHINS	PESSAC-LEOGNAN	1959
LAVILLE-HAUT-BRION	PESSAC-LEOGNAN	1959
MALARTIC-LAGRAVIERE(*)	PESSAC-LEOGNAN	1959
OLIVIER(*)	PESSAC-LEOGNAN	1959
TOUR MARTILLAC(*)	PESSAC-LEOGNAN	1959

❷ 그라브(Graves)

북쪽으로는 가론강과 그 지류, 피레네 산맥과 중앙산악지대에서 운반되어 온 자갈, 옥석으로 뒤덮여 있는 곳으로 "그라브"는 프랑스어로 "자갈"을 의미한다.

이처럼 토양의 성질이 A.O.C명칭을 갖고 있는 곳은 프랑스에서 그라브와 도르도뉴 강의 좌안에 위치한 "그라브 드 베레(Graves de Vayres)" 밖에 없다.

❸ 그라브 쉬뻬리외르 A.O.C

그라브 지역에서 늦수확한 세미용과 쏘비뇽 블랑 종을 브렌딩해서 세미 스위트와인을 생산한다. 수확량은 40hl/ha, 발효 후 알코올은 12%이상, 잔여 당분 18g/l~45g/l를 갖게 된다.

(4) 쏘테른(Sauterne) & 바르삭(Barsarc) 생산지구

보르도 시의 남동쪽으로 40km, 가론 강 우안에 위치하는 곳으로 화이트 스위트 와인의 세계적 명산지로 유명한 곳이다. 그라브 지구에 둘러싸여져 있는 이곳은 쏘테른, 바르삭 마을을 중심으로 5개 마을로 구성되어 있다.

1855년 Cru Classes des Sauterne & Barsac

1855년 메독지구의 보르도 레드 와인과 함께 지정된 소떼른& 바르삭 등급체계로 총 27개의 샤또를 선정 특등급1샤또, 1등급 11샤또, 2등급 15샤또를 선정하였다.
크뤼 클라세의 포도밭은 소떼른 & 바르삭 전체 포도밭의 45%를 차지하고 있다.

Premier cru supérieur :
Château D' Yquem/sauternes

Premier cru :
Château Climens/barsac
Château Clos Haut-Peyraguey/sauternes
Château Coutet/barsac
Château Guiraud/sauternes
Château Lafaurie-Peyraguey/ sauternes
Château Rabaud-Promis/ sauternes
Château Rayne Vigneau/ sauternes
Château Rieussec, sauternes
Château Sigalas-Rabaud/ sauternes
Château Suduiraut/ sauternes
Château La Tour Blanche/ sauternes

Second cru :

Château D' Arche/sauternes
Château Broustet/barsac
Château Caillou/barsac
Château Doisy Däne/barsac
Château Doisy Dubroca/barsac
Château Doisy Védrines/barsac
Château Filhot/sauternes
Château Lamothe/sauternes
Château Lamothe Guignard/sauternes
Ch?teau De Myrat/sauternes
Château De Malle/sauternes
Château Nairac/barsac

❶ 쏘테른(Sauterne)

가을이 되면 가론 강과 차가운 시롱 강에서 아침 안개가 포도밭을 뒤덮는다. 이 아침안개가 오후의 따뜻한 햇살과 상호작용을 거쳐 포도알의 귀부환경을 조성하여 보트리티스 시네레아균의 발생을 촉진 과즙은 황금색의 잼 같은 형태로 농축되고 당도와 아로마가 높은 귀부와인이 탄생하게 된다.

포도의 선별 및 양조에 손이 많이 드는 작업으로 생산량은 아주 적다.

❷ 바르삭(Barsac)

쏘떼른과 동일한 생산기준을 따르고 있는 귀부와인의 명산지이다. 깊은 토양의 토질이 쏘떼른의 4개 마을과 상이하여 독자의 A.O.C를 갖게 되었다. 일반적으로 이곳의 귀부와인은 쏘떼른보다 감미가 조금 억제되어 있다. 이 지방 등급체계에서 총 27개 샤또 중에서 1등급 2샤또, 2등급8 샤또가 선정되었다.

❸ 세롱(Cérons)

세롱의 명칭은 이 곳을 지나는 시롱강으로부터 유래되었다. 이곳에서 생산되는 와인은 발효전 과즙의 천연당도가 212g/l로 쏘떼른이나 바르삭의 221g/l보다 조금 낮다. 따라서 세롱의 와인은 조금 감미가 억제되어 있는 특징이 있다.

쏘떼른, 바르삭 같은 깊은 농도의 감미와인(Sweet wine)을 뱅 리꾀르(Vin Liquoreux) 라고 하고 중감미의 와인(Semi sweet)을 뱅 무왈레(Vin Moelleux)라고 한다.

(5) 앙트르 두 메르(Entre-Deux-Mers) 생산지구

❶ 앙 트르 두 메르(Entre-Deux-Mers)

도르도뉴 강과 가론 강 사이에 걸쳐진 삼각형 지대를 앙트르 두 메르라고 부른다. 프랑스어로는 "두 개의 바다 사이"란 의미를 가지고 있다.

쏘비뇽 블랑을 중심으로 한 드라이 화이트 와인이 인정 되어있는 곳으로 이곳의 특산물인 생굴과 좋은 마리아주를 연출한다.

❷ 프르미에 꼬뜨 드 보르도 레드와인과 화이트는 뱅 리꾀르(Vin Liquoreux)를 생산한다.

❸ 까디악(Cadillac) 감미 와인 산지- 뱅 리꾀르(Vin Liquoreux)

❹ 루피악(Loupiac) 감미 와인 산지- 뱅 리꾀르(Vin Liquoreux)

❺ 상트 크로아 뒤몽(Sainte-Croix-du-Mont) 감미 와인 - 산지 뱅 리꾀르(Vin Liquoreux)

❻ 꼬뜨 드 보르도 생마께르 중감미 와인 산지. 뱅 무왈레(Vin Moelleux) 산지

(6) 보르도 A.O.C 생산지구

보르도 전체 지구에서 생산될 수 있는 A.O.C로 Bordeaux, Bordeaux Superieur, Bordeaux Rosé, Supérieur, Rose, Bordeaux Clairet, Boreaux Sec, Bordeaux Mousseux, Crémant de Bordeaux가 있다.

3 브르고뉴(Bourgogne)

브르고뉴의 와인산지는 북쪽의 샤블리에서 남쪽의 보졸레 까지를 말한다. 주요 포도 품종은 화이트는 샤르도네, 레드는 피노 누아이다.

크게 샤블리(Chablis), 꼬뜨 도르(Cote Dor), 꼬뜨 드 뉘(Cote de Nuit), 꼬뜨 드 본

(Cote de Beaune), 꼬뜨 샬로네즈(Cote Chalonnaise), 마꼬네(Maconnais), 보졸레(Beaujolais)의 다섯 구역으로 구분한다.그러나 일반적인 브르고뉴 와인은 보졸레를 제외한 피노누아 와인 산지를 말한다.

브르고뉴 는 프랑스 대혁명 때 교회소유의 포도밭의 분할 매각과 장자 상속법의 영향으로 소규모 소유의 특징을 갖게 되었다.

브르고뉴 A.O.C등급 체계는 다음과 같다.

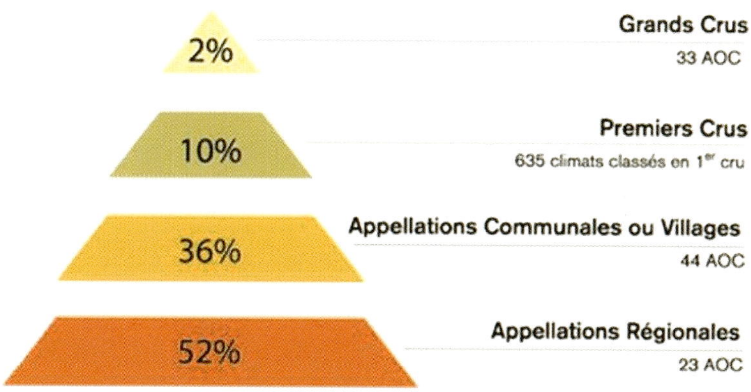

1) 샤블리(Chablis)

세계에서 가장 명성 높은 드라이 화이트 와인의 명산지 중 하나인 샤블리 마을은 브르고뉴 지방의 최북단에 있는 Yonne(욘)에 위치하고 있다. 이곳은 파리에서 180km, 디종에서 160km의 거리로 두 도시의 중앙지점이다.

일찍이 중세시대부터 평가가 높았으며 Serin(스랭) 강을 이용, 파리까지 운반하는 물류 이동의 이점도 가지고 있었다.

얼음 코팅 작업

전반적으로 대륙성기후로 브르고뉴 지방에서 가장 추운 지역이다. 포도가 익어가는 과정에서 4~5월의 늦은 서리는 일상적인 피해를 가져다 준다. 이것을 막기 위해 석유 스토부나 차가운 공기를 따뜻한 공기로 섞어주는 대형 선풍기, 미리 물을 뿌린 후 표면을 코팅시켜 포도 나무가 얼지 않게 막는 스프링쿨러 작업 등을 활용하고 있다.

샤블리 마을 특유의 키메르지앙 토양

이곳의 대표적인 토양은 Kimmeridgia(키메르지앙)으로 이것은 과거 깊은 바다였던 시대의 조개류, 특히 굴 등의 어패류의 화석을 함유하고 있다. 이 토양에서 재배된 포도로 만든 와인은 미네랄성분이 풍부한 점이 특징이다.

브르고뉴 지방의 화이트 와인의 대부분은 샤르도네 품종으로 만들어지는데 프랑스 샤르도네 포도밭의 1/3은 샤블리에 있다.

브르고뉴 지방에서 최북단에 위치하고 있는 A.O.C 중 하나인 샤블리 마을의 포도밭은 계곡에 있는 샤블리 마을에서 언덕의 사면을 오르는 것 처럼 펴져 있으나 최상부의 그랑크뤼(특급밭)의 뒤편의 소나무 숲의 뒤로 햇볕이 잘 들지 않는 평지가 쁘띠 샤블리의 포도밭이다.

샤블리의 이름을 표기하는 화이트 와인은 상위 등급 순서부터 그랑크뤼(특급밭). 프리미에르 크뤼(1급밭), 샤블리, 쁘띠 샤블리의 4개의 A.O.C 랭크의 와인이 만들어진다.

(1) 쁘띠 샤블리(Petit Chablis)

격으로만 말하자면 샤블리에서 최하급이라 말할 수 있는 쁘띠 샤블리 이지만 실제로는 품질과 가격의 발란스가 훌륭한 가볍게 즐길 수 있는 화이트 와인으로 현지 대중들에게 인기가 높은 와인이다. 또한 끌리마(포도밭)의 명칭을 에티켓에 표시 할 수도 있다.

(2) 샤블리(Chablis)

샤블리에서 실재 재배 면적이 가장 넓은 A.O.C이다. 표토에는 굴 등의 조개류의 화석이 많이 섞여 있어 미네랄성분이 다량 함유되어 있기 때문에 예로부터 샤블리는 굴 음식과의 궁합이 좋다는 평판이 있다.

이곳의 포도밭은 12세기경 카톨릭 그리스도 교의 시토파의 Pontigny: 폰티니 수도원에 의해 개척되어 중세 시대부터 높은 평가를 받아 영국, 플랑드르(현재의 네델란드, 벨기엘) 등지에 수출되었다.

현대에 이르러서는 1955년 550ha에 불과했던 포도밭 면적이 2007년 4,845ha로 크게 증가하였다.

(3) 샤블리 프리미에 크뤼(Chablis Premier Cru)

A.O.C 샤블리 중에서 특히 품질과 개성을 인정 받은 Lieu-dit(리우 디 : 작은 구획 포도밭)로 지정하여 프리미에 크뤼: 1등급 포도밭으로 지정하였다. 실제 개수는 79개이지만 실제로는 40개의 리우 디를 사용하고 있다.

잘 알려지지 않은 리우 디 보다는 잘 알려진 리우 디를 사용하는 편이 마케팅에 유리하기 때문이다.

주요 샤블리 프리미에 크뤼는 다음과 같다.

바이용(Vaillons), 몽맹(Montmains), 보로와(Beauroy), 보그로(Vosgros), 꼬뜨 드 리셰(Côte-de-Léche), 보르갸르(Beauregards), 보쿠팽(Vaucoupin) 등이 있다.

(4) 샤블리 그랑크뤼(Chablis Grand Cru)

샤블리 그랑 크뤼는 샤블리 마을의 동북쪽 바로 위에 위치하고 스랑 강 좌안에 펼쳐진 높이 200m 이상의 사면에 있다.

샤블리 그랑 크뤼의 와인 그 들의 끌리마 Climat 명을 병기할 수 있도록 인정되어 있다. 즉 끌리마는 프랑스어에서는 통상 "기후, 풍토"를 의미하지만 와인용어에서는 "특정의 구획"을 가리킨다,

샤블리 전역 4000ha의 포도밭 중에서 특급밭은 98ha 뿐이다. 부그로(Bourgros), 프레즈(Preuses), 보데지르(Vaudesir), 그루누이(Grenouilles), 발뮈르(Valmur), 블랑쇼(blanchet), 레 끌로(Les clos), 무똔느(Moutonne) 이상 7개이다.

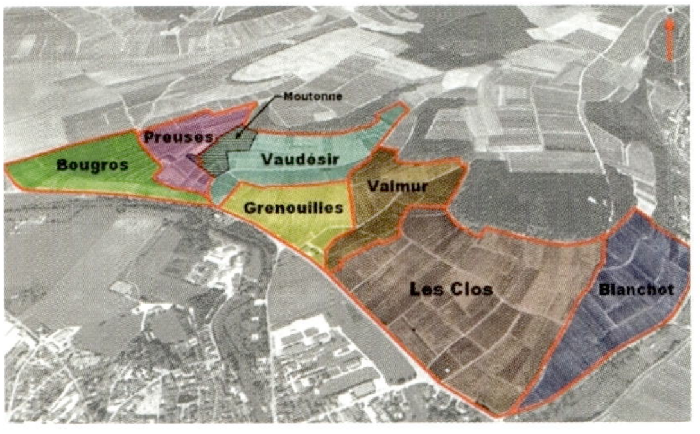

샤블리 그랑크뤼 포도밭

2) 꼬뜨 도르(Cote Dor)

(1) 꼬뜨 드 뉘(Cote de Nuit)

브르고뉴 지방의 디종시 부터 본시의 북쪽까지를 "꼬뜨 드 뉘"라고 부른다. 레드 와인이 주류로 브르고뉴 와인의 발전에 기여한 그리스도교의 시토파의 총본부가 있으며 이곳에서

는 1925년부터 Abbaye de Citeaux(아베이드 시토)란 이름의 우유로 만든 치즈가 수도사의 손으로 만들어지고 있다.

❶ 마르샤네(Marsannay)

브르고뉴 지방의 중심지 디종 시의 남쪽에 이어진 마을로 3타입(레드, 로제, 화이트)색상의 A.O.C를 갖고 있는 곳은 브르고뉴 지방에서 이곳 마르사네 밖에 없으며 그 중에서 특히 로제가 유명하다.

❷ 픽생(Fixin)

꼬뜨 드 뉘의 최북단에 위치하고 있는 작은 마을이다. 나폴레옹이 특히 사랑했던 샹베르땅에 가까워서인지 이 마을에는 나폴레옹 박물관이 있으며 박물관 바로 옆에 Clos Napoleon(끌로 나폴레옹)이라는 프리미에 크뤼 포도밭이 있다.

❸ 지브리 샹베르땡(Gevrey Chambertin)

유명한 "그랑 크뤼 가도"의 제일 북쪽에 위치하는 지브리 샹베르땅은 브르고뉴에서 가장 많은 9개의 그랑크뤼를 갖고 있는 마을로 600년경부터 와인이 제조된 역사 깊은 마을이다.그랑 크뤼의 면적은 전체 433ha중에 1/5의 큰 면적을 차지하고 있다.

그중 가장 대표적인 포도밭은 샹베르땅과 샹베르땅 끌로 드 베즈를 들수 있다. 샹베르땅이란 호칭은 13세기경 "베르땅"이라는 농부가 소유하고 있던 밭(Chmap : 샹)에서 유래한다고 전해진다. 나폴레옹이 사랑한 와인으로서 특히 유명하다.

샹베르땅 끌로 드 베즈

7세기 교회 의 베즈 수도회에 의해 개척된 브르고뉴에서 가장 오래된 포도밭이다. 이 밭에서 생산되는 와인은 "샹베르땅"으로 명칭 사용이 허락되어있다. 단 "샹베르땅" 밭에서 만들어진 와인은 "샹베르땅 끌로 드 베즈"의 명칭 사용은 금지되어 있다.

샤펠 샹베르땅

12세기부터 프랑스혁명까지 마을의 예배당(샹베르땅)이 있었던 장소였기에 이렇게 불리고 있다. 또 보레이 상 드니 마을에 북족으로 접하고 있는 높이 250m의 포도밭은 샤름 샹베르땅과 마죠와이에르 샹베르땅이 있다.
이 둘은 일반적으로 샤름으로 표시하는 경우가 많다. 그랑크뤼 중 가장 북쪽에 위치하고 있는 루쇼뜨 샹베르땅과 마지 샹베르땅이 있으며 그리오뜨 샹베르땅은 그랑크뤼 중에서 가장 일조량이 좋은 그랑크뤼이고 라트리시에르 샹베르땅은 가장 남쪽에 위치하고 있다.

❹ 모레이 생 드니(Morey Saint Denis)

인구 700명의 모레이 생 드니 마을은 북으로는 지브리 샹베르땅 마을, 남으로는 샹볼뮈지니 마을로 둘러싸여 있다.

이 마을의 그랑 크뤼는 총 5개로 끌로 드 라 로슈(Clos de la Roche), 끌로 생 드니(Clos Saint Denis), 끌로 데 람브레이(Clos des Lambrey), 끌도 드 따르(Clos de Tart)와 샹볼뮈지니에 걸쳐 있는 본 마르(Bonnes Mares)이다.

❺ 샹볼 뮈지니(Chambolle Musigny)

이웃하고 있는 모레이 상 드니와 지브리 샹베르땅은 석회암과 점토의 혼합토양이지만 샹볼뮈지니 마을은 거의 석회암질로 밭의 위치도 그들보다 높은 곳에 위치하고 있다.

2개의 그랑크뤼 Bonnes Mares(본마르), Musigny(뮈지니)와 24개의 프리미에 크뤼를 갖고 있으며 프리미에 크뤼 중 가장 유명한 포도밭은 "연인들"이라는 뜻을 가진 Les Amoureuses(레 자무레즈)이다.

본마르(Bonnes Mares)

샹볼 뮈지니 마을의 2개의그랑크뤼 포도밭 중 하나인 본 마르 포도밭은 샹볼뮈지니 뿐만 아니라 북쪽에 접하고 있는 모레이 상드니에도 걸쳐있다. 모레 상 드니마을의 그랑크뤼인 Clos de Tart(끌로 드 타르)와 같은 경사면에 퍼져있다.
토양은 모레이 상드니와 비슷한 점토분이 다량 포함하고 있다. Mares(마르)라고 하는 의미는 프랑스의 고대어로 "재배하다"라는 의미의 "Marer"에서 유래되었다. Bonnes Mares(본 마르)는 "좋은 밭"이라는 의미로 중세시대부터 이 이름으로 알려졌다.

뮈지니(Musigny)

A.O.C 뮤지니는 샹볼 뮈지니 마을의 남쪽. 즉 부죠마을 ,플라제 에세죠 마을쪽의 A.O.C 에세죠 밭 근처에 있다. 높이 260m~300m의 경사면에 퍼져있는 포도밭의 토양은 이 마을의 또 다른 그랑크뤼인 본 마르보다 석회질 함량이 높다.
레드와 화이트 2종류의 그랑크뤼를 생산한다.그중 피노누아의 레드 와인이 주류를 이루지만 아주 적은 양의 샤르도네 화이트 와인은 그 희소성 때문에 환상의 와인이라 불린다.
꼬뜨 드 뉘의 유일한 화이트 그랑크뤼인 뮈지니의 포도밭은 0.66ha로 가장 작은 그랑크뤼이며 Gerge de Vogue(조르주 드 보귀)에 가문에서 단독소유하는 모노폴이다.

❻ 끌로 드 부죠(Clos de Vougeot)

꼬뜨 드 뉘를 달리는 974번 도로를 따라서 서쪽으로 3~4도의 경사를 가진 완만한 사면에 포도밭이 퍼져 있다. 현재 약50ha 면적의 포도밭을 80명 이상의 소유자에 의해 분할 소유되고 있다. 이 때문에 브르고뉴 그랑 크뤼 중에서 가장 품질 편차가 크다는 평가를 받고 있다.

이 밭 최상부에는 유명한 샤또 드 끌드 드 부죠가 위치하고 있는데 원래는 시토 수도회의 고객연회장으로 건설되었다가 현재는 Confreries des Chevaliers du Tastevin(콩프레리 데 슈발리에 뒤 따스뜨뱅)이라는 와인기사단의 본부가 되었다.

따스뜨 뱅 기사단(Chevaliers du Tastevin)

브르고뉴 와인의 품질을 지키고 영광을 드높이는 것을 목적으로 하는 이 기사단은 1934년 발족하여 세계적으로 10,000명 이상의 회원을 구성하고 있으며 매해 여러 행사를 개최하고 있다.

끌로 드 라 로슈(Clos de la Roche

끌로 드 라 로쉬는 모레이 생 드니의 그랑 크뤼 중에서 가장 넓은 면적을 차지하고 있으며 토양은 커다란 돌이 많이 섞여있기 때문에 프랑스어로 암석을 의미하는 "la Roche"란 명칭이 붙게 되었다.
"Clos"는 브르고뉴 지방에서 흔히 볼 수있는 밭과 밭 사이의 경계를 나누는 "석벽", 돌 울타리를 의미한다. 우리나라에서는 제주도에서 흔히 볼 수 있는 풍경이다.

끄로 데 람브레이(Clos des Lambrey)

끌로 데 람브레이는 같은 그랑 크뤼인 "끌로 상 드니"와 "끌로 드 따르" 사이에 있는 높이 250~320m 경사면에 위치하며 밭의 대부분을 "Domaine des Lambrey(도멘 데 람브레이)"에서 소유하며 밭의 아주 작은 일부의 포도밭을 "Domaine Taupenot Merme"가 소유하고 있다.

끄로 드 따르(Clos de Tart)

1141년 시토파의 수도사들에 의해 개척된 이래 3번 밖에 소유자가 바뀌지 않은 흔치 않은 포도밭이다. 현재는 "Mommessin(모멍생)"가문이 "Mono pole(모노폴)" 형태로 단독 소유하고 있다. 끌로 드 따르 의 석벽은 수세기전의 것으로 그 중에 있는 15세기 건조물과 함께 방문객들에게 깊은 인상을 주고 있다.

⑦ 본 로마네(Vosne Romanee)

본 로마네 마을은 레드 와인의 최고봉이라고 칭송 받는 Romanee Conti(로마네 꽁띠)를 비롯하여 La Romanee(라 로마네), Romanee Saint Vivant(로마네 생 비방), Richebourg(리쉬부르), LaTache(라 타쉐), La Grand Rue(라 그랑 뤼) 총 8개의 그랑크뤼밭을 갖고 있다.

Echezeaux, Grands Echezeaux

본로마네 마을에 접해 있는 프라제 에세죠 마을의 유명한 그랑크뤼로 에세죠 밭은 그랑 에세죠의 서쪽와 남쪽의 작고 낮은 경사면에 있으며 84명의 생산자에 의해 분할 소유하고 있다.

로마네 꽁띠(Romanee Conti)

밭의 기원은 로마시대로 거슬러 올라간다. 10세기 초반 이래 그리스도교의 수도원에 의해 관리되어왔다. 18세기 프랑스 국왕 루의 15세의 애첩 퐁파두르 부인과 왕의 종형제인 꽁띠 공의 쟁탈전 끝에 최종적으로 꽁띠공의 소유가 되어 그 이후 Romanee(로마인)에 Conti가 붙게 되었다. 현재 Domaine de la Romanee Conti(도멘 드 라 로마네 꽁띠)의 단독 소유 모노폴이다.

로마네 생 비방(Romanee Saint Vivant)

로마네 생 비방 대수도원의 이름이 붙여진 포도밭으로 대수도원으로 향하는 작은 길에 이어져 있다.

라 로마네(La Romanee)

Comete Liger Belair(꽁떼 리제 벨레르) 가문의 도멘 Chateau de Vosne Romanee의 단독 소유 모노폴이지만 그동안 병입, 숙성, 양조에서 판매까지 별도의 생산자에 의탁하고 있었다. 르루아부터 부샤드 페레& 필 등 여러 도멘에 의탁해 오다가 2006년부터 모두 소유주인 꽁떼 리제 벨레르 가문에서 직접 관리하고 있다.

그 외 인접한 포도밭 중에서 라 타슈(La Tache)는 도멘 드 라 로마네 꽁띠, 라 그랑 뤼(La Grand Rue)는 Francois Lamarche(프랑수아 라마르슈)의 단독 소유 모노폴이다.

그리고 도멘 드 라 로마네 꽁띠사는 Richebourg(리쉬부르)에서 가장 넓은 면적의 포도밭을 소유하고 있다.

❽ 뉘생 조르주(Nuits Saint Georges)

보통 이 마을 이름의 "Nuit(뉘)"를 프랑스어 "밤"으로 해석하여 "생 조루주의 밤"이라고 잘못 해석하는 경우가 있는데 이 "Nuit"는 호두나무를 뜻하는 오래된 말이다.

이 마을은 꼬뜨 드 뉘에서 가장 넓은 마을로 그랑 크뤼는 갖고 있지 않지만 41개의 가장 많은 프리미에 크뤼를 갖고 있다.

그외의 Cote de Nuit의 A.O.C로는 브르고뉴 오뜨 꼬뜨 드 뉘(Bourgogne Hauts Cote de Nuits)가 앞에서 언급한 유명 마을 A.O.C가 아니지만 요즘 한국시장에서 수입되기 시작한 A.O.C이다.

"Haut(오뜨)"는 높다는 뜻으로 꼬뜨 드 뉘 에서 지형상으로 높은 위치에 있다는 뜻을 나타낸다. 꼬뜨 드 뉘에서 바로 서쪽에 위치하는 300~400m의 고지부분에 밭이 펴져 있다. 이전에는 브르고뉴 알리고떼의 생산이 많았던 지역이었지만 현재는 피노누아로 로제,레드를, 샤르도네와 피노블랑, 피노 그리로 화이트 와인을 생산하고 있다.

(2) 꼬뜨 드 본(Cote de Beaune)

❶ 뻬르난 베르쥴레스(Pernand Vergelesses)

알로스 꼬르똥(Aloxe Corton), 라도와(Ladoix) 마을과 함께 A.O.C Corton과 A.O.C 꼬르똥 샤를 마뉴의 그랑크뤼를 생산하는 마을로 8개의 프리미에 크뤼가 있다.

❷ 알록스 꼬르똥(Aloxe Corton)

브르고뉴 지방의 유명한 명주가 집중되어 있는 꼬뜨 도르 지구중 남반부의 꼬뜨 드 본이 시작되는 지점에 있는 알록스 꼬르똥 마을은 A.O.C Corton과 A.O.C 꼬르똥 샤를 마뉴의 그랑크뤼를 생산하는 곳으로 명성이 높은 인구 200명의 작은 마을이다. 이 마을과 이웃하는 2개의 마을에 걸쳐있는 특급 밭의 면적은 브르고뉴 지방 최대 면적으로 꼬뜨 드 본에서 유일하게 화이트, 레드 그랑크뤼를 모두 갖고 있다. 특급 밭은 완만한 곡선을 그리며 꼬르똥 언덕의 높은 곳에 있

꼬르똥 언덕

으며 그 주위를 둘러싼 프리미에 크뤼의 13개 끌리마가 이어지고 마을명의 포도밭은 보다 낮은 경사면에 퍼져 있다.

꼬르똥(Corton) 언덕과 샤를마뉴(Charlemagne) 대제

브르고뉴 꼬뜨 드본 에서 가장 북단에 위치하는 뻬르난 베르쥴레스마을, 라도와 세리니마을, 알록스 꼬르똥 마을. 이 세 마을에 걸쳐있는 그랑크뤼 포도밭이다. 그랑크뤼는 모두 꼬르똥 언덕의 남서향의 사면의 고지대에 집중되어 있다. 높이 280~330m 위치로 브르고뉴 그랑크뤼로서는 가장 높은 곳에 위치하고 있다. 이 세 마을은 화이트 와인 그랑크뤼인 A.O.C 꼬르똥 샤를마뉴의 포도밭도 공유하고 있다.

브르고뉴에서 화이트와 레드 그랑 크뤼를 생산하는 것은 이 꼬르똥(Corton) 밖에 없으며 꼬뜨 드 본에서 유일하게 그랑 크뤼를 생산하는 포도밭이다. 생산량은 레드가 압도적으로 많으며 레드 와인에 한해서 Corton 명칭 뒤에 "Les Marechaude(레마레쇼드)", "Le Clos du Roi(르 끌로 뒤 로아)" 등 포도밭의 이름을 표기하는 것이 인정되어 있다.

샤를마뉴는 800년 서로마제국의 황제로서 중세에서 유럽 전체를 지배했던 영웅의 이름이다. 독일에서는 칼 대제라고 부른다.

샤를마뉴 대제

이 포도밭은 포도 재배와 와인생산을 장려한 대제가 775년 로마교외에 기부하고 그 후 1789년 프랑스 혁명까지 교회의 소유였던 유서 깊은 포도밭이다. A.O.C 샤를마뉴는 법적으로는 존재 하지만 현재 실제로는 사용되고 있진 않다.

꼬르똥 샤를마뉴는 화이트 와인 그랑크뤼로 생산되고 있는데 이는 대제의 자랑하는 풍성한 턱수염을 붉은 와인으로 적시기 않기 위해 백포도 품종만 재배시켰다는 전설이 남아 있다.

A.O.C Corton 과 A.O.C 꼬르똥 샤를 마뉴의 그랑크뤼를 생산하는 곳으로 11개의 프리미에 크뤼가 있다. 라도아 또는 라도아 세르니(Ladoix or Ladoix Serrigny)는 꼬뜨 드 본 의 북쪽 출발점인 마을로 레드와 화이트를 생산한다.

❸ 사비니 레 본(Savigny Les Beaune)

북쪽의 꼬르똥 언덕쪽 포도밭은 자갈질, 남족 본쪽의 포도밭은 석회점토질로 구성되어 있어서 밭(끌리마)에 의해 토양 성질이 아주 많이 다르다. 레드와 화이트 와인을 생산하여 프리미에 크뤼는 22개가 있다.

④ 쇼레이 레 본(Chorey Les Beaune)

레드와 화이트 모두 생산하지만 레드의 생산량이 90%를 차지한다

⑤ 본(Beaune)

브르고뉴 지방을 대표하는 꼬뜨 도르(황금의 언덕)지구의 중심에 있는 본마을은 와인의 가도라고 불리는 인구 2만 명의 마을이다. 시의 근교에는 와인 관련 공장, 창고가 많으며 시내에도 네고시앙 사무소나 와인샵, 와인바가 늘어서 있는 "와인의 마을"이다.

시가지에는 중세의 마을 풍광이 남아있는데 그중에서도 브르고뉴 대공국의 필립 아르디(선양왕)시대의 재무장관 니콜라 롤랑이 가난한 이들을 구제하기 위해 사재를 털어 설립한 요양원(통칭 Hospice de Beaune)은 반드시 둘러볼 명소이다. (호스피스 드 본 유래)

⑥ 뽀마르(Pommard)

레드 와인만 생산하는 마을로 그랑크뤼는 없지만 24개의 프리미에 크뤼가 있다. 중세 시대부터 명성이 높았으며 "본 와인의 꽃"이라고 칭송받았다. 루이 15세 프랑스 국왕, 레 미제라블의 빅토르 위고가 사랑한 와인으로 알려져 있다.

대표적인 프리미에르 크뤼로는 Les Rugiens(레 뤼지엥), Les Epenots(레 제뻐노)가 있다.

⑦ 볼네이(Volnay)

볼네이 마을은 레드 와인만 생산하며 그랑 크뤼 포도밭은 없지만 프리미에 크뤼가 30개 있다. 밭의 대부분은 볼네이 마을에 있지만 프리미에 크뤼 Santenots(상뜨노)의 28ha는 행정구역에서 인접하고 있는 뫼르쏘 마을에 속한다.

때문에 Santenot에서 생산되는 레드는 그대로 A.O.C 볼네이로 판매하지만 화이트인 경우에는 A.O.C 뫼르소로 판매된다. 이것은 뫼르소에는 레드와인을 생산할 수 없기 때문이며 볼네이에서는 화이트, 브르고뉴 레드 와인 중에서도 여성적 와인이라는 평가가 많으며 최근 주목받고 있는 마을이기도 하다.

⑧ 몽뗄리에(Monthelie)

볼네이 마을 바로 남쪽에 위치하고 뫼르쏘 마을 서쪽에서 남동향의 경사면에 높이가 높

은 언덕지대로 포도밭이 펼쳐져 있다. 레드와 화이트 모두 생산하며 15개의 프리미에 크뤼가 있다.

⑨ 생 로맹(Saint Romain)

레드, 화이트 모두 생산하며 그랑크뤼도 프리미에 크뤼도 없는 마을이지만 오크통 제작 업자가 많은 마을이다.

⑩ 오제이 뒤레스(Auxey Duresses)

오제 뒤레세 마을은 꼬뜨 드 본의 중심지에 있는 본 시의 남서쪽 약 8km에 위치하는 인구 350명의 마을이다. 드라이 화이트 와인으로 유명한 뫼르쏘 마을에서 서쪽의 높은 언덕 쪽으로 들어가는 곳에 펼쳐져있는 오뜨 꼬뜨 지구에 접하고 있다.

레드와 화이트를 생산하는데 화이트의 포도밭은 뫼으쏘 마을쪽 경사면에 레드의 포도밭은 몽텔리에 마을 쪽에 있다

⑪ 뫼르쏘(Meursault)

"브르고뉴 화이트 와인의 도시"라고 불리는 마을로서 그랑크뤼는 없지만 21개의 프리미에 크뤼가 있으며 그 중에서 Les Perrieres(레 페리에르), Les Charmes(레 샴) 등 세계적으로 명성 높은 밭이 있다.

⑫ 블라니(Blany)

화이트 와인으로 유명한 뫼르쏘 마을과 뿔리니 몽라셰 마을에 걸쳐있는 곳으로 행정구역으로서 블라니 마을은 존재하지 않는다.

A.O.C 블라니는 레드 와인만 인정되어 있으며 레드와인과 같은 포도밭에서 만들어지는 화이트 와인은 뫼르쏘 마을에 걸쳐있는 밭은 A.O.C 뫼르쏘, 뿔리니 몽라셰 마을에 걸쳐있는 마을은 A.O.C 뿔리니 몽라셰로 판매된다.

블라니의 레드 와인은 브르고뉴산 A.O.P 치즈인 Epoisses(에뿌아스)처럼 농후한 치즈나 야생멧돼지, 산토끼같은 요리와 궁합이 좋다.

⑬ 생 또뱅(Saint Aubin)

화이트 와인으로 유명한 뿔리니 몽라셰 마을과 샤샤뉴 몽라셰 마을의 바로 서쪽에 위치

한 작은 마을로 화이트 레드 모두 생산하고 있으며 그중 화이트 와인의 평가가 높다. 프리미에 크뤼 20개가 있다.

⑭ 뿔리니 몽라셰(Puligny Montrachet)

포도밭은 마을의 서쪽에 이어져있는 블라니의 언덕의 동향의 완만한 경사면에 펼쳐져 있으며 4개의 화이트 와인 그랑크뤼가 있다. 샤샤뉴 몽라셰마을과 공동으로 Montrachet(몽라셰), Batard Montrchet(바따르 몽라셰)를 공동 생산하고 있으며 그외 그랑크뤼로는 Chevalier Montrachet(슈발리에 몽라셰), Bienvenus Batard Montrachet(비엥비뉴 바따르 몽라셰)가 있다.

가. 몽라셰(Montrachet)

"세계 최고봉의 화이트 와인", "화이트 와인의 왕자" 로 칭송받는 와인이다. 몽라셰는 "Mont(산)" , "Rachet(대머리)"란 뜻으로 민둥머리 산을 의미한다. 포도나무 이외에는 무엇도 살아남기 힘든 석회질 성분이 많은 토양이기 때문에 이렇게 이름이 지어졌다고 한다.

나. 바따르 몽라셰(Batard Montrchet)

몽라셰 포도밭의 동쪽 작은 도로를 간격으로 마주보고 있다. 둘다 높이 240~270m로 동남향의 경사면에 펼쳐져있어 최상의 조건을 갖고 있다.

다. 슈발리에 몽라셰(Chevalier Montrache)

"몽라셰의 기사"란 의미로 뿔리니 몽라셰마을의 그랑크뤼로 몽라셰보다 서쪽에 있고 높이 265~290m의 경사면에 펼쳐져 있어서 그랑크뤼 중 가장 높은 곳에 위치하고 있다.

라. 비엥비뉴 바따르 몽라셰(Bienvenus Batard Montrachet)

비엥비뉴 바따르 몽라셰도 뿔리니 몽라셰마을에 있으며 몽라셰, 바따르 몽라셰 밭의 동쪽에 위치하고 높이는 240~250m이다.

⑮ 샤샤뉴 몽라셰(Chassagne Montrachet)

19세기 까지는 레드밖에 만들지 않았었으나 현재는 레드와 화이트 모두를 생산하며 그 중 화이트의 생산량이 많다.

세계적으로 유명한 화이트 와인으로 그랑크뤼인 A.O.C Montrachet(몽라셰)와 A.O.C

Batard Montrchet(바타르 몽라셰)는 이 마을과 밭이 걸쳐져 있는 옆 마을 뿔리니 몽라셰 마을에서 공동 생산하고 있다. 그외 그랑 크뤼로는 Criots Batard Montrchet(크리오 바타르 몽라셰)가 있다.

크리오 바따르 몽라셰는 샤샤뉴 몽라셰마을의 그랑 크뤼로 바따르 몽라셰 밭의 남쪽에 위치하고 있다.

⑯ 상트네이(Santenay)

레드와 화이트를 생산하며 유명한 온천지구로 알려져 있다.

⑰ 마랑쥐(Marange)

브르고뉴 꼬드 드 본 의 최남단에 위치하는 와인산지로 레드, 화이트 모두 생산하며 프리미에 크뤼가 7개 있다.

3) 꼬뜨 샬로네즈(Cote Chalonnaise)

브르고뉴의 "꼬뜨 도르"를 지나면 남쪽의 낮고 완만한 구릉지가 꼬뜨 샬로네즈이다. 실제로는 A.O.C 브르고뉴로 생산되는 경우가 많고 A.O.C 크레망 드 브르고뉴 포도의 최대 공급지이기도 하다. 주요 A.O.C로는 Bouzeron(부즈롱), Rully(륄리), Mercurey(메르뀌레), Givry(지브리), Matagny(몽따니)가 있다.

(1) 부즈롱(Bouzeron)

부즈롱은 알리고떼 품종으로 만드는 화이트 와인 중 유일한 마을 A.O.C 산지로 명성이 높다. 1998년 A.O.C로 승격되기 전까지는 1979년 인정된 "A.O.C 브르고뉴 알리고떼 부즈롱"으로 판매되었다.

알리고떼 품종은 피노누아 와 지금은 존재하지 않는 "구에"라는 품종을 교배시켜 만든 백포도 품종으로 뜨거운 여름과 추운 겨울을 갖는 부즈롱 마을에서 재배되는 알리고떼는 다른 산지와 비교해서 과피가 얇고 금색의 빛깔을 띄고 있어 "Dore(도레)"라고 불린다.

4) 마꼬네(Maconnais)

피노 누아와 가메이로 로제, 레드 와인을, 샤르도네로 화이트 와인을 생산하며 예로부터 가격대비 품질에 대한 평가가 높은 마을이다.

주요 A.O.C로는 Pouilly Fuisse(뿌이 퓌세), Pouilly Loche(뿌이 로셰), Pouilly Vinzelle, Saint Veran(생 베랑)이 있으며 그중 Pouilly Fuisse(뿌이 퓌세)는 전 세계 레스토랑에서 접할 수 있을 정도로 평가가 가장 높다.

5) 보졸레(Beaujolais)

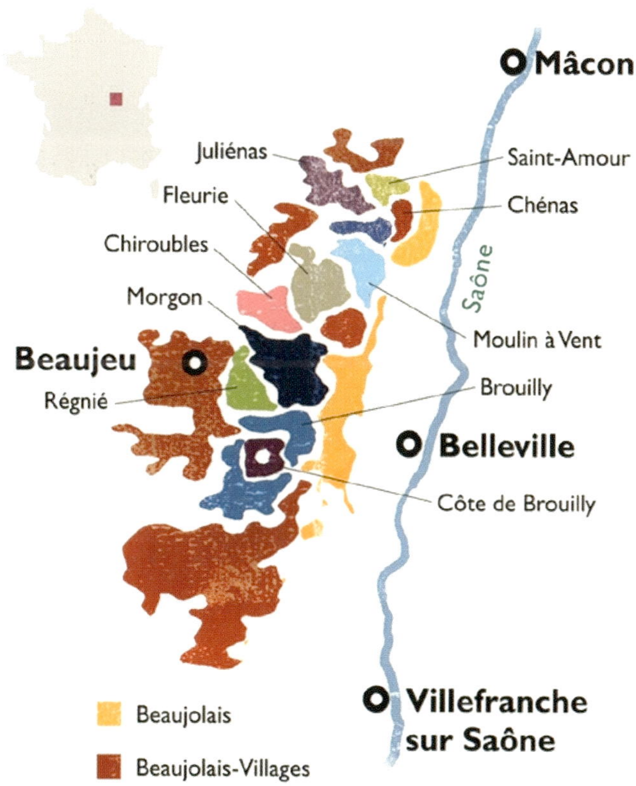

브르고뉴 지방 마꼬네의 남쪽에서부터 론 알프스 지방의중심지 리용까지 50km의 언덕지대에 펼쳐져 있는 와인산지로 현재 매년 11월 셋째주 목요일에 전 세계적으로 판매를 개시하는 보즐레 누보(Beaujolais Nouveau)가 가장 유명한 지역이다.

보졸레 누보

와인이 지역기간 산업 1위인 곳으로 브르고뉴에서는 유일하게 가메이(Gamay)를 중심으로 레드 와인을 생산하는 산지이다. 산미가 적고 푸르티하며 마시기 쉬운 레드 와인을 대부분 생산하지만 적은 양의 화이트와 로제도 생산하고 있다.

지리적으로 북쪽과 남쪽으로 나눌 수 있으며 북부에는 10개의 마을에서 생산하는 장기 숙성 타입의 Cru Beaujolais(크뤼 보졸레)와 과실풍미의 보졸레보다 한 수 위인 보졸레 빌라쥐를 생산한다.

남부에서는 가장 밭의 면적이 크고 가벼우면서 과일풍미의 보졸레가 생산된다. 이 지방은 전형적으로 프랑스 전원 풍경과 자연의 보고로서 치즈, 햄, A.O.C로 지정된 샤롤레 비프(beef) 등 식재료도 풍부한 곳이다.

(1) 생따므르(Saint Amour)

보졸레 최북단에 위치한 마을로 "성스러운 사랑"이라는 뜻을 의미한다.

(2) 줄리에나(Julienas)

명칭은 "갈리아 전기"의 현자의 이름에서 유래되었다.

(3) 셰나(Chenas)

보졸레 크뤼 중 가장 생산량이 적어 희소성이 있는 크뤼이다. 마을의 명칭은 과거 이 땅이 오크 나무(Chene) 숲으로 덥혀있었다는 전설에서 유래한다.

(4) 물랭 아 방(Moulin a Vent)

보졸레에서는 신선하고 푸루티한 풍미의 가볍게 마시는 타입의 와인이 대부분이지만 이 와인은 장기 숙성에 적합한 와인으로 숙성을 거치면서 부케가 증가해 스파이시함과 트러플 향까지 갖게 된다. 이러한 숙성력 때문에 새로운 오크 통에서 숙성시키는 경우도 있다.

(5)플뢰리(Fleurie)

북쪽의 물랭아방, 남쪽에 쉬르블에 둘러싸여 있는 크뤼다. 보졸에 크뤼 중 가장 여성스러운 와인이라는 평가가 있어 "크뤼 보졸레의 여왕"이라고 표현하기도 한다.

(6) 쉬르블(Chiroubles)

크뤼 중 가장 높은 언덕의 경사면(400m)에서 재배된다. 인접한 플뢰리와 함께 여성적이라는 평가를 받고 있다.

(7) 모르공(Morgon)

면적은 1,108ha로 크뤼 중에서는 A.O.C 브루이 다음으로 넓은 면적을 갖고 있다.

(8)레니에(Regnie)

10개의 Cru 중 가장 최근인 1988년 A.O.C 승인되었다. 세계 최고의 자선옥션인 오스피스 드 본이 소유하는 80ha의 포도밭 중 56ha가 레니에에서 재배되고 있다.

(9) 브루이(Brouilly)

보졸레 크뤼 중 가장 남쪽에 위치하며 가장 넓은 생산 면적을 갖고 있다. 꼬뜨 드 브루이를 감싸고 있는 크뤼이다.

(10) 꼬뜨 드 부루이(Cote de Brouilly)

밭은 높이 약 480m의 "브루이의 언덕"이라는 햇볕이 잘 비치는 경사면에 펼쳐져 있다. 보졸레 크뤼 중 가장 먼저 알려진 크뤼이다.

(11) 그 외 A.O.C Bourgogne

❶ Bourgogne Grand Ordinaire 또는 Bourgogne Ordinaire

브르고뉴 지방 전역에서 생산되는 일상소비용 와인. "오르디네르"는 "일상의"라는 의미이며 "그랑"은 "커다란" 또는 "사치스러운"을 의미한다.

이 호칭은 브르고뉴 지방에서 일찍이 오래전 안식일인 일요일에 마시는 와인을 "그랑 오디네르", 일요일 이외의 일상적으로 마시는 와인을 "오디네르"라고 불러온 것에서 유래한다.

현재는 "브르고뉴 그랑 오디네르" 호칭은 거의 사용되지 않는다. 로제, 레드는 가메이, 피노 누아, 세자르, 뚜르쏘로, 화이트는 샤도네이, 알리고떼, 뮈쓰까떼 (물롱 드 브르고뉴), 싸씨 로 만든다. 다른 브르고뉴 와인과 달리 보기 힘든 토착 품종을 사용하는 경우가 많다.

❷ 브르고뉴 빠스 뚜 그랑(Bourgogne Passe Tout Grains)

브르고뉴 와인은 로제와 레드는 피노누아, 화이트는 샤르도네 품종. 이렇게 단일 품종으로 만들어지는 것이 대부분이지만 예외 중 하나가 A.O.C 브르고뉴 빠스 뚜 그랑이다.

보졸레의 중 품종인 가메이와 피노누아를 브렌딩해서 레드와 로제를 생산한다. 브렌딩에 최소1/3의 피노누아를 원칙으로 한다. 생산량의 대부분인 2/3가 꼬뜨 샬로네즈에서 생산되며 남은 1/3이 꼬뜨 도르와 욘에서 생산된다.

이외에 가메이와 피노누아를 브렌딩하는 레드 와인 예로서는 A.O.C 마꽁, A.O.C 브르고뉴 그랑 오르디네르등이 있다.

❸ 브르고뉴 알리고떼(Bourgogne Aligote)

브르고뉴 지방의 화이트 와인은 샤르도네 품종으로 만들어지는 것이 대부분이지만 이 와인은 알리고떼 품종을 사용하여 브르고뉴 알리고떼라고 불린다. 알리고떼 품종은 샤르도네 보다 포도송이, 포도알이 보다 크며 포도알의 개수도 많은 품종이다.

A.O.C로 인정된 생산지는 브르고뉴 전역이지만 Cote de Beaune(꼬뜨 드 본)과 Maconnais(마꼬네)의 언덕 사이에 위치하는 Cote Chalonnaise(꼬뜨 샬로네즈)가 가장 유명한 생산지이다.

가격이 적당하여 카페나 비스트로 에서 인기있는 알리고테는 프랑스의 식전주를 대표하는 "키르"에 사용하는 화이트 와인으로 유명하다. 제2차 세계대전 직후 디종의 시장이었던 "Kir(키르)"가 고안한 와인 칵테일로 차가운 알리고테 와인에 디종의 명산물인 카시스 리큐르를 섞은 식전주로 고안했다. 이후 "Kir"는 프랑스에서 가장 대중적인 아프리티프(식전주)로서 보급되었다.

또한 알리고떼 와인대신 카시스를 A.O.C 크레망 드 브르고뉴 같은 발포성 와인을 섞은 것은 "Kir imperial(키르 임페리얼)"이라고 불린다.

❹ 크레망 드 브르고뉴(Cremant de Bourgogne)

브르고뉴 지방의 발포성 와인으로 화이트, 로제가 있다. 샴페인과 같은 병내 2차 발효방식인 전통방식으로 만들어진다. 산지는 브르고뉴 지방 전역에서 만들어지며 기후나 지질이 샹파뉴 지방과 비슷한 꼬뜨 샬로네즈의 뤼이(Rully) 마을의 것이 특히 유명하다.

비발포성 와인용 포도보다 일찍 수확한 포도를 사용하여 병내 2차 발효 후 9개월 이상의 숙성을 거쳐 20℃에서 3.5기압 이상이 되도록 만든다.이때 코르크에 "Cremant de Bourgogne"라고 표기해야 한다.

❺ 브르고뉴 무스(Bourgogne Mousseux)

브르고뉴 무스는 프랑스에서 보기 드문 레드 발포성 와인으로 크레망 드 브르고뉴와 동일 방식으로 만들어진다.

4 샹파뉴(Champagne)

이 지방에서는 17세기 후반까지는 화이트, 로제, 레드의 비발포성 와인만 만들었지만, 현재는 화이트, 로제의 발포성 와인이 주로 만들고 있다. 와인에 기포만 있다고 해서 샴페인이 되는 것은 아니다. Champagne라고 이름 붙일 수 있는 것은 프랑스 북동부의 샹파뉴(Champagne)지방에서 밭이나 포도 품종, 제조 법에 있어서 일정의 기준을 만족 시켜 생산된 발포성 와인이어야만 Champagne라고 이름 붙일 수 있다.

프랑스 샴페인 지방은 샴페인에서 나오는 스파클링 와인만이 '샴페인' 이라고 대대적인 교육과 홍보 그리고 법적 조치를 통해 알렸지만 아직도 많은 이들이 "스파클링 와인=샴페인"라는 인식을 가지고 있다. 샴페인의 법적 보호 장치는 1891년 마드리드 협정을 통해 정해졌으며 유럽 연방 및 다른 국가들에게 조치가 취해졌다. 그리고 1차대전 이후 베르사이유 조약을 통해 다시 한번 확인되었다.

따라서 샴페인이라는 용어의 사용이 제재된 상황에서 여러 나라의 스파클링 와인 업체들은 각기 다른 용어들을 사용하게 되었는데 열거하자면 스페인의 카바(Cava),이탈리아의 스푸만떼 (spumante)(단, 이탈리아 Asti 마을의 스파클링 와인은 DOCG Asti라 불림), 남아프리카의 캡 클라식(Cap Classic), 독일의 젝트(Sekt), 프랑스 브르고뉴(Bourgogne),

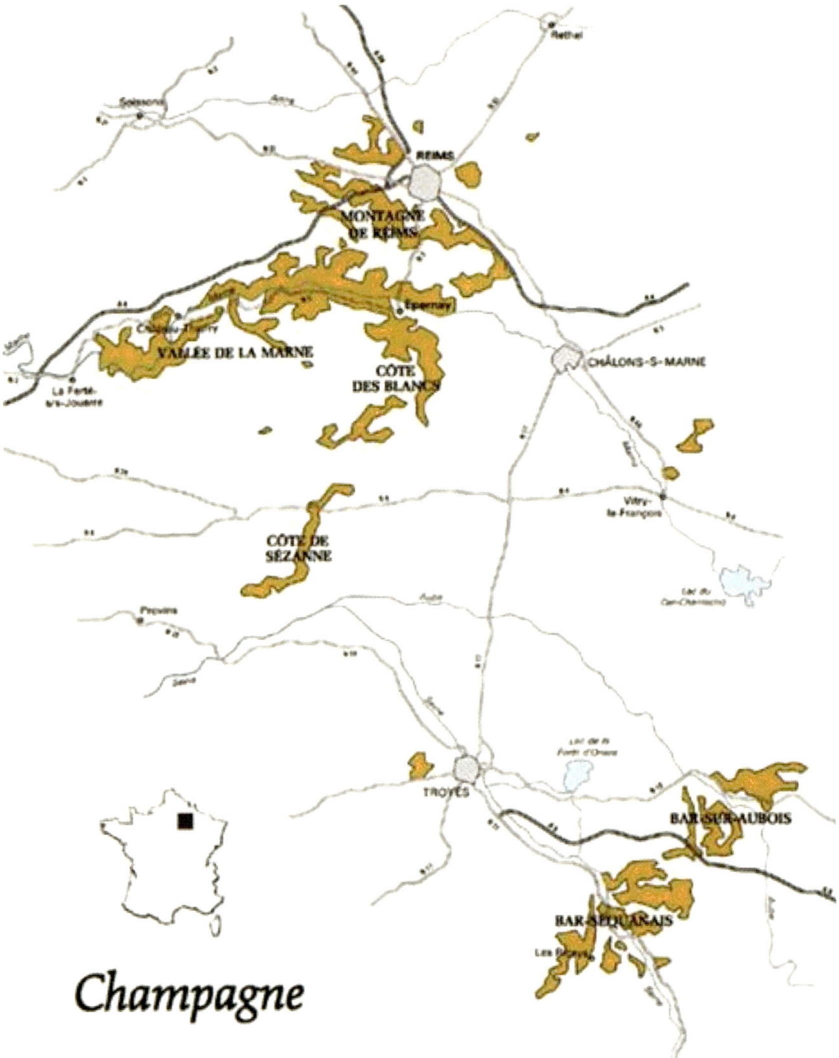

알자스(Alsace) 등 프랑스 전역에서 전통방식으로 제조할 경우 크레망(Cremant) 등의 용어를 사용하고 있다.

이런 정확한 명칭들 말고도 샴페인과 구별을 위해 간단히 스파클링 와인이라고도 한다. "샴페인이라면 무조건 다른 스파클링 와인보다 우수하다."라고는 말할 수는 없으나, 최고의 샴페인은 섬세함과 풍부함 및 신선한 생기가 부드러운 자극성과 조화를 이룬다. 다른 어떤 스파클링 와인도 갖지 못한 특성이다.

또한, Champagne란 명칭은 높은 부가가치를 갖는 브랜드로서 주류업계뿐만 아니라 화장품, 향수 등 지금까지 다수의 명칭 도용사건이 발생한 것으로도 그 이름의 품격을 엿볼 수 있다. 이 지방의 주요 도시는 Reims(랭스)와 Epernay(에페르네)이다.

1) 역사

Champagne의 중심이 되는 Reims(랭스)는 로마 시대부터 중요한 도시로 샴페인이 왕의 와인이 된 배경은 거의 모든 프랑스 국왕의 대관식이 거행되던 랭스 대성당과 관계가 있다. 이 대성당은 '성당의 세기' 라 일컫는 13세기에 지어졌는데 이 시기에 성당이 80여개나 건설되었기 때문이다.

496년 프랑크 왕국 클로비스 1세의 세례식 장소였음을 상징적으로 나타내며 클로비스의 세례식부터 카톨릭이 프랑스의 국교가 되었고 이후 프랑스 왕가의 대관식이 이어지게 되었다. 그 중 에서도 샤를 7세의 대관식(1429년)은 쟌다르크가 입회 한 것으로 알려져 있으며 그 무대인 랭스의 대성당 은 13세기 고딕 건축의 걸작으로 세계문화 유산에 등재되어 있다.

프랑스 와인은 특히 역사와 정치 경제 문화까지 엮여 있는 경우가 많기 때문에 두루 알아두는 것이 이해하기 좋다.

2) 떼루아

파리의 북동 약 145km, 포도 재배의 북방한계선인 49~50에 위치하고 있다. 연 평균 기온은 약 10.5이고 프랑스의 와인산지로서는 가장 혹독한 대륙성 기후의 영향을 받는다. 샹파뉴 마을은 북풍과 겨울 고기압의 영향을 받아 추운 지방이다. 강우량은 650~750mm이고, 연간 규칙적으로 내린다. 4월 말이나 5월 초순에 포도의 눈이 나온 후 서리의 위험에 직면하게 된다. 게다가 여름은 짧고 뜨겁지도 않다. 그래서 이곳에서는 서리에 의한 피해를 막기 위한 스토브가 포도 밭에 있는 모습이 익숙한 풍경이다.

밭은 랭스 와 에페르네 마을의 근처에 위치하고 있고 일조량이 가장 좋은 언덕에 사면에 퍼져있으며 두터운 백아의 석회암질이 랭스의 마을까지 이 지방 전체에 퍼져있고, 수세기에 걸쳐서 굴착된 250km에도 와인 저장고가 이어져 있다.

이 백아층은 포도밭에 없어서는 안될 조건으로 배수가 좋고 미네랄이 풍부하다. 구릉지대에 위치 하기 때문에 나무랄데 없는 햇볕을 얻을 수 있다. 태양광을 반사하고 대지를 따뜻하게 유지하며 포도의 성숙을 촉진시킨다.

샹파뉴지방은 마른(Marne), 오브(Aube), 센 엔 마른(Saine et Marn), 오뜨 마른(Haute-Marne) 4개의 현으로 구분되어지며 그대부분은 마른 현으로 전체의 80%의 면적에 달한다. 샹파뉴의 생산지구에는 몽따뉴 드 랭스, 발레 드라 마른과 그 지류, 꼬뜨 데 블랑이 있다.

3) 샴페인의 발전 과정

샴페인은 전 세계 특권층이 마시는 와인으로 자리 잡으면서 제조 방식과 특징에 중대한 변화를 겪었다. 샹파뉴 지방만의 특별한 제조 방식은 와인을 병에 넣고 발효 시킨 뒤 그대로 소비자에 게 전달하는 것이었다. 그런데 이 방식에는 두 가지 문제점이 있었다.

돔페리뇽

첫번째 문제점은 샴페인이 발효 과정에서 생기는 탄산가스의 압력 때문에 병이 폭발하는 경우가 종종 있었다. 이문제는 "샴페인의 아버지"라고 불리는 오빌레의 수도사 돔페리뇽이 강화된 유리병 사용을 통해 해결되게 된다. 이외에도 그의 업적으로는 포도 품종의 블렌딩, 레드 와인 품종으로 화이트 와인 제조, 코르크 사용 등을 들 수 있다.

뵈브 끌리꼬
퐁샤르댕

오늘날 생산되는 샴페인은 기압이 6이다. 즉 병 내부의 압력이 외부의 여섯배에 달 한다는 의미이다. 묵직하고 두껍고 밑바닥이 움푹 들어간 병이 등장하기 전까지 두 번째 문제 점은 발효 과정에서 생기는 찌꺼기의 처리 방법이었다. 19세기 초반에는 찌꺼기를 걸러낸 다음 다시 마개를 닫았지만 이렇게 하면 기포가 너무 많이 빠져 나갔다. 그러다 1810년 대의 어느 해에 지금은 뵈브(미망인을 뜻함) 클리코라고 알려진 젊은 미망인 니콜 바르브 크리코 퐁샤르댕(Nicole-Barbe Clicquot-Ponsardin)이 운영하던 샴페인 양조장에서 리들링(르뮈아쥬 : Remuage) 기법을 만들어 냈다. 리들링이란 A형 선반에 구멍을 내어 샴페인을 거꾸로 꼽고 발효 기간 동안 천천히 움직이면서 병내에서 발효를 마치고 죽은 이스트 균을 병목 근처로 모으는 방식을 말한다.

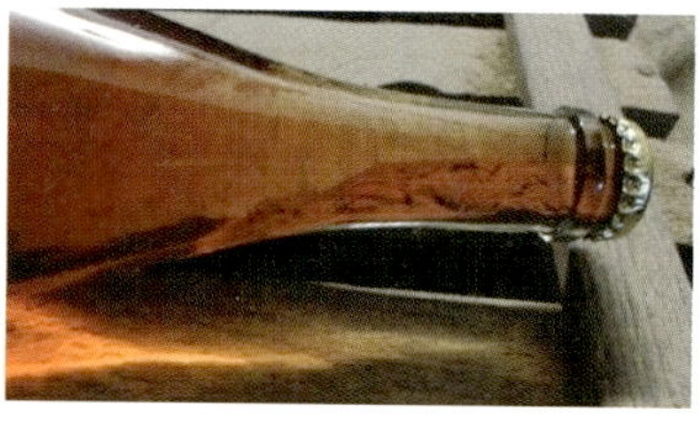

병목에 모인 죽은 이스트

이렇게 해서 모인 찌꺼기는 마개를 열면 압력으로 인해 밖으로 튀어 나오는데 걸러 낼 때보다 마개를 훨씬 빨리 닫을 수 있기 때문에 빠져 나가는 기포의 양이 줄어 들었다.

뵈브 클리코는 몇 년 동안 이 기법을 비밀에 부쳤지만 1820년대에는 다른 샴페인 양조장에서도 똑같은 기술을 사용하기에 이르렀다. 기포를 보존하는 방법과 압력에 견디는 유리병의 발명으로 샴페인 산업은 급속한 성장기에 접어 들었다.

4) Champagne의 제조 공정

(1) 수확(방당쥬 : Vendange) 통상 9월~10월에 걸쳐서 실시한다.

(2) 압착(프레스라쥬 : Pressurage) 포도가 상처를 입지 않도록 단시간에 압착소로 운반 통의 깊이가 얕고 넓은 압착기에서 포도송이 채 부드럽게 누른다. 4000kg에서 2550l를 얻은 후 중지한다.(최초 2050l를 Cuvee(뀌베) 압착해서 얻은 500l를 la Taille(라 따이유)라고 부른다)

알코올 발효

(3) 일차 발효(Fermentation alcoolique) 포도 생산지, 포도 품종, 포도 나무 수령별 등의 보다 상세히 나누어 별도의 통이나 탱크에서 일차 발효를 시킨다.

(4) 조합(아상블라쥬 : Assemblage) 일차 발효에서 얻은 와인을 마을, 품종별로 테이스팅을 하고 조합이 이루어 진다. 논빈티지의 경우 수년전에 양조한 뱅드 리저브(Vin de Reserve)도 사용하면서 각 브랜드 메이커에 맞게 맞을 조합한다.

아상블라쥬

(5) 병입(띠라쥬 : Tirage) 조합된 와인에 리 꿰르 드 따라쥬라고 불리는 효모와 당분을 첨가하여 병입하고 금속마개로 막아 까브에 놓아둔다.

병내 숙성

(6) 병내 2차 발효(Deuxieme Fermentation) 병 속에서 효모가 당분을 분해하고 알코올과 탄산가스를 만들어 낸다. 이 과정을 통해 화이트 와인에서 발포성 와인으로 변화하게 된다.

(7) 병내 숙성(비에리 스멍 쉬 르리 : Vieillissement Sur lie) 병내의 효모가 자기 분해

를 통해 시간과 함께 특유의 풍미를 형성한다. 논 빈티지 샴페인은 병입 후 최저 15개월, 빈티지 샴페인은 최저 3년간 출하가 금지된다.

(8) 리들링(르뮈아쥬 : Remuage) Pupitre라고 부르는 판넬에 병입구를 아래를 향하게 꽂아서 정렬한다. 5~6주간에 걸쳐 매일 병을 조금씩 (1/8씩 회전) 돌려서 병 측면에 고인 앙금을 병입구에 모이게 한다. 현재는 거의 모든 샴페인 하우스가 자동 시스템을 사용하고 있다.

Pupitre

(9) 앙금 제거(데고르쥬멍 : Degorgement) 병입구를 -20의 염화 칼슘 수용액에 담궈 모인 앙금을 을 얼린다. 마개를 제거하면 앙금이 날아가게 된다.

르뮈아쥬

(10) 보주(도자주 : Dosage) 액체의 양이 적어진 병에 나온 만큼의 리큐르(샴페인의 원료가 된 와인에 당분을 더한 것)을 첨가하기 때문에 이렇게 불린다. 이 당분량에서 Sweet~Dry(Doux~Brut) 등의 타입이 결정된다.

(11) 코르크 밀봉(부샤쥬 : Boucharge) 코르크를 꼽고 철사로 고정한다.

(12) 라벨 부착(아빌라쥬 : Habilage) 에티켓(라벨)을 붙인다. 샴페인 제조의 최종 공정에 해당한다.

데고르주망

크라운 캡 제거, 도자주 주입

코르크, 철사, 라벨 부착

대표적인 샹파뉴

5) 샹파뉴의 라벨

샴페인 하우스(메종)
와인 브랜드
품질 구분(Champagne)
당도
회사 업무 형태
용량
알코올

(1) 당분 함유표기

Brut Nature 3 g/liter 이내
Extra Brut 0~6 g/liter 당도 0~0.6%
Brut 15 g/liter 이내 당도 1.5%
Extra Sec 12~20 g/liter 당도 1.2~2%
Sec 17~33 g/liter 당도 1.7~3.5%
Demi Sec 33~50g/liter 당도 3.3~5%
Doux 50g/liter 이상 당도 5% 이상

(2) 샴페인의 타입

Champagne의 Type으로 전체의 3/4을 차지하는 여러 해의 포도를 섞어서 만든 Non Vintage Champagne, 좋은 수확해의 포도로만 만든 Vintage Champagne, 화이트 품종인 Chardonnay로만 만든 Blanc de Blancs, Pinot Noir, Pinot Meunier 레드 와인 품종

으로만 만든 Blanc de Noirs, 브렌딩 시점에서 레드 와인을 첨가해서 만드는 방법과 레드 와인 품종을 로제 와인 만드는 방식으로 만드는 2가지 방법의 Rose Champagne, 각 Champagne 생산 회사들이 만드는 대표 Champagne 인 Cuvee Prestaige가 있다.

(3) 샴페인 하우스(메종)의 업무 형태

샴페인 지방에는 무려 100개가 넘는 샴페인 하우스들이 있다고 한다. 이들 생산자들의 업무 형태를 레이블에 새겨져 있는 이니셜을 통해 구분할 수 있다.

- **NM**(Negociant manipulant) 포도를 구매해서 만든다.
- **CM**(Cooperative de manipulation) 멤버로 지정된 재배자들이 직접 생산한 포도를 사용한다.
- **RM**(Recoltant manipulant) 재배도 하고 와인도 같이 만든다. (5%의 구입은 허용) - 말 그대로 조합 생산 판매 형식이다.
- **SR**(Societe de recoltants) 조합이 아닌 일종의 연합이나 단체 규모이다.
- **RC**(Recoltant cooperateur) 조합의 레이블 하에 만들어진 샴페인을 판매하는 조합이다.
- **MA**(Marque auxiliaire) 생산자나 재배자와는 관계가 없는 주문자 요청 브랜드를 만든다.
- **ND**(Negociant distributeur) 자신의 이름으로 와인을 판매하는 상인을 말한다.

6) 비발포성 와인(Still wine) 산지

(1) 꼬또 샹뿌누아(Coteaux champenois)

발포성 와인인 샹파뉴가 만들어지기 전부터 이곳은 이미 포도밭으로 덮여 있었고 주로 레드의 비발포성 와인 와인을 양조하고 있었다. 현재도 샹파뉴와 같은 생산지구, 품종, 떼루아로 레드와인을 주로 생산하고 화이트와 소량의 로제가 만들어지고 있다.

1978년부터 모든 와인은 생산지에서 병입되게 되었다. 비발포성 와인인 꼬또 샹뿌누아는 에티켓에 산지 꼬뮌명 기재가 허가 되어있는 마을이 있다. 주요 꼬뮌은 랭스시의 남쪽에 산재해 있다.

Red는 부지(Bouzy), 아이(Ay), 실르리(Sillery). 뀌미에르(Cumieres), 베르테스(Vertus), White는 쉬이(Chouilly), 메닐 쉬르 오제(Le Mesnil- sur -Oger)가 있다. 이 중에서 유명한 것은 에페르네 북동 20km에 있는 부지(Bouzy)이다.

이 외에 이지방의 특산품으로 포도 착즙후 남은 부산물인 껍질 등으로 만든 브랜디, 마르 드 샹파뉴(Eaux de vie de Marc de Chapagne)도 유명하다.

(2) 로제 데 리세(Rose des Riceys)

샹파뉴 지방 남부의 꼬뜨 데 바르는 브르고뉴 지방과 경계를 이루는 오브에 속한다. 이 현청 소재지 뜨로아(Troyes)시에서 남동 약 40km 지점의 레 리세를 중심으로 작고 좁은 지구가 비발포성 로제 와인 AOC Rose des Ricey의 산지이다.

베르사유 궁전 건설 시절 이 지역 출신 노동자가 루이 14세에 소개했다고 전해진다. 로제의 인기가 높고, 그 영향으로 레 리세는 18~19세기 당시 오브 내에서 두번째의 인구를 자랑했다.

로제 데 리세

5 꼬뜨 뒤 론(côtes du Rhône)

프랑스 남동부의 비엔느에서 아비뇽까지 남북 200km에 이르는 론강변 에 위치하고 있다. 화이트, 로제, 레드, 발포성 와인, 천연 감미 와인과 다양한 와인을 산출하고 있다.

론강 유역은 천혜의 자연 혜택을 받고 있고 인기가 높은 관광지이다. 포도 재배는 기원전 4세기 경부터 마르세이유 를 건설한 고대 그리스인에의 해 시작되었다. 그후 기원전 125년 경 이 땅에 들어온 고대 로마인에 의 해 포도 재배와 와인 생산이 비약적으로 발전했다. 12세기에는 템플 기사단이 포도나무를 심었고 14세기에는 아비뇽의 로마 교황청이 이 땅의 와인생산을 장려했다.

북부와 남부에서는 기후나 토양의 차이 등에서 특성이 다른 와인이 만들어진다. 북부는 더운 여름, 추운 겨울의 대륙성 기후이고 산미와 떫은 맛의 발란스가 좋은 와인이 생산된다.

남부도 여름은 덥지만 겨울은 미스트랄(Mistral)에 의해 서리가 없는 지중해성 기후로

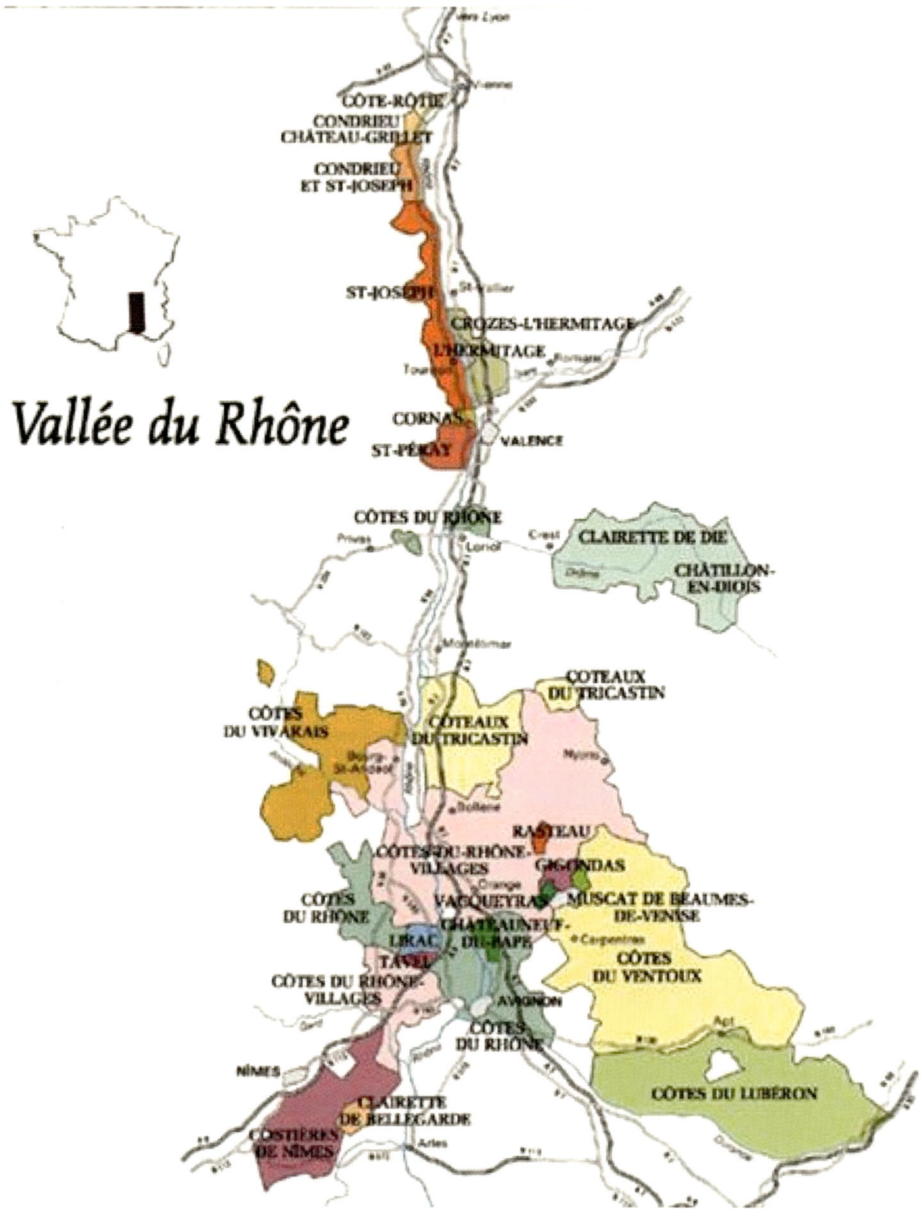

농축미가 있으면서 알코올 성분이 높은 와인이 만들어진다. 트러플, 치츠, 올리브 오일, 메론 등의 명산지로 유명하다.

AOC côtes du Rhone은 론 강을 따라 남북으로 200km 정도 이어진 Cote du Rhone 전체에 적용되는 지방명 아펠라시옹이다.

론 지방은 북부(Septentrional)과 남부(Meridional)으로 크게 나누어진다. 북부와 남부의 전체 171개마을로 정혀져 있지만 밭의 대부분은 실제 대부분은 몽뗄리마(Montelimar) 시부터 론강 하구의 123개 마을에 집중되어 있다.

론강 유역에 최초로 포도나무를 식재한 것은 마르세이유를 건설한 고대 그리스인으로 이미 기원전 4새기 경부터 현재의 AOC 꼬뜨 로띠나 AOC 에르미따쥐 부근에서 재배가 이루어지고 있었다. 기원전 125년 경에 이 땅에 들어온 고대 로마인에 의해 와인 제조가 비약적으로 발전하고 본국 로마에서도 인기를 넓혀가게 되었다. 당시 와인 수출에는 암포라라고 하는 항아리가 사용되어졌는데 그 공방 유적이 몇 곳 발굴되어 있다.

AOC côtes du Rhone Villages는 AOC côtes du Rhone Villages와 AOC côtes du Rhone Villages+Commune(18)을 붙일 수 있는 2가지 AOC가 존재한다. AOC côtes du Rhone Villages는 AOC Cote du Rhone보다 품질이 높다. 생산지구는 아르데슈 현에서부터 남쪽 4개의 현의 95마을에 퍼져 있다. 그 중에서도 18꼬뮌 은 보다 좋은 떼루아로 인해 우수한 생산되기 때문에 빌라쥐라고 표현되고 개별의 꼬뮌 명을 같이 기재하는 것이 정부명으로 인정되어 있다.

이 18개 꼬뮌은 캐랑(Caranne), 슈스 크랑(chusclan), 로당(Laudon), 마시프 뒤쇼(Massif d Uchaux), 쁠랑 드 디유(Plan de Dieu), 퓌메라스(Puymeras), 라스또(Rasteau), 로애(Roaix), 로슈귀드(Rochegude), 로세레 비뉴(Rousset-les-Vignes), 세귀렛(Seguret), 시나르규(Signargues), 생 제르베(Saint Gervais), 생 모리스(Saint Maurice), 생 판타레옹 레 비뉴(Saint-Pantaléon les vignes), 발레아스(Valreas), 비장(Visan), 사브레(Sablet)이다.

1) 북부 론 와인 산지

(1) 꼬뜨 로띠(côte Rotie)

섬유와 미식으로 유명한 리용(Lyon)에서 남으로 약 40km 지점에 있는 론강 좌측의 마을 비엔느(Viennes)의 바로 남쪽에 위치한 AOC로 론 지방 북부 최고봉이라 불리는 레드 와인의 명산지이다.

꼬뜨 로띠는 "불타는 언덕"을 의미하는데 이 이름대로 밭은 태양이 내리쬐는 급 경사면에 자리하고 있다.

242ha의 재배지 중에서 특히 우수한 토양을 가지는 유명한 것은 엉퓌(Ampuis) 마을 배후에 이어진 언덕이다. 언덕은 작은 개천과 경계를 두고 꼬뜨 브론드(côte Blonde)와 꼬뜨 브륀(côte Brune)라고 불리는 2개의 구획을 나누고 있다.

오래전 이 지방의 영주 였던 모지롱(Mauguron) 공작은 2명의 딸이 있었는데 한쪽 언덕을 금발 머리(Blonde)의 딸에게 다른 한쪽 언덕을 갈색머리(Brune)의 딸에게 주었다고 하는 이야기에서 유래한다고 한다. 실제로 이 두 곳의 땅의 색깔이 갈색과 금색이기도 하다.

이 지방 와인은 갈로 로마 시대(기원전 121~기원전 5세기)에 큰 영화를 누렸다. 당시에는 비엔느 와인으로 불렸으며 본국인 로마의 고위층 사이에서 인기가 높았다. AOC 꼬뜨 로띠로서 두각을 나타내기 시작한 것은 1970년대부터이다. 그때까진 카페나 바의 카운터에서 마시는 일상적 와인이란 이미지가 강했었다. 그러나 젊은 세대의 양조가의 정렬과 노력에 의해 론 지방을 대표하는 레드와인으로 성장하여 최고 품질의 보르도나 브르고뉴의 명품 와인과 필적하는 세계명산지로 칭송받고 있다.

포도 품종은 레드 와인 품종인 시라 90%~100%에 화이트 와인 품종 비오니에가 10%이내로 브렌딩이 허가되어 있다.

(2) 꽁드리유(Condrieu)

향기로운 꽃 과 같은 화이트 와인을 생상한는 꽁드리유는 북으로는 레드 와인의 명산지 꼬뜨 로띠가 있고 남으로는 AOC 생 죠셉의 밭과 일부 겹쳐져 있다. 재배되는 품종은 100% 비오니에 품종으로 "론의 아름다운 꽃"라고 불리는 향기롭고 기품있는 화이트 와인이 만들어진다.

Coteau de Vernon

(3) 샤또 그리예(Chateau Grillet)

AOC Condrieu의 밭에 둘러 싸인 불과 4ha의 샤또 그리예는 프랑스에서 가장 작은 아펠라시옹 중 하나일 뿐만 아니라 론 지방에서 유일하게 샤또 이름이 AOC 명칭이자 와인 이름인 전통적인 명산지이다.

샤또 그리예

1836년부터 네이예 가세(Neyret)가가 단독 소유(Monopole)해왔으나 2011년 보르도 뽀이약(Pauillac) 지역의 샤또 라뚜르(Chateau Latour)와 부르고뉴 지역의 도멘 되제니(Domaine d' Eugenie)와 같은 와이너리를 소유하고 있는 프랑스의 대그룹 아르테미스(Artemis) 사의 주인인 프랑수아 삐노(Francois Pinault) 회장이 인수하였다.

샤도 그리예는 "불타는 성"을 의미하고 이 밭은 "불타는 언덕"을 의미하는 AOC 꼬뜨로띠와 동일하게 급 경사면에 위치하고 있다. "론의 몽라셰"라고 칭송받으며 작은 포도밭에 면적에다가 품종인 비오니에 종이 재배에 까다롭고 수확량도 적은 이유로 연간 생산량은 1만 병도 못 미치는 희소가치가 높은 환상의 와인이다.

(4) 생 죠셉(Saint Joseph)

론 지방 북부의 화이트, 레드 와인 산지이다. 현재의 생 죠셉이란 이름은 18세기 에 뚜르농 쉬르 론(Tournon sur Rhone) 마을 의 예수회수도원이 작은 언덕에 부여한 성인의 이름에서 유래한다.

즉 이 AOC 명칭은 Commune(꼬뮌)명칭이 아니라 뚜르농 쉬르 론 마을에 있는 언덕의 이름에서 유래 된것이다. 따라서 에티켓에 밭 이름이 병기가 되어 있는 것이 많다.

AOC 생죠셉은 토양이 다양성을 고려해서 몇 개의 구획 포도밭(리우디 : Lieux-dits)으로 분류되고 각각에 그 명칭이 붙어 있다. 이러한 구획명의 표기는 론 북부 지방의 AOC에서 자주 보인다.

(5) 꼬로나스(Cornas)

꼬르나스는 레드 와인만을 생산하는 생산면적 100ha의 AOC로, 북으로 AOC 생죠셉,

남으로 AOC 생 페레에 사이에 위치하고 있다. 켈트어로 "불타는 대지"를 의미하는 꼬로나스의 밭은 꼬뜨 로띠, 샤또 그리예의 의미와 동일 선상으로 태양이 이글이글 내리쬐는 언덕의 급사면에 계단형으로 펴져 있다.

재배되는 포도 품종은 시라 100%로 꼬로나스 와인의 차이점은 시라 종 특유의 강한 맛을 유화시키기 위해 비오니에, 마르산느, 루산느 등의 화이트 포도 품종과의 블랜딩이 정책적으로 인정이 되어있지 않다는 점이다.

이 때문에 좀더 야성미가 넘치는 탄닌의 강한 색조의 짙은 와인이 생산되고 론 에서 가장 농후한 레드라고 평가 되는 면이 있다.

(6) 에르미따쥐(Hermitage)

에르미따쥐는 론 강 좌안에 위치하고 AOC 생 죠셉의 반대편에 있다. 꼬뜨 로띠와 견주는 론 지방 북부를 대표하는 명산지로태양이 내리 쬐는 남향의 언덕 사면에 펼쳐진 밭은 토양이 복잡한 이유로 몇 개의 리우디(Lieu-Dit)로 구분되어 있다.

각각에 르 메알(Le Meal), 레 그레프(Les Greffieux) 등 명칭이 붙는다. 양조자 중에서는 특별히 우수한 토양의 밭의 포도로 만든 와인임을 표시하기 위해 에티켓에 명칭뿐만 아니라 구획 명을 기재하는 경우도 있다.

시라 품종 85% 이상의 농후하고 강한 레드 와인의 평가가 높지만 마르산느(Marsanne)와 루산느(Roussanne)을 상용한 부드럽고 순한 화이트 와인 (전체 생산량의 20%) 생산하고 진귀한 뱅 드 빠이유(Vin de Paille=짚 위에서 건조한 포도로 만든 Sweet White Wine)도 생산되고 있다.

이 땅에 처음 포도 나무를 식재한 것은 기원전 4세기경으로 AOC 명칭은 프랑스어로 "은둔자의 집"을 의미하는 에르미따쥐(Ermitage)에서 유래되었다고 전해진다.

13세기 십자군원정에서 돌아온 가스빠르 드 슈테람베르그(gaspard de Sterimberg)라고 하는 기사가 이 언덕에서 은둔 생활을 보내고 토지를 계간해서 포도를 재배했다는 일화가 남아 있다. 은둔자를 의미하는 "레르미따(LErmite)"라고 하는 구획도 있으며 특별한 토양으로 명성이 높다.

(7) 크로즈 에르미따쥐(Crozes Hermitage)

발랑스(Valence)에서 북쪽 20km, 론 강 우안에 위치하는 크로즈 에르미따쥐 마을과 땡 레르미따쥐(Tain-l Hermitage) 마을 주위의 11개 마을에 걸쳐서 화이트와 레드 와인을 생산한다.

생산 면적은 약 1,467ha로 북부 론 지방에서 가장 넓은 면적을 점하고 있다. 밭은 론 북부를 대표하는 레드 와인의 하나인 AOC 에르미따쥐 밭이 이어지는 작고 높은 언덕의 완만한 경사지에 퍼져 있다.

토양은 에르미따쥐보다도 그름지고 부드럽고 푸르티한 영한 때부터 마시는 레드 와인과 상쾌하고 꽃향기가 나는 화이트 와인이 만들어진다. 레드와인의 생산량이 압도적으로 많고 론 지방의 와인중에서 코스트 퍼포먼스가 높은 와인으로 인기가 높다.

〈Crozes-Ermitage, Crozez-l Hermitage, Crozes-l Ermitage〉라고 표기 하는 경우도 있다.

(8) 생 페레(Saint-Peray)

론 지방 북부의 발랑스(Valence)의 서쪽에 위치하는 약 65ha의 작은 산지로 마르산느 품종과 루산느 품종을 사용한 화이트 발포성 와인과 비 발포성 와인을 생산하는 산지이다.

생 페레 마을의 화이트 와인은 이미 15세기 때부터 명성이 높았고 앙리 4세 등의 프랑스 국왕들에게 사랑 받아왔다.

(9) 꼬또 드 디(Coteaux de Die)

디 산지는 론 강 동쪽에 위치하고 웅대한 베르코르(Vercors) 산맥의 를 흐르는 드롬강 계곡의 구릉지대에 퍼져 있다. 5개의 AOC 화이트 와인이 만들어지는데 그 중 가장 오래된 것은 발포성 와인인 끌레렛뜨 드 디이다.

1세기 경 이 땅에 살던 갈리아 인이 와인이 든 항아리를 겨울 동안 추운 강에 방치 해 두었다가 봄이 되어 열었더니 미세한 거품이 올라오는 달고 아름다운 미주가 만들어졌다는 설화가 남아 있다.

현재의 끌레렛뜨 제조법 2가지는 앙세스트랄레(Ancesrtale) 제법으로 만들어진 끌레렛뜨 드 디 메토드 디오롸즈 앙세스트랄레라 부르고 이것은 뮈스까 75% 이상과 끌레렛뜨 종을 사용한다.

과즙이 발효가 완전히 끝나지 않은 도중에 병입해서 포도에 함유된 당분만으로 약 12의 저온 환경에서 4개월 이상 병내에서 자연 발효시키는 제법으로 만들어진다. 단 한번의 발효과정을 통해서 얻어진 기포로 만들어진 발포성 와인이다.

끌레렛뜨 품종만으로 사용하고 샹파뉴와 동일한 방식으로 리꿰르 드 띠라쥬(효모, 당분을) 첨가 병내 2차 발효 방식으로 만들고 9개월 이상 숙성 시키는 것은 끌레렛뜨 드 디 라고 부른다.

1993년 AOC를 취득한 크레망 드 디는 병내 2차 발효 방식으로 만들어지는 발포성 와인으로 끌레렛뜨 종 (55% 이상) 이외에 뮈스까, 알리고떼 종을 보조 품종으로 사용하는 것이 허가되어 있고 12개월 이상 숙성시킨다.

AOC Coteaux de Die는 발표성 와인의 AOC 끌레렛뜨 드 디와 같은 생산지구이다. 끌레렛뜨 100%를 사용한 비발포성 화이트 와인으로 생산량은 적다.

(10) 샤띠용 엉 디우아(chatillon en Diois)

발포성 화이트 와인으로 유명한 AOC 끌레렛뜨 드 디와 생산지구가 일부 겹쳐 있으며 영할 때 마시는 타입의 푸르티한 화이트, 로제, 레드 와인을 생산하고 있다.

특이 사항으로는 디우아 지구에서는 옛날부터 화이트 와인이 유명하고 특히 끌레렛뜨 종과 뮈스까 종을 사용한 발포성 와인이 주류이지만 AOC chatillon en Diois에서는 알리고떼 종 과 샤르도네 종을 사용한 비발포성 화이트 와인을 생산하고 있다.

2) 남부 론 와인 산지

(1) 꼬뜨 뒤 비바레(Cotes du Vivarais)

AOC Cotes du Vivarais는 론 강을 사이로 AOC Coreaux du Tricastin과 함께 론지방 남부(Meridional)의 북부에 위치하고 밭은 론 강 우안에 위치하며 아르데슈(Ardeche) 강 양안의 석회질 대지에 펴져 있다.

20세기에 들어서 수십 년간 남불 와인이나, 알제리 와인을 브렌딩한 저가의 지방와인을 생산하였으나1960년대 양 중시에서 질 중시의 변혁을 시작하여 그르나슈, 시라, 무르베드르 품종으로 식재 품종의 변화가 일어나기 시작했다.

(2) 꼬또 뒤 트리카스땡(Coteaux du Tricastin)

트리카스땡은 프랑스가 자랑하는 최고의 식재료 블랙 트러플의 명산지이기도 하다. "검은 다이아몬드"라고 불리는 블랙 트러플은 Drome과 남으로 이어지는 보클르즈에서 프랑스 트러플의 약 80%가 이 두 곳에서 채취된다. 화이트, 로제, 레드 와인과 함께 프리뫼르(Primeur)을 생산할 수 있다.

(3) 꼬뜨 드 루베롱(Cotes de Luberon)

프로방스 지방을 횡단해서 론 강으로 흘러들어 오는 뒤란스(Durance) 강과 그 지류 카라봉(Calavon) 강의 사이에 위치한 론 지방남부 중에서도 가장 동쪽에 위치한 산지이다. 쁘띠 루베롱 petit Luberon 산맥의 계곡 사이에 포도밭이 펴져 있다.

(4) 리락(Lirac)

론 강 우안에 위치하는 Gard의 4개의 마을에 걸쳐있는 작은 명산지로 바로 남쪽에는 프랑스가 세계에 자랑하는 로제 와인의 명산지 따벨이, 강을 건너 동쪽에는 론 남부를 대표하는 레드 와인이 생산되는 샤또네프 뒤 파프의 밭이 펼쳐져 있다.

레드, 로제, 화이트 . 3가지 타입의 와인이 생산되고 레드 와 로제는 전통적인 그르나슈가 주류이고 화이트는 그르나슈 블랑, 부르블렝, 끌레렛뜨 종과 전형적인 남쪽 품종이 사용되고 있다.

(5) 따벨(Tavel)

론 강 우안의 Gard에 위치하는 따벨은 예부터 로제 와인만 생산되는 개성적인 생산지이다. 세니에 법으로 만들어지는 따벨로제는 오렌지 빛이 감도는 신선한 로즈색을 갖고 알코올이 강하며 보디가 깔끔한 맛이 특징이다. 1936년 최초의 AOC를 획득한 로제 와인" 즉 "로제의 왕족"이 따벨이다.

(6) 샤또 네프 뒤 파프(Chateauneuf-du-pape)

론 강 우안에 비옥한 평양지에 퍼져있는 산지로 "교황의 새로운 별장"을 의미하는 마을 이름은 아비뇽에 로마교황청이 있었던 14세기에 2대째 교황이었던 요하네스 22세가 여름 별장을 이 마을에 건설한 것에 유래한다. 지금은 폐허만 남아있지만 교황이 장려한 포도재배는 현대에도 이어져 명실공히 론 남부 최고봉의 레드와인 명산지로 군림하고 있다.

이곳의 포도밭은 열을 저장 포도의 성숙을 도와주는 크고 매끈매끈한 둥근 돌 갈레(galet)가 지표에 노출되어 있다. 이 돌이 열을 저장 포도의 성숙을 도와주는 역할을 해준다. 샤또 네프 뒤 파프는 그르나슈, 쌩쏘, 무르베드르, 시라 종을 주로 15종의 포도 품종이 블렌딩이 허가되어 있다. 화이트 와인이 소량 생산되고 있고 그 수요도 늘어나고 있다. 화이트, 레드 모두 풀보디에 알코올 함유량이 높다.

교황을 상징하는 3중 왕관 아래 2개의 열쇠가 교차하는 문장이 병에 들어있는 경우가 많고 레드 뿐만 아니라 부드러운 향이 강한 화이트 와인의 인기도 높아지고 있다. 샤또 네프 뒤 빠쁘는 현대의 원산지 호칭제도법의 기초가 발의된 와인 역사상 중요한 산지이기도 하다.

19세기 말 필록세라의 피해 후 와인의 품질악화 위조 와인의 유통을 한탄한 Chateau Fortia의 Pierre Le Roy 남작이 1923년 이 지방 와인 생산자와 협동 조합을 결성 와인생산지구, 포도 품종의 제한, 재배법을 정하는 규정의 제정을 제창한 것이 시작이었다. 이 활동은 곧 각지로 퍼져나가 1935년 프랑스 전국에 이르는 공적인 제도로 발전했다.

le Roy 남작은 그 후 INAO (institut national de lorigine et de la qualite=원산지 품질 관리 전국 기관)의 회장으로 근무, 프랑스 와인 품질의 유지 및 향상에 노력했다.

(7) 지공다스(Gigondas)

지공다스의 포도밭은 강 좌측에 위치하고 고대 로마시대의 흔적이 남은 오랑쥬(Orange) 마을의 동쪽에 퍼져 있다. 인구 700명의 작은 지공다스 마을은 와인 일색으로 중심의 광장에는 까브와 레스토랑이 늘어서 있다.

그르나슈 종을 주 품종으로 한 농후하고 골격이 있는 Red와 소량의 Rose가 생산되고 있는데 특히 레드 와인의 품질향상이 눈부시고 우수한 도멘의 와인은 샤또네프 뒤 파프와 견줄만한 론 지방 남부를 대표하는 레드 와인으로 성장했다.

(8) 바께라스(Vacqueyras)

바께라스는 지공다스의 바로 남쪽 아래에 위치하고 있다. 지공다스의 와인만큼 풍부하진 못하지만 적당한 가격에 남부 론의 허브와 향신료 향을 즐길 수 있다.주요 품종은 그르나슈, 시라, 무르베드르, 쌩소이다.

지공다스는 그르나슈를 위주로 해서 만드는 반면 바케라스는 시라를 상당히 높음 비율로 사용한다.

(9) 뱅소브르(Vinsobres)

2006 신규 AOC 로 그르나슈, 시라, 그르나슈로 만드는 레드 와인을 생산한다.

(10) 라스또(Rasteau)

레드, 로제, 화이트 VDN 생산지로 유명하다. 레드와 로제는 그르나슈 누아로 화이트는 그르나슈 블랑으로 만든다.

(11) 뮈스까 드 봄므 드 브니즈(Muscat de Beaume de Venise)

론 지방 유일의 천연감미 와인(VDN)이다. 이 지구 내에서 그르나슈와 시라를 증심으로 한 Dry Red 와인으로 AOC Beaume de Venise도 생산하고 있다.

론 밸리 산지별 와인

6 발 드 루아르(val de Loire)

1) 개요

루아르 지방은 Jardin de la France(프랑스의 정원)이라고 불리는 관광지로 그 아름다운 경관은 세계 유산으로 등재되었디. 얼마 전까지 이 지역의 Vin de pay의 명칭이 Vin de Pau du Jardin de la Liore였다는 점에서도 잘 알 수 있다. 현재는 Vin de pay du Loire로 명칭이 변경되었다.

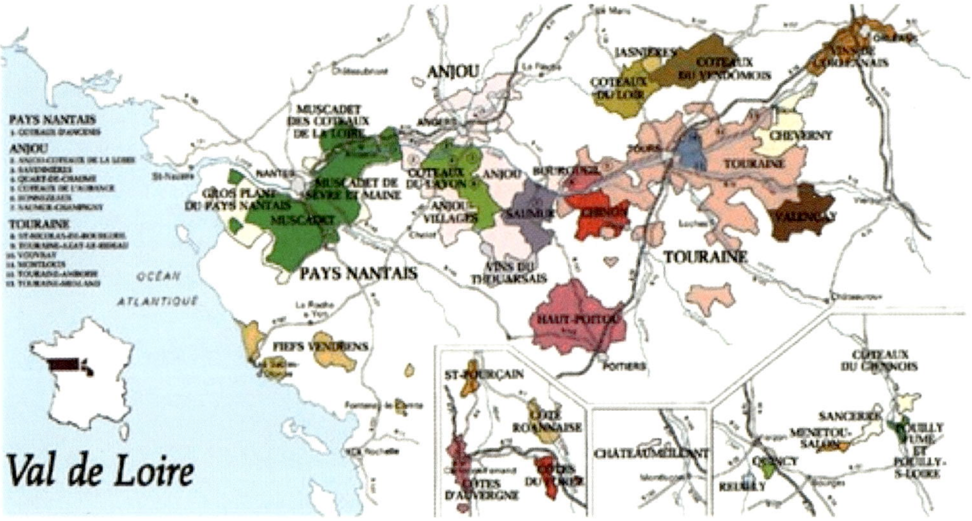

프랑스 최장의 루아르 강은 전체 길이 1000km 에 이르고 중앙 산맥으로 수원지로 발원해서 왕후귀족이 지은 고성이 곳곳에 서있는 지대를 흘러 끝으로 대서양으로 이어지는 큰 강이다.

생산지구는 Pay Natais(뻬이 낭떼), 앙쥬 & 쏘뮈르(Saumur), 뚜렌느(Touraine), 중앙 프랑스(Centre de la France)의 4지구로 구분된다. 이곳에서는 White(Dry, Semi Sweet, Sweet), Rose, Red, Vin Mousse(발포성 와인) 등 다양하고 우수한 와인이 생산된다. Appellation의 수는 60개 이상에 달하고 지방별로는 3위를 자랑한다.

루아르 강의 어류나 대서양의 어패류 등도 풍부하고, 과일, 가축을 기르는데 적합한 온난한 기후의 혜택을 받고 있다. 산양의 우유로 만드는 맛있는 쉐브르 치즈(Chevre

Chesse)가 유명하다. 백년 전쟁의 시발점이 된 곳으로 우선 그 배경과 전개 사항을 이해해 볼 필요가 있다.

백년전쟁

백년 전쟁(百年戰爭)은 영국과 프랑스의 전쟁으로 프랑스를 전장으로 하여 여러 차례 휴전과 전쟁을 되풀이하면서, 1337년부터 1453년까지 116년 동안 계속되었다. 명분은 프랑스 왕위 계승 문제였고, 실제 원인은 영토 문제였다.

윌리엄 1세(William I of England, 프랑스어 : Guillaume de Normandie, 1028년 9월 9일 ~1087년) 또는 정복왕 윌리엄(William the Conqueror) 또는 사자왕 윌리엄(William the Bastard)은 노르만 왕조의 시조이자 잉글랜드의 국왕이다. 1035년 노르망디 공작이 된 그는 노르망디 공국을 서 프랑크 왕국과 대등할 정도로 발전시켰다. 1066년 도버해협을 건너 잉글랜드 침략을 개시하여 점령함에 따라 잉글랜드의 왕조는 노르만 왕조가 되었다

영국은 1066년 노르만 왕조의 성립 이후 프랑스 내부에 영토를 소유하였기 때문에 양국 사이에는 오랫동안 분쟁이 계속되었다. 13세기에 이르러서는 영국 왕의 프랑스 내 영토가 프랑스 왕보다 더 많은 지경이었다. 그러나 중세 봉건제도 하에서 영국 왕은 영국의 왕이면서 동시에 프랑스 왕의 신하라는 이중 지위를 갖고 있었다.

상황이 이렇게 된 것은 중세 봉건 제도의 특징 상, 결혼을 하게 되면 여자가 남자에게 자신의 봉토를 결혼 지참금으로 넘겼기 때문이었다. 노르만 왕조 성립 이후 영국 왕은 역시 애초 프랑스 왕의 봉신이었던 노르망디 공국의 영주였고, 노르만 왕조의 뒤를 이은 플랜태저넷 왕가(1154년 ~ 1399년) 역시 본래 프랑스의 앙주 백작이었다. 플랜태저넷 왕조는 영국 왕으로서 노르망디도 당연히 계승하게 되었고, 이렇게 되자 프랑스 내에서 영국 왕의 입김은 프랑스 왕보다 더욱 셌지만, 법률 상으로는 영국 왕은 프랑스 왕의 신하였다.

1328년 프랑스 카페 왕조의 샤를 4세가 남자 후계자 없이 사망하자, 그의 4촌 형제인 발루아 왕가의 필리프 6세(재위:1328년 ~ 1350년)가 왕위에 올랐다. 그러나 여자가 직접 왕위계승이 불가능하다 하더라도 만일 그녀의 아들에게 계승시킬 수 있다면 영국 왕 에드워드 2세의 왕비 이사벨라(마지막 카페 왕조의 국왕이었던 샤를 4세의 누이)의 아들인 에드워드 3세(재위:1327년~1377년)가 왕위 계승자가 된다는 주장도 성립되었다. 이것을 핑계로 삼아 영국왕 에드워드 3세는 프랑스 왕위를 자신이 계승해야 한다고 주장하여, 양국간에 심각한 대립을 빚게 되었다. 영토 문제와 왕위계승권 문제로 인한 두 왕가의 갈등은 대화로 풀 수 있는 상황이 아니었다. 이렇게 해서 결국 116년 간의 기나긴 전쟁의 서막이 오르게 되었다.

2) 주요 산지

(1) Pay Natais(뻬이 낭떼)

낭떼시는 루아르 지방의 최대의 도시로 로마제국 시대부터 교통의 요지였던 곳으로 17~19세기 에는 구주 아프리카 아메리카를 연결하는 감각 교역의 거점으로서 영화로운 무역항이었다.

❶ 주요 와인

AOC Muscadet, AOC Muscadet - Sevre - et Maine, AOC Muscadet - Sevre - et Maine Sur lie, AOC Muscade Sur lie 등이 있다.

❷ 품종

White는 Muscadet, Gros Plant 등이 있고, Red는 Gamay, Cabernet Franc 등이 있다.

Musacdet(뮈스까떼)는 지명이 아닌 포도 품종명으로 메론(Melon)을 닮은 잎을 갖고 있다. 17세기 전반에 도입된 품종으로 Melon de Bourgogne(물롱 드 브르고뉴)라고도 불리는 품종으로 원산지인 Bourgogne에서는 거의 생산되지 않게 되었는데 이곳 낭떼(Nantes) 지구에서는 Meuscadet라는 명칭으로 정착하게 되었다. Musacdet의 산지는 루아르 강 하구의 약 50km 상류에 있는 낭떼(Nantes)시를 남쪽으로 이어져서 펼쳐져 있다.

❸ 특징

이 지역 라벨에서 종종 보이는 "뮈스까떼 쉬르 리(Muscadet Sur lie)"라는 명칭은 전통적인 양조법에 관련된 사항을 가리킨다. 전통적으로 발효 도중부터 그 후 수개월 간 앙금을 거르지 않고 와인과 함께 놓아둔다. 그 때문에 Muscade Sur lie(Sur는 "위에" lie는 "앙금"을 뜻하여 Sur lie:"앙금 위에서"라 부른다.

이 와인은 수확후의 봄에 발효용 오크통 또는 탱크에서 직접 병입되는데 여과시키는 경우도 있지만 통상은 대부분 도멘(Domaine)에서 여과 없이 병입된다.

이 방법에는 2가지의 효과가 있다. 우선 앙금을 거르지 않았기 때문에 산화를 예방하고 발효에서 얻어진 탄산 가스의 손실을 피할수 있기 때문에 미감에 신선함과 발랄함을 남길 수 있다.

한편으로 발효를 마친 효모로 만들어진 앙금으로부터 보다 복잡한 아로마가 되는 여러 가지 화합물을 얻어 숙성 기간 중 와인의 향을 발달 시키는 원인이 된다.

(2) 앙쥬 & 쏘뮈르(Saumur)

❶ 앙쥬

9세기에 백작령이 된 앙쥬의 영주로 널리 알려진 인물은 제프리 백으로 그의 아들 앙리는 영국 Plantagenet 왕조(1154~1399)의 시조 앙리 2세가 된다.

한편 후에 이 땅을 차지한 프랑스 카펜 왕조의 루이 9세는 자신의 동생을 앙쥬 백작으로(1246년) 새로운 앙쥬 가문를 창시한다. 앙제에는 이 당시 건축된 성벽이 지금도 남아 있다.

가. 주요 와인

AOC Anjou, AOC Cabernet dAnjou, AOC Coteaux du Layon, AOC Bonnezeaux, AOC Quarts de Chaume,AOC Savennieres 등이 있다.

나. 품종

White는 Chenin Blanc, Sauvignon Blanc, Chardonnay가 있고, Red는 Cabernet Franc, Cabernet Sauvignon, Gamay, Cot 등이 있다.

다. 특징

일반적으로 루아르의 4대 Rose wine으로 Cabernet dAnjou, Rose Anjou, Rose de Loire, Cabernet de Saumur를 지칭한다.

Rose dAnjou는 grolleau 품종을 사용한 Sweet Rose Wine 생산하고, Cabernet dAnjou는 Cabernet Sauvignon, Cabernet Franc 품종을 사용한 Semi Sweet에서 Sweet wine까지 생산한다.

앙쥬 쏘뮈르의 최상의 와인은 화이트 슈냉블랑으로 만들어 화이트 와인으로 드라이에서 스위트와인까지 만들어진다. 악천후로부터 포도밭을 보호하는 계곡 사이에서는 보트리티스 씨네레아가 자주 발생하기 때문에 대부분은 어느 정도의 잔당을 갖고 있다.

이 현상은 특히 레이용 강에서 자주 일어나는 현상이다. 이 강은 앙제의 서쪽에서 남쪽으로 루아르 강으로 흘러 오기 때문에 이곳에서는 스위트 와인 꼬또 뒤 레이용(Coteaux du Layon)이 만들어진다.

이 스타일은 슈냉 블랑의 산미에 쏘떼른 만큼 스위트 하지 않지만 독일의 스위트 와인보다 알코올 성분이 높다.

그 중에서도 가장 좋은 조건을 갖추고 있는 지역은 꺄르 드 숌므(Quarts de Chaume), 본느죠(Bonnezeaux), 두 곳으로 각각 소수의 재배자에 의해 소유되고 있고 둘다 독자의 AOC를 갖는 세계의 위대한 스위트 와인으로 인정받고 있다.

이렇게 루아르의 3대 귀부 와인으로 꼬또 뒤 레이용(Coteaux du Layon), 까르 드, 숌므(Quarts de Chaume), 본느죠(Bonnezeaux)를 지칭한다.

니콜라 졸리

사브니에르는 앙주 쏘뮈르에서 가장 훌륭한 드라이 와인을 생산하는 곳으로 세계에서 가장 뛰어난 드라이 슈냉 블랑 와인 산지이다. 포도밭들은 남향의 가파른 비탈 위에 펼쳐져 있으며 이들 포도밭의 포도 생산량은 루아르에서 가장 적은 축에 속한다.

비오디나미(Biodynamie)

사브니에르에서 가장 훌륭한 화이트 와인을 생산하는 생산자는 니콜라 졸리의 Clos de la Coulee de Serrant이다. 단독 양조장에서 만드는 끌로 드 라 꿀레 드 세랑은 간단히 꿀레 드 세랑으로도 불린다. 이 훌륭한 포도밭은 소유하는 졸리 가문은 바이오다이나믹(비오디나미 : Biodynamie) 농법에 따라 포도를 재배한다.

쿨레 드 세랑은 17에이커 밖에 안되지만 포도밭 자체의 고유 원산지 명칭을 표기 할 만큼 특별하다.프랑스에서 이렇게 포도원 하나가 자체 AOC를 갖는 사례는 이곳과 함께 브르고뉴 지방의 로마네 꽁띠, 꼬뜨 뒤 론 지방의 샤또 그리예 이렇게 3곳에 불과하다.

❷ 쏘뮈르

가. 주요 와인

AOC Saumur, AOC Saumur Champigny, AOC Cabernet de Saumur가 있다. 루아르(Loire), 뚜에(Thpuet), 디브(Dive) 이 3개의 하천이 흐르는 쏘뮈르시는 “앙쥬 지방의 진

주"라고 불리는 아름다운 도시이다. 앙제시에서 루아르 강을 40km 거슬러 오른 곳에 있는 지리적 이점으로 12세기부터 현재에 이르기까지 루아르 와인 거래의 거점으로 번영해 왔다. 이곳의 대표적인 로제 와인인 Cabernet de Saumur는 잔당 10g/liter 이하의 Rose wine으로 약간의 당미가 느껴진다.

쏘뮈르 지구의 포도 재배지는 앙쥬 지구의 동부와 경계를 이루고 있어 앙쥬 지구와 동일한 포도 품종이 재배되도 있다. 이곳에서의 화이트 와인은 드라이 화이트 를 시작으로 좋은 해에는 Sweet Wine까지 만든다.

최상의 레드 와인은 카베르네 프랑종으로 만드는 푸르티한 쏘뮈르 쌍피니이다. 강 양안은 구멍이 많은 석회암질 토양이 투포 Tufa로 생성된 급한 경사면으로 이루어져 있으며 곳곳을 파서 만든 와인 저장고가 자리잡고 있다.

(3) 뚜렌느(Touraine) 지구

❶ 뚜렌느(Touraine)

가. 주요 와인

Touraine AOC(Red, White), Chinon AOC,Bourgueil AOC, Saint-Nicolas-de-Bourgueil AOC, Vouvray AOC, Montlouis AOC, Cheverny AOC 등이 있다.

나. 품종

White는 Chenin Blanc, Sauvignon Blanc, Chardonnay가 있고, Red는 Cabernet Fran, Gamay, Groslot(grolleau), Cabernet Sauvignon, Pineau Daunis 등이 있다.

다. 특징

Touraine 지구의 중심 도시 Tours는 와인의 역사를 말하는데 있어서 중요한 장소이다. Tour의 대주교인 Saint Martin(316~397년)가 이 수도원을 짓고 부속수도원과 함께 앙주 지방에 포도재배를 가져온 장소가 이곳이기 때문이다.

대서양 기후의 영향은 루아르 지방에서 중요한 요소이지만 이곳에서 Tours가 바다로부터 약 200km 떨어져 있기 때문에 큰 영향을 받지 않는다.

뚜렌느 지방은 크게 2곳으로 나뉜다. 하나는 쏘뮈르에 이르는 남부지구로 시농

(Chinon), 브르게이의 레드 와인 생산지구이다. 또 하나는 동부지구로 부부레의 화이트 와인 생산지구이다.

뚜렌느는 여러 작은 지구 전체를 지칭하는 명칭으로 주로 까베르네 프랑과 가메이 종으로 만들어지는 레드와인과 쏘비뇽 블랑과 슈냉 블랑 종을 주로 만들어지는 드라이한 화이트 와인이 만든다.

이곳 와인에서는 쏘비뇽 드 뚜렌느(Sauvignon de Tourine)나 가메이 드 뚜렌느(gamay de Touraine) 등 포도 품종이 지명과 같이 라벨에 명시되는 경우가 자주 있다.

루아르에서 가장 중요한 레드 와인은 시농으로 시농은 대부분의 레드와인에 소량의 로제와 화이트가 생산된다. 레드는 이곳에서 브르똥(Breton)이라 불리는 까베르네 프랑(Cabernet Sauvignon) 품종으로 만들어지고 로제는 대개 까베르네 프랑, 까베르네 쏘비뇽, 가메이 품종으로 만들어 진다.

시농의 북쪽에는 브르게이(Brougueil)와 생 니콜라 브르게이(Saint Nicolas de Brougueil)라는 생산지구가 있다.

이들 지구는 나무가 무성한 평지에 있어서 북풍으로부터 보호받고 있다. 위 3곳의 생산지구 중 가장 빨리 숙성하는 것은 시농으로 브르게이는 수년간 숙성이 필요하다.

❷ 부브레(Vouvray)

몇 세기에 걸쳐서 부브레 지구에서 생산되는 와인의 대부분은 네덜란드가 루아르 강 지류의 Sweet white wine을 선호했기 때문에 배로 네덜란드로 수출되어 왔다. 부브레에서는 Dry(SEC)에서부터 Sweet(불어-Moelleux)까지 여러가지 와인을 만들어 왔는데 스위트 와인은 귀부의 영향을 받은 슈냉 블랑으로 좋은 해에만 생산된다.

뚜르(Tour) 시의 북쪽, 뚜렌느 지구에서 떨어진 곳에 로아르(Loir)라고 하는 강이 흐르는 곳에 2개의 자스니에르(Jasnieres)와 AOC 꼬또 뒤 로아르(coteaux du Loir)가 있다.

또 루아르 강을 거슬러 올라가면 쉐브르니(Cheverny)라고 불리는 지구에서 쏘비뇽 블랑으로 만드는 화이트 와인과 가메이 종으로 만드는 레드와 로제 와인이 생산된다. 이곳의 Cour Cheverny라는 AOC에서는 로모랑땅(Romorantin)이라는 특이한 품종으로 만드는 화이트 와인이 생산되고 있다.

(4) 중앙 프랑스(Centre de la France)

루아르 와인산지의 동쪽 끝 부분에 해당하는 지역으로 중앙 프랑스 지구 (Centre de la France)라고 부른다. 생산량은 4개의 지구 중에서 가장 적다. 최고의 와인은 상세르(Sancerre)와 뿌이 쉬르 루아르(Pouilly-Sur-Loire)이며 루아르 강을 사이로 거의 서로 마주보는 마을 주위에서 만들어진다.

기후는 대륙성 기후로 여름은 덥고 겨울은 추워 대서양에 가까운 지구보다 서리의 피해 위험성이 높다.

❶ 주요 와인

AOC Sancerre, AOC Pouilly-Fume, AOC Menetou-Salon, AOC Quincy, AOC Reuilly가 있다.

❷ 품종

White는 Sauvignon Blanc, Chasselas가, Red는 Pinot Noir가 있다.

❸ 특징

Sancerre 이곳의 토양은 바다의 화석을 풍부하게 포함한 Chalk Soil로 배수가 좋다. 상세르는 주로 쏘비뇽 블랑 종으로 만들어지고 600liter 오크통에서 천천히 숙성시키는 드라이 화이트 와인이다.

일반적인 특성으로 특징적인 풀향이 있어서 이 향을 싫어하는 사람들은 "고양이 오줌" 향으로 표현하기도 한다. 산미가 강하고, 일반적으로 장기 숙성 형에는 적합하지 않다.

그 외 약 20% 의 비율로 Pinot Noir종으로 만드는 레드와 로제가 있다. 이 품종은 루아르의 다른 지구에서는 재배 되지 않는다. 브르고뉴나 샹파뉴 지방과 가깝기 때문에 이곳에서는 잘 재배되고 있다. 단 상세르의 피노 누아는 브르고뉴 지방의 피노 누아보다 밝고 가벼운 스타일이다.

Pouilly-Fume는루아르 강의 반대편으로 Sancerre와 거의 비슷하지만 부싯돌을 포함하는 토양에서 만들어진다. 생산지구는 같지만 Pouilly-Fume는 쏘비뇽 블랑 품종으로 Pouilly sur loire는 Chasselas 품종으로 만들어진다.

7 알자스(Alsace)

1) 개요

약 2500년전 당시 알자스 평야가 서쪽에 보쥬 산맥을 동쪽에 슈발츠발트(Schwarzwald : 검은 숲)을 남기고 함몰하여 정중앙에 라인 강이 만들어지게 되었다. 그 결과 알자스 포도원이 자리하는 보쥬 산맥의 동쪽 경사면은 지각 활동과 퇴적 작용에 의하여 복합적이 토양을 갖게 되었다. 이것이 알자스 지방이 다채로운 와인을 생산하는 하나의 중요한 요소이다.

중세 시대 풍의 알자스 거리

알자스 와인은 역사적으로 프랑스와 독일 두 나라의 국경 지방의 상황을 반영한다. 이곳의 국경은 2가지로 달라지곤 했는데 라인 강을 기준으로 나뉘거나 서쪽 25km 지점에서 강과 평행을 이루며 이어지는 보쥬(Voges)산맥을 따라 정해지곤 했다. 역사적으로는 라인강이 정치적 국경 일때가 많았지만 기후, 문화, 언어적 차이를 만드는 것은 보주 산맥이었다.

1648년 베스트할텐 조약으로 신성 로마제국으로부터 프랑스 영토가 된 알자스 지방은 독일, 프랑스 간의 요충지에 위치함으로 인해 로렌 지방과 함께 때때로 분쟁 지대가 되어왔다. 이전에는 라인 광과 그 지류를 이용하는 하천 교역의 거점이 빠르게 형성 되었고 꼴마르 , 뮐르즈 등 다수의 자유도시가 영화로웠던 시기가 있었다.

특히 독일어로 "가도의 마을"이라는 뜻의 스트라스브르그는 중세 3대 도시중 하나로 불려졌다. 활판 인쇄의 구텐베르그, 신학자 칼뱅, 스트라스브르그 대학에서 법학을 배운 괴테 등, 이 땅에 머물렀던 문학인이 많고 현재는 EU 등 국제 기관이 위치하고 있는 한편 옛 시가지가 세계문화 유안으로 등재되어 관광지로도 알려져 있다.

일반적으로 프랑스의 포도원이 와인 라벨에 와인생산지의 명칭을 붙이지만 알자스 지방에서는 포도 품종의 이름을 라벨에 명시한다. 이 지방에서는 날씬하게 쭉 뻗은 와인병을 사용하는데 이 와인병을 "푸르트 달자스(Flute d Alsace)"라고 부른다. 1972년 생산지 병입이 정부 명령으로 정해지면서 AOC Alsace가 탄생하게 되었다.

2) 양조방법 특징

푸드르

이곳의 화이트 와인은 일반적인 화이트 와인이 스테인리스, 작은 오크통(Barrique : 바리끄)에서 숙성되는 것과는 달리 푸드르(Fudre)라는 크고 오래된 나무 오크통에서 보관된다.

일반적으로 보르도나 브르고뉴에서는 오크통을 3년 정도 사용하면 오크통으로의 수명이 다 되었다고 판단하고 오히려 위생문제로 와인을 변질시킬 수 있는 곰팡이의 번식을 우려하여 더는 사용하지 않는 경우가 많다.

그러나, 알자스에서의 푸드르는 와인 숙성보다는 보관의 개념으로 쓰인다는 쪽이 정확하다고 말할 수 있다. 통의 내부에는 오랜 기간 사용됨으로 인해 내부에 두꺼운 주석산염으로 덮여 있고 이로 인해 통에 의한 변질의 우려 없이 와인을 보관할 수 있다.

도맨 바인 바흐,
푸드르와 주석산염

푸드르 내에 형성되는 주석산염

3) 알자스의 Terroir

알자스의 포도밭은 보쥬 산맥에서 라인 평야에 이르는 구릉성 산지에 위치하고 있다. 토양은 프랑스 어느 곳보다 복합성을 갖는 토양이며 이 토양이 와인에 다채로움을 주는 큰 역할을 하고 있다.

기후적인 요소로는 연평균 기온은 섭씨 10 강수량은 연간 600mm liter~700mm liter로 적고 연평균 30mm liter의 강우량은 보쥬 산맥 정상의 2,500mm liter 이상과 비교해서 알자스 포도밭이 바다의 영향을 받지 않는다는 것을 가르쳐 준다. 동서 간의 극심한 강우량의 차이는 프랑스의 다른 지역에서는 찾아볼 수 없는 특별한 기후이다.

4) 포도 품종과 와인

White는 Sylvaner, Chasselas, Chardonnay, Muscat, Riesling, Gewurztraminer가 있고, Rose & Red는 Pinot Noir가 있다.

(1) 실바네르(Syvaner) 1824ha, 12.4%

이 품종으로 만들어지는 와인은 가볍고 프레쉬하며 프루티한 타입이다.

(2) 샤슬라(Chasselas) 135ha, 0.9ha

18세기 오 랭 현에서 발견된 품종으로 이 하얀 또는 장미빛의 과피를 갖는 이포도는 조생종인 실바네르에 비교하면 기름지고 따뜻하고 수분을 머금는 토양을 좋아하기 때문에 생산량은 불안정하다. 중성적이고 신선한 와인을 생산하며 크레망 달자스 또는 에델즈비케르 등의 브렌딩 용으로 사용되는 경우가 많다.

(3) Pinot Blanc & Auxerrois 3,070ha, 20.8%

이 두 품종 모두 만생종으로 동일 계통의 품종이며, 이중 오세루아는 로렌 지방에서 유래되었다. 재배가 쉽고 진흙토양을 좋아하며 만들어진 와인은 실바네르보다 골격이 있고 좋은 산이 있으며 향이 풍부하다.

(4) 샤르도네(Chardonnay) 102ha, 0.7%

만생종으로 브르고뉴 지방의 유명한 포도 품종으로 알자스에서는 크레망으로만 사용이 허가되어 있다. 와인은 피네스가 있으며 발란스를 갖춘 아로마가 가득차 있다. 석회암질 토양을 좋아한다.

(5) 뮈스까(Muscat) 345ha, 2.3ha

알자스에서 뮈스까는 가장 오래된 포도 품종으로 1510년 문헌에도 등장한다. 과피는 때때로 장미빛을 띄며 두 가지 종류의 뮈스까가 있다.

뮈스까 아 쁘띠 그랑 품종은 지중해 연안에서 재배되는 것과 동일하지만 지중해와는 달리 알자스에서는 늦게 숙성한다. 이 때문에 상당히 빨리 성숙하는 뮈스까 오또넬품종으로 자주 대용되기도 한다.

이 두 종류의 뮈스까를 브렌딩해서 가볍고 드라이한 아로마틱한 독특한 품미를 지니게 되며 알자스에서 애프리티프 와인로 애용된다.

(6) 리슬링(Riesling) 3,369ha, 22.9%

15세기 라인 지방에서 건너온 품종이지만 알자스의 리슬링은 독일이나 세계 여러 나라의 리슬링과는 구분이 되는 품종으로 인식된다. 알자스의 리슬링은 만생종으로 와인의 바디와 아로마는 알자스의 복합적인 토양이 갖는 여러가지 떼루아의 뉘앙스를 그대로 반영한다.

드라이하며 섬세하고 기품있는 와인으로 상쾌한 과실향이 살아 있는 산미가 좋은 와인을 만들며 아주 탁월한 장기 숙성 능력을 갖는 품종이다.

(7) 게브르츠트라미네르(Gewurztraminer) 2,637ha 17.9%

알자스에 있어서 특징을 최대한 표현하는 품종으로 트라미네르 또는 사바냉 로즈 와 동종 계열의 향기가 강한 품종이다. 빨리 익는 조생종으로 와인은 골격이 있으며 입에 머금으면 부드러운 인상을 갖게 되며 과실, 장미, 스파이스(독어-향신료) 등 아로마가 풍부하게 난다. 알자스를 대표하는 와인으로 장기 숙성이 가능하다.

(8) 피노 누아(Pinot Noir) 1,337ha, 9.1%

이 브르고뉴의 고귀한 품종은 알자스에 있어서 중세에 많이 재배되었다. 석회질 토양에서 최고적의 조건을 갖는 품종이지만 알자스에서는 화강암 질의 거친 자갈 토양에서도 좋은 와인을 생산 해낸다. 체리의 향기를 내며 좋은 발란스를 갖는 로제 또는 옛 스러운 레드 와인은 알자스다움을 충분히 표현한다는 평가를 받고 있다.

5) 특수한 와인

(1) 에델쥐비케르(Edelazwick) 135ha, 0.9%

"고귀한 브렌딩" 와인을 의미하는 이 와인은 여러 구획의 포도를 섞어서 수확하거나 또는 품종이 다른 복수의 와인을 브랜딩한 옛날 방식의 명칭이다. AOC 알자스에 사용되는 각 포도 품종의 배합의 규정이 없다. 생산자에 따라 조화로운 와인을 만드는데 대부분 이 지역의 "빈스텁(Winstub : 선술집)에서 애용된다.

(2) 정띠(Genti)

알자스의 고귀한 포도 품종인 리슬링, 피노 그리, 게브르츠트라미네르, 뮈스까 중 한가지 또는 복수 품종을 최소 50% 이상 사용 브렌딩해서 만든 와인이다.

(3) 방당주 따르디브(Vendanges Tardives) & 셀렉시옹 드 그랑 노블(Selection de Grains Nobles)

이 두가지 표현은 게브르츠 트라미네르, 피노 그리, 리슬링, 뮈스까. 알자스의 고귀한 포도 품종에 한하여 4종의 품종에 한하여 완숙한 과일을 손 수확해서 만든 와인에 부여된다.

방당주 따르디브는 포도 송이가 포도나무에서 건조 될 정도의 시기에 늦수확하고 발효시켜 스위트한 와인을 만들고, 셀렉시옹 드 그랑 노블은 포도알에 보트리티스 시네레아 균의 영향을 받은 후 수확하여 높은 천연 농축 당분을 갖는 과즙을 형성 최상의 스위트 와인을 생산하게 된다.

6) 등급체계

이곳의 등급 체계는 AOC Alsace, AOC Alsace Grand Cru, AOC Cremant dAlsace로 나눠진다.

(1) 알자스(Alsace)

AOC Alsace는 알자스의 8품종 모두 사용 가능하다. 방당쥬 따르디브, 셀렉시옹 드 그랑 노블도 AOC Alsace로 생산된다.

(2) 알자스 그랑 크뤼(AOC Alasce Grand Cru)

일반적으로 알자스 와인은 와인의 품종에 의해 알려졌다고 한다. 그렇지만 알자스에는 긴 시간에 결쳐 평가되어온 위대한 와인을 생산하는 위대한 떼루아를 갖는 51개의 "리우디

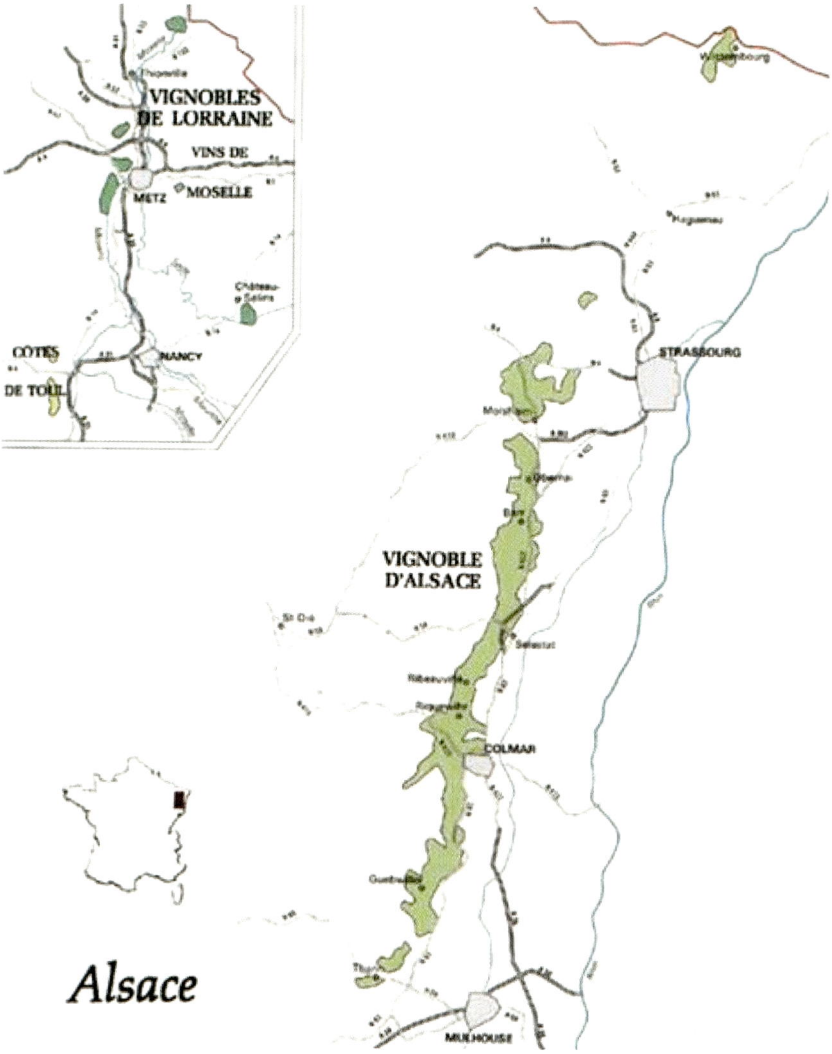

(Lieux-dits)"라는 포도밭이 있고 이 때문에 AOC 알자스 그랑크뤼라는 별도의 AOC를 갖게 되었다.

AOC Alsace Grand는 이 51개의 리디에서 4개의 고급 품종 리슬링, 피노 그리, 게브르츠 트라미네르, 뮈스까로 만든 와인이다.

(3) AOC 크레망 달자스(AOC Cremant d Alsace)

AOC Cremant d Alsace는 로제, 화이트 크레망을 생산한다. 로제는 피노누아 100%로 화이트는 오세루아, 샤르도네, 피노 블랑, 피노 그리, 피노 누아, 리슬링 품종으로 만들어 진다.

8 프로방스(Provence)

1) 개요

알자스에서 니스까지 포함하는 프로방스 지방은 연중 태양의 햇살이 쏟아지는 온난한 기후의 땅으로 관광객 및 해안 리조트지로도 인기가 높다.

프랑스에서 가장 오래된 와인 생산지로 2600년 전 마르세이유를 건설한 포카이아(현대의 터키 인근)에 그리스인이 포도나무를 처음 식재한 후 로마인들이 프랑스 내에서 처음 포도 재배를 시작한 곳이다.

풍부한 일조량과 배수가 좋은 석회질의 토양이 포도재배에 최적의 환경을 이루고 있으며 론 강, 지중해연안에서 바다를 향해 부는 강렬한 북풍 "미스트랄"은 공기를 건조하게 만들어 포도를 건강하게 보호 해준다.

생생하고 화려한 향기를 지닌 로제 와인도 아주 유명하고 근래에는 화이트와 레드 와인의 평가도 높아지고 있다.

재배 면적은 2만5000hl, 연간 생산량은 100만hl. 특히 로제의 생산으로 유명해서 전체

의 70%가 로제 와인이다. 이어서 레드 와인이 25%, 화이트 와인이 5%를 구성하고 있다.

와인 이외에 라벤다, 올리브 오일, 야채, 신선한 허브, 어패류 등이 풍부해 지중해 요리인 부야베스는 세계적으로 유명하다. 그 외에 세잔, 고흐, 마티스, 파카소등 수많은 예술가들에게 사랑 받은 땅이기도 하다.

2) 품종

White는 clairette, Ugni Blanc, Semilion, Grenache Blanc, Marsanne, Rolle가 있고, Red는 Grenache Noir, Cinsault, Mourvedre, Carignan, Syrah, Tibouren가 있다.

3) 주요 산지

모든 AOC에서 화이트, 로제, 레드 와인을 생산한다. AOC Cassis, AOC Palette, AOC Bellet, AOC Cotes de Provence, AOC Coteaux daix Provence, AOC Les Beaux de Provence, AOC Coteaux Varois가 있다.

(1) 프로방스 대표 AOC

❶ AOC Bandol

프로방스 지방은 특유의 동풍과 미스트랄 로 불리는 강한 북서풍으로부터 보호되는 안전한 항구이기 때문에 와인 수출항으로 번영했다. 항구의 번영은 19세기 말까지 이어졌고 많은 상선이 방돌의 "B"가 새겨진 오크통을 나르는 광경이 보였다고 한다.

와인 상업의 번영은 통제조업의 발전을 가져왔고 1850년경에는 100여개의 통 제조업자가 존재했다. 미식가로도 잘 알려진 루이 15세에게도 사랑받아 궁중의 식탁을 장식하기도 했다.

화이트, 로제, 레드 와인을 생산하며 그중 로제 와인이 가장 유명하다. 로제와인은 직접 압착법 (Pressurage) 으로 만들어지고 엷은 들장미 나 고급 연어빛 핑크 색이 특징적인 색이며, 고블렛(Goblet) 재배 방식으로 재배된 무르베드르 품종으로 장기숙성이 가능하다.

9 꼬르스(Corse)

나폴레옹의 출생지로 아름다운 꼬르시카(꼬르스)는 프랑스와 이탈리아의 사이에 위치하는 지중해에서 4번째로 큰섬이다. 2,710m의 (친트)산을 감싸 안으며 섬의 평균은 해발는 586m에 달한다. 항구인 만은 아름다운 자연환경으로 세계위산에 등재되어 있다. 섬 고유의 관목의 덤불에 뒤덮인 산의 사면에 둘러싸여 있다.

섬의 해안 계곡에 있는 포도밭은 그 관목지대를 개척하여 만들어졌다. 온난한 섬이지만 밤에는 서늘하다. 밤의 해풍이 낮동안에 받은 태양의 열기를 부드럽게 해주고 산미가 있으면서 발란스가 좋은 와인을 만들어 준다. 화이트, 로제, 레드, 천연감미 와인이 만들어지지만 그 중 대부분은 레드 와인이다.

기원전 6세기부터 그리스(현재의 터키 부근)의 (포카이아 인)에 의해 와인이 만들어졌다고 한다. 1769년 제노바 조약에 의해 프랑스령이 되었지만 지금도 주인은 독자성을 강하게 갖고 있고 와인도 본토에는 없는 포도 품종으로 만들어진다.

10 쥐라(Jura)

브르고뉴 지방의 동쪽, 스위스의 국경에 가까운 쥐라 산맥의 기슭에 위치한 지역이다. 쥐라란 켈트어로 산림을 의미하고 지질시대의 쥐라기의 어원이기도 하다. 포도밭은 쥐라 고원에서 평야로 내려오는 해발 250~500m의 일조가 좋은 언덕의 사면에 퍼져 있다. 화이트, 로제, 레드, 발포성 와인이 있지만 yellow wine(Vin Jaune : 뱅 죤)과 Straw wine(짚 와인 : Vin de Paille : 뱅 드 빠이유)가 유명하다.

1) yellow wine(Vin Jaune : 뱅 죤)

뱅 죤

사바냥(savagnan) 포도 품종으로 만든 화이트 와인으로 오크통에서 숙성시키는 동안 와인 표면에 생긴 특유의 곰팡이를 통한 풍미를 얻는 와인으로 쉐리와 비슷한 특유의 풍미를 갖는 와인이 만들어진다.

최저 숙성기간은 6년이며 620ml의 클라브랭 Clavelin이라는 병을 사용한다. 가장 유명한 뱅죤의 A.O.C는 샤또 샬롱이다.

2) Straw wine(짚 와인 : Vin de Paille : 뱅 드 빠이유)

뱅 드 빠이유

늦수확한 샤르도네, 뿔사르를 사용해서 최저 2개월간 짚 위에서 건조시켜 당분을 농축시킨다. 건조(Passerillage)하면서 발효는 1년 이상 걸리고 통숙성 후 375ml의 뽀(Pots)나 325ml의 드미 클라블랭 병으로 판매한다. 최소 10~15년 병숙성 후에야 본래의 모습을 보여주고 최고의 빈티지인 경우 100년 시간을 견딜수 있는 장기숙성력을 갖는다.

과거 쥐라 주위의 지방에는 14~15세기에 걸쳐서 프랑스 왕조를 위협할 정도의 권세로 벨기엘이나 네덜란드를 지배하고 있던 브르고뉴 공국의 백작(꽁떼)으로서 번영했던 역사가 있어 지금도 프랑슈 꽁떼 지방으로 불리고 있다.

세균학의 연구자로서 저온 발효법을 고안하고 와인 발효의 근대화에 공헌한 파스퇴르는 쥐라 지방의 수도 아르부아에서 자라났다.

11 사부아(Savoie)

웅대한 알프스 산맥이 아름다운 산림, 호수로 자연이 풍요로운 지방이다. 스위스, 이탈리아와 국경을 접하고 4810m, 유럽 최고봉의 몽블랑을 감싸 안고 있어 프랑스 알프스 산맥으로 등산이나 스키를 즐기는 사람들이 세계각지에서 찾아온다.

화이트, 로제, 레드, 발포성 와인이 산출되지만, 생산량의 대부분은 푸르티한 화이트 와인이다.

햇빛을 가장 잘 받을 수 있도록 하기 위하여 포도밭은 남동이나 남동향으로 되어 있다. 토양은 점토 석회질이다.

역사적으로는 1032년 신성 로마 제국에 병합되어 긴 기간 이탈리아 사보이아 가(후 이탈리아 왕조)의 영토로서 번창했기에 이탈이아와의 연관성이 깊고, 1860년 프랑스에 병합되었다. 우유로부터 보존성이 높은 치즈 Semi-Hard Type Cheese와 Hard Type Cheese의 명산지로서도 알려져 있다. 전통적인 치즈 요리로서는 라끄레뜨가 유명하다.

12 남부 프랑스(Sud-France)

1) 랑그독(Langudec)

기원전 6세기부터 포도재배를 시작한 랑그독 지방의 와인산지는 론강의 하구부터 지중해 연안에 펼쳐져 있다. 더운 지중해성 기후이고 포도재배에 적합한 곳이다.

프랑스 최대의 포도재배 면적을 차지하는 광대한 산지이고 AOC 와인 외에도 많은 수의 Vin de Pay 와인을 생산하고 있다.

와인의 풍미에서 특유의 갸리끄 (석회질의 황무지에 자생하는 식물)이 느껴지는 것이 특징. 19세기 후반 에 프랑스 전토를 뒤덮은 필록세라의 피해를 입은 이후 저렴한 와인을 대

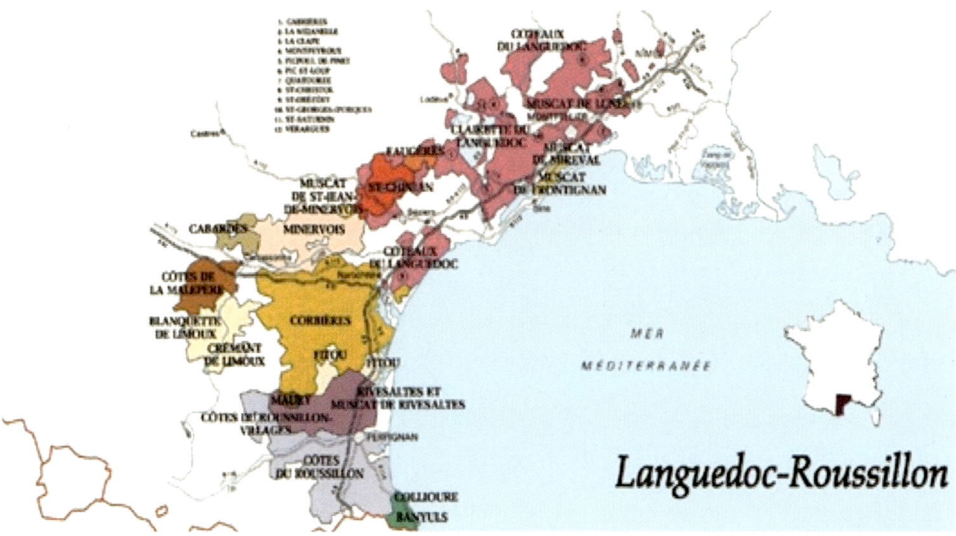

량으로 만들어 오다가 1980년경부터 품질 중시로의 변혁이 시작되어 근래에는 가격대비 품질이 높은 밸류 와인(Value wine)으로 주목을 받고 있다.

화이트, 로제, 레드, 발포성 와인, 천연 감미 와인(VDN : Vin de Naturel), VDL(Vine de Liqueur)생산되고 있다.

(1) 주요 와인

AOC Blanqutte de Limoux, AOC Blanqutte de Limoux Ancestrale, AOC Cremant de Limoux가 있다.

❶ 리무(AOC Limoux)

이 지방에 전해오는 이야기에 따르면 1531년 리무 마을에 가까운 Saint Hilaire 수도원의 Cave에서 코르크로 막아놓은 병 속에서 와인이 발효해 기포가 생긴 것을 베네딕트파의 수도사가 우연히 발견했다고 한다.

이것은 샹파뉴의 아버지라고 불리는 같은 베넥딕트파의 돔페리뇽 수도사의 전설보다도 1세기나 먼저 발견했다고 한다. AOC 블랑케트 드 리무는 세계에서 가장 오래된 역사의 발포성 와인으로 불린다.

샹파뉴 지방 이외의 발포성 와인은 크레망, 뱅 무스 등 여러가지로 부르는 이름이 있다. 랑그독 지방에서는 전통적로 브랑께트(Blanqutte)라고 불린다. 이 이름은 모작이라고 하는 포도 붐종의 잎을 덮은 부드러운 솜털에서 유래되었다.

리무의 AOC 발포성 와인은 3종류로 그 중에서도 선조전래 방법(Methode Ancestrale)으로 만들어지는 브랑께트 메토드 아세스트랄레가 독특하다..모작 품종 100% 사용되고 포도가 본래 갖는 당분과 기온의 변화의 힘만으로 자연 발효가 행해진다.

리무에는 이러한 스파클링 와인 뿐만 아니라 레드, 화이트 모두 AOC로 인정되어 있는데 화이트는 1981년에 레드는 2004년에 AOC로 승격되었다. 이 지방에서는 빈번하게 일어나는 일로 프랑스 내에서 가장 창의적인 지방이라 말 할 수 있다.

현대의 이 지방은 프랑스 내에서 가장 등급, 규정의 변화의 폭이 큰 곳이다. 요즘 놀라울 정도로 발전을 이루고 있는 이 지방은 AOC 제도의 규제 범위에서 벗어났다고 말할 수 있는 곳으로 등급은 Vin de Pay이면서도 양질의 와인을 만들려는 새로운 물결이 발생하고 있다.

남반구의 오스트레일리아 양조가를 비롯 많은 와인 양조자의 방문과 외국의 투자가 병행되어 지금은 과거의 대량 소비용의 저렴한 와인에서 양질의 품종 와인 등을 개발하게 되었다.

이런 선택으로 레드 품종으로 까베르네 쏘비뇽, 메를로, 시라, 무르베드르 품종 그리고 화이트 품종으로 샤르도네, 쏘비뇽 블랑, 비오니에 품종등과 새로운 양조 기술 도입으로 프랑스에서 가장 흥미로운 와인 생산지가 되었다.

과거 소량이라도 Cabernet Sauvignon, Merlot을 블렌딩했다는 이유로 AOC로 인정받지 못한 경우도 많았지만 현재는 규제 완화와 더불어 AOC 규정이 변경되어 AOC로 승격, 신설되는 경우가 다수 있으며 Linoux, Faugeres, Cabardes, Malepere 등을 예로 들 수 있다.

라벨에 품종명을 표시하는 와인이 자주 보이는데 이것은 프랑스에서는 기존에 존재하지 않았던 일로 국제 지향적인 프랑스 와인의 새로운 스타일을 표시한다.

2) 루시용(Roussillon)

랑그독 지방에 이웃하는 루시용 지방은 포도밭이 이어진 좁은 계곡과 천혜의 혜택을 받은 곳이다. 스페인과 국경을 접하고 피레네 산맥의 고지와 지중해에 둘러싸여 있다.

피레네 오리엔탈에 속하고 프랑스 본토에서도 가장 남쪽에 위치하며 랑그옥 지방과 같은 지중해성 기후의 영향을 받는다. 태양의 혜택을 충분이 받은 포도로 만든 화이트, 로제, 레드 와인이 생산되고 천연 감미 와인(Vin de Naturel), VDL(Vine de Liqueur)의 명산지로서도 잘 알려져 있고 여름의 리조트지로 인기가 높다.

중세시대 이 지방은 바르셀로나를 거점으로 발전한 아란곤 까딸루냐 연합왕국의 영지였던 이유로 스페인 까딸루니야 지방과의 연관이 깊다. 이곳 사람들은 까딸루냐어를 말하고 이곳을 북까딸루냐라고도 부른다. 독자의 문화를 지켜나가고 있으며 20세기 초 마티스는 이곳에서 색채의 해방을 부르짖는 회화 활동 야수파 "포비슴(Fauvism)"을 계화시켰다.

Languedoc & Roussilon 포도 품종은 Red는 Grenache Noir, Carignan, Cinsault, Syrah, Mourvedre가 White는 Clairette Blanche, Mauzac, Ugni Blanc, Maccabeo, Bourboulenc 이 있다.

(1) VDN(Vin Doux Naturel) & VDL(Vin de Liqueur)

❶ VDN(Vin Doux Naturel)

Red는 Grenache Noir가, White는 Greache Blanc, Grenache Gris, Muscat blanc, Maccabeu Malvoisie이 있다.

VDN는 천연 감미 와인, 발효 도중 알코올을 첨가하여 발효를 중지시켜(Mutage 방식) 감미를 남긴 와인이다. 포도 품종, 양조방법에 따라 레드, 화이트, 로제가 있다. 최저 알코올 함류량 15%이다.

랑그독의 생산지로는 Frontignan(Vin de Frontignan, Muscat de Frontignan), Muscat de Lunel, Mucat de Mirval, Muscat de St-Jean de Minervois, Clairette du Languedoc이 있다

루시용의 생산지로는 Banyuls,Banyuls Grand Cru,Grand Roussion, Maury, Rivesaltes, Muscat de Rivesaltes가 있다.

❷ VDL(Vin de Liqueur)

리퀘르 와인으로 발효 전 과즙에 알코올을 첨가하여 만드는 리퀘르이다. 첨가하는 알코올은 지방에 따라 오 드 비, 마르, 또는 꼬냑, 아르마냑도 사용된다.

알코올 함량 15~22%이며 랑그독의 생산지로 Frontignan(Vin de Frontignan, Muscat de Frontignan), 루시용의 생산지로 Clairette du Languedoc가 있다.

그외 지방으로 Cognac의 Pineau des Charentes,Champagne의 Ratafia de Chapagne, Bourgogne의 Ratafia de Bourgogne, Armagnac의 Floc de Gascogne, Jura의 Macvin de Jura, Midi(지중해 연안)의 Carthagene du Midi가 있다

❸ VDN Rancio

고의적으로 산화시킨 VDN이다. 온도가 높은 실내, 건반에 통에 담은 와인을 방치하여 산화를 촉진시키거나 본본느(bonbonnes)라고 불리는 약 30liter의 대형 유리병을 실외에 방치하여 낮과 밤의 기온차로 산화를 촉진시킨다.

루시용지방의 Rancio로는 Banyuls, Banyuls Grand Cru, Grand Roussion, Maury, Rivesaltes, Muscat de Rivesaltes가 있고, 루시용 지방 외 다른 지방의 Rancio

생산지로는 론 지방의 Muscat de Beaumes de Venise, Rasteau, 코르스의 Muscat du Cap Corse가 있다.

13 남서부 지방(Sud-Ouest)

보르도의 남쪽에 위치하고 미디라고 불리는 지중해 연안의 서쪽, 그리고 랑드 숲이 대서양의 해풍을 막아주는 남서부 지방은 여러 와인 지역들이 드문 드문 흩어져 있다. 음식에서도 지방색이 강한 지방으로 유명하며 대부부의 지역은 강을 끼고 있다.

과거 이곳 구릉 지대의 와인을 수로를 통해 장거리 운송했는데 보르도의 와인 상인들은 자신들의 와인이 다 팔릴 때까지 이곳 와인상인들의 배가 항구에 들어오지 못하게 막기도 했다.

남서부의 와인은 2개의 그룹으로 분류 가능하다. 하나는 보르도 지방의 포도 재배지의 연장상에 있는 보르도와 같은 품종의 포도로 만드는 와인으로 또 다른 하나는 토착 품종으로 만드는 와인으로 보르도 와인과는 명확히 다른 고유의 개성을 갖는 와인으로 많은 마을들이 자신만의 고유 AOC를 가지고 있다.

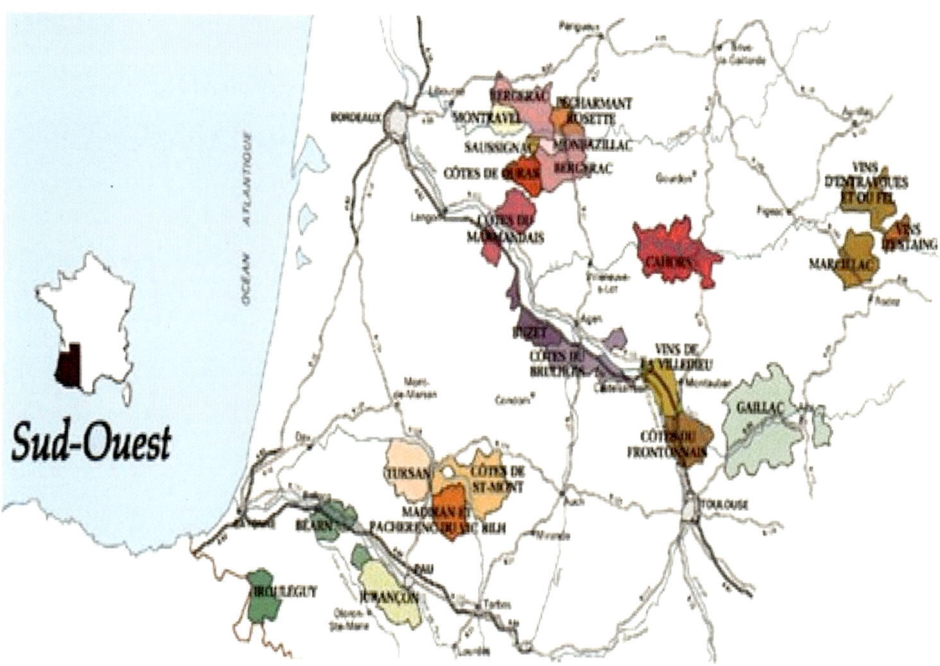

보르도 스타일의 와인 산지로는 AOC Bergerac, AOC Cotes de Duras, AOC Pecharmant, AOC Cotes du Marmandais, AOC Monbazillac, AOC Buzet을 들 수 있다.

도르도뉴 강 과 앙트르 두 메르의 동쪽에 위치한 AOC Bergerac, AOC Pecharmant 에서는 보르도 지방의 포도 품종을 사용한 레드와 로제를 생산한다.

이중에서 최고의 와인은 AOC Percharmant으로 작은 산지에서 질 좋은 레드 와인이 만들어지고 있다. 또한 Sweet white wine으로 몽바지약(Monbazillac)이 유명하다. Monbazillac은 귀부의 영향을 받은 포도로 만들어지며 쏘떼른만큼 고가가 아니면서 품질이 좋아 가격대비 품질이 높은 와인이다.

앙트르 뒤 메르의 부근 남쪽지구에는 꼬뜨 드 뒤라 와 꼬뜨 드 마르망데가 있는데 둘다 보르도 와인과 비슷한 특성을 갖고 있으며 그중 꼬뜨 드 마르망데의 화이트 와인은 높은 평가를 받는 Sauvignon Blanc으로 만든 화이트 와인과 Sauvignon Blanc 에 Mauzac , Ondec 같은 토착 품종의 블렌딩 와인도 생산하고 있다.

가론강 부근의 뷔제 에서는 보르도 지방스타일의 레드, 로제, 화이트를 생산하여 아르마냑을 만드는 증류용 와인도 생산하고 있다.

남서부 고유의 토착 품종 와인생산지로 AOC Cahors, AOC Fronton, AOC Gaillac, AOC Madiran, AOC 쥐라숑(Jurancon), AOC Pacherenc du Vic Bilh을 들 수 있다.

Lot 강 상류의 까오(Cahors)에서는 일명 "Black wine"이라고 불려지는 검은 색조의 와인이 만들어진다. 이곳에서는 "오세루아(Auxerrois)"라고 불리는 말벡(Malbec) 품종을 중심으로 만든 와인으로 최소 70% 이상의 말벡에 Merlot, Tannat를 보조품종으로 블렌딩을 할 수 있다. 와인은 오크통에서 숙성되고 좋은 Cahors 와인은 색조가 특히 깊고, 풀바디에 장기 숙성이 가능하다.

뚤루즈 시 북쪽의 Front은 주로 네그레뜨(Negrette)품종을 중심으로 만드는 레드, 로제 와인으로 블랙베리 같은 개성있는 아로마를 갖는 풀 바디 와인을 생산한다.

프랑스에서 가장 오래된 포도재배지 중 하나인 가이약(Gaillac)에서는 토양 대부분인 Chalk Soil에서 자란 렁드렐(Len de l el)품종과 모작(Mauzac) 품종으로 Dry 화이트 와인에서 Sweet 화이트 와인까지 생산한다. 보조 품종으로는 Semillion, Sauvignon Blanc을 사용한다.

과거 한때 스위트 와인으로 유명했으며 요즘은 미디엄 스위트 화이트 와인을 많이 생산

마디랑의 몽투스

하며 스파클링 일 경우에는 발포성이 다양하여 Blanc Sec Perle이라는 약간의 기포를 갖는 타입부터 전통 방식으로 만드는 메토드 가이약 꼬아즈(Methode Gaillacoise), 샴페인 방식으로 만든 그레망(Cremant) 이 있다. 레드와 로제는 뒤라, 페르, 가메이 품종을 사용한다.

남서부 지방의 다른 AOC에는 보르도 지방의 강 보다는 피레네 산맥과 더 관계가 깊다. 이 지방에서는 이곳에서는 화이트 품종으로 그로 멍상(Gros Manseng), 쁘띠 멍상(Petit Manseng), 꾸르브(Courb), 레드 품종으로는 따나(Tannat), 페르(Fer) 등 토착 품종이 주로 사용 된다.

대표적인 화이트 와인으로 빠슈렝드빅빌(Pacherenc du Vic Bih)의 고전적인 벌꿀 풍미의 드라이 화이트 와인과 레드 와인으로는 Madiran이다. 거의 아르마냑(Armagnac) 의 남부에 접하고 있다. Tannat품종은 Madiran의 중요 품종으로 60%까지 허가가 되어있다.

Tannat품종은 강한 탄닌과 깊은 색조를 가져다 주고, 장기숙성을 가능하게 해준다. 이외 보조 품종으로 Cabernet Sauvignon, Cabernet Franc, Fer 품종이 Madiran 와인에 향신료적인 역할을 하고있다.

이곳의 화이트 품종 그로멍상(Gros Manseng), 쁘띠 멍상(Petit Manseng), 꾸르브(Courb), 으로 좋은 해에 스위트 와인을 생산하는 산지로 쥐라송(Jurancon)이 있다. 늦 수확 포도, 또는 귀부의 영향을 받은 포도로부터 스파이시한 스위트 화이트 와인이 만들어진다. 요즘은 드라이 화이트 와인도 많이 생산되고 있는데 이런 경우에는 쥐라송 섹(Jurancon Sec) 이라고 라벨에 표시된다. 이 와인도 마찬가지로 특유의 스파이시한 풍미가 있다.

마지막으로 스페인과 국경 지대인 피레네 산악지대에 위치한 이룰레기(Irouleguy)가 있다. 바스크 지방에 위치한 이룰레기는 따나(Tannat) 품종을 중심으로한 레드, 토착 품종으로 만드는 화이트를 생산한다.

참고문헌

프랑스 와인 산지 지도 제공: 소펙사 코리아
Vins AOC de France 佐藤秀良, 須藤海芳子, 河清美 (2009) 三星堂
Grand Atlas des Vignobles de France 飯山敏道(2005) 飛鳥出版
兒島速人 CWE Test Your Knowledge of Wine ワイン教本 2008年版 イカロス出版
田邊由美のWine Book(2009)飛鳥出版
上級ワイン教本 Exploring wines & Spirits by Christopher Fielden.(2009) 柴田書店
(The Wine & Spirit Education Trust 編)
日本 ソムリエ 協會教本 社團法人 日本 ソムリエ 協會 飛鳥出版
The Wine Bible Karen Macneil 최신덕, 백은주, 문은실, 김명경 공역(2010) WB by barom works
The world Atlas of Wine(휴존슨, 잰신스 로빈슨의 와인 아틀라스) 세종서적
by Hough Johnson, Jancis Robinson
손진호와 함께 배우는 와인의 세계 프랑스 와인 편 / 손진호
도도한 알코올 와인의 역사. 로드 필립스(2002) 시공사
와인 소믈리에 실무 김의겸, 최민우, 정연국 공저 백산출판사
와인과의 만남, 최훈 자원평가 연구원(IR)

http://wikipedia.com/Bordeaux Wine Official Classification of 1855
http://www.chateauloisel.com/degustation/classement-sauternes-1855.htm소떼른 등급체계
http://www.winemega.com/classification_pessac_leognan.htm페샥레오냥 등급체계
http://en.wikipedia.org/wiki/Classification_of_Saint-%C3%89milion_wi 독일
http://www.vin-terre-net.com
http://m.blog.naver.com/cocrystal
wines of the world Dk
http://www.wikipedia.org/
www.wineok.com
www.wine21.com
http://electronica.tistory.com/275
http://www.champagne.fr/wpFichiers/1/1/Mediatheque/11/Associes/11/Fichier/appellation.pdf
http://www.omnimap.com/catalog/access/winemaps/wine-fra.htm#p4
http://blog.naver.com/macallan1973/120022683932
http://www.internetwineguide.com/structure/ww/v&w/europe/fr/sud-ouest/sudouest.htm
http://www.bing.com
http://wineandchamp.lebonami.com/content/vin-ros%C3%A9-du-sud-ouest
http://blog.daum.net/thewines/7?srchid=IIM9xZbO000&focusid=A_177FDF0C4AB8D3AC3C03
3C
http://www.la-cave-a-vin.fr/vin-corse.php
http://www.bing.com/images/

www.christmasmagazine.com/.../label.jpg
http://www.snooth.com
http://www.google.co.kr
ttp://www.winepictures.com/france/joly.
http://palatepress.com/wp-content/uploads/2010/03/Nicolas-Joly-plowing.jpg
http://www.winetour-france.com

제6장

이탈리아 와인

1 지역 개관

이탈리아의 포도밭 면적은 835,000ha로 세계 3위의 규모에 해당한다. 와인생산량은 52,070,000hl로 프랑스와 수위를 다툴 정도로 세계 1~2위 생산량이다. 포도재배를 하는 와인생산자는 100만 명 정도이다. 1인당 와인소비량은 2005년 기준으로 48.1L로 세계2위[1](손진호, 2007: 2)로 나타나고 있다.

세계 최대의 와인 생산국가로 전 국토가 와인을 생산하는 지역으로 특징을 갖고 있다. 로마시대로부터 전체 유럽에 와인생산과 기술을 전파하였다. 1960년대 이후 발전하였으며 1980년대 세계적으로 알려지기 시작하였다. 특히 1990년대 미국시장의 소비가 늘어나면서 이탈리아의 와인수출이 본격적으로 늘어나기 시작하였다.

화인트 생산량이 51.7%이며 세계 생산량의 20.7%[2]를 차지하고 있다(마이클 슈스터, 2007;234).

---

1) 이탈리아는 와인의 내수가 많은 나라이다. 전통적으로 국내의 소비가 많아 소비량도 세계의 수위권에 위치한다.

2) 2007년 기준으로 보면 프랑스가 20.6%(마이클 슈스터, 2007;225)로 나타나 세계 최고의 생산을 나타내고 있다.

2 이탈리아 와인의 특징

1) 지중해의 보고

이탈리아 와인은 전역에서 와인이 생산된다. 이탈리에 전역에서 생산되는 만큼 천혜의 와인생산국가이며 와인생산지이다.

2) 기후적 특성

이탈리아는 지중해에 위치한 관광의 보고인 국가이다. 지중해 기후[3]의 환경이 따사로운 햇빛과 일조량으로 포도재배에 가장 적합한 조건을 갖추고 있어서 오랜 시간 동안 와인을 재배하는 곳으로 자리매김해 오고 있다. 주요산지인 피에몬테의 경우에도 내륙에 속해있어서 일교차가 큰 환경이 포도재배에 좋은 조건을 제시하고 있다고 하겠다.

---

3) 이탈리아의 기후는 사계절이 분명하다. 내륙지방은 기온차가 크다. 이탈리아 기후는 최저 8도, 최고 20도로 온도차가 크지 않다. 그리고 강수량도 연평균 700~800mm로 포도재배에 적합한 수치를 나타낸다.

중부지방과 남부지역은 지중해성 해양기후, 동쪽은 아드리안 해안의 온대기후, 북쪽의 내륙지방은 차가운 겨울과 무더운 여름기후를 나타내고 있다. 이탈리아는 사계절이 분명하다.

이탈리아는 매년 기후적으로 큰 차이가 없어서 프랑스처럼 빈티지(Vintage : 수확연도의 작황상황)의 영향은 상대적으로 없다고 할 수 있다.

3) 주요 지형형태인 구릉

이탈리아는 구릉[4]이 포도밭의 주요 지형형태이다. 이탈리아의 고품질 와인은 피에몬테와 토스카나의 구릉지대에서 생산된다. 끼안띠(Chianti)의 포도주와 브루넬로 디 몬탈치노(Brunello di Montalcino) 등의 산지인 토스카나주는 구릉의 비율이 66.5%에 달하며 움브리아주의 경우에는 70% 이상인 사실이 지형적인 요소(이탈리아 통계청 ; 이탈리아 농산물시장 정보연구소, 2001)의 특징이라고 할 수 있다. 포도재배의 최적지인 구릉지대가 널리 분포되어 있는 이틸리아의 지형은 포도재배에 적합한 곳임을 보여주고 있다.

4) 이탈리아의 테루아

산악이 많은 알프스 일대의 북부 지방의 대륙성 기후지대, 바다에 인접한 북부동서 지역과 중남부 지방의 지중해성 기후지대인 이탈리아는 80%를 차지하는 국토의 산맥과 언덕으로 구성되어 있다. 그리고 미세기후 형성이 일어나는 지형조건을 갖추고 있다.

북부지역은 겨울에는 춥고 여름에는 뜨거운 대륙성 산악기후이다. 남부지역은 겨울에는 포근하고 여름에는 더운 전형적인 지중해성 기후를 보인다.

이탈리아의 토양은 화강암, 빙하토, 석회질, 진흙, 모래, 화산토 등 다양한 토양을 형성하고 있다. 프랑스에 비교해서 이탈리아 토양과의 연계성은 크지 않다는게 중론이다.

이탈리아는 전역에 다양한 토양이 형성되어 있다. 북쪽은 알프스 빙하의 영향으로 퇴석토가 나타나고 있다. 남쪽은 에트나화산 지대로 형성되어 있다.

---

4) 언덕(colline)을의미한다. 이탈리아의 자연경관은 물결치는 형상을 지니고 있다는 평가이다. 수천년 동안 경작에 의해 옥토로 변화되었다. 구릉은 보통 해발 100~600m지역으로 되어 있는 상황이다.

5) 지역색이 강함

이탈리아의 지역색은 분명하다. 20여 개의 주에서 생산되는 포도 품종이 다양하며 지역마다의 특징이 포도재배를 통해 나타나고 있다. 이탈리아가 원래 도시국가였던 상황에서 통일이 되다 보니 포도의 재배성격도 다양하며 각주마다 독특한 형태로 나타나고 있다.

기후적으로도 북부지역은 겨울이 춥고 여름은 뜨거울 정도로 햇빛이 강하다. 대륙성 산악기후에 속한다. 남부지역은 겨울이 포근하고 여름은 덥다. 지중해성 기후의 특징을 나타낸다.

6) 전통과 혁신의 결합

이탈리아는 전통이 있는 와인생산국가이다. 기존의 산지오베제라는 전통품종이 이탈리아와인의 주역의 역할을 해왔다. 비노 노빌레드 몬테풀치아노, 몬탈치노 같은 전통와인은 산지오베제로 오랜시간 동안 만들어져 왔고 이탈리아의 역사의 산물이다.

한편 이탈리아에서 산지오베제를 중심으로 한 재배에서 세계의 주목을 받게 된 것이 국제적인 품종을 브랜딩[5]하면서 시작되었다는 점이다. 와인의 품질과 역량이 강화된 점에는 기존의 전통적인 품종인 산지오베제를 중심으로 국제화된 품종인 까베르네소비뇽, 메를로, 쉬라 등 품종을 결합함으로서 세계시장에서의 놀라운 평가와 이탈리아 와인에 대한 평가를 달리하게 된 계기를 마련하게 되었다.

7) 다양한 품종 생산

이탈리아 와인이 가장 매력적이라는 부분이 바로 개성있는 와인을 만들 수 있는 다양한 품종을 생산하는 나라라는 점일 것이다. 와인이 거의 국토의 전역에서 생산되고 있고 재배되는 품종만 2,000종이 넘는다고 한다. 그리고 이탈리아 토착품종만 600종에 달하는 것으로 추산되고 있다.

---

5) 기존 품종 산지오베제는 토착품종으로 만생종이며 별칭이 중년의 신사라고 할 만큼 원만한 성격을 지녔다. 산도는 대체로 높은편이며 탄닌은 적절하며 미디움바디의 강도를 지닌 품종이다. 사실 이품종은 국제적인 평가에서 크게 대두되지 못하다가 토스카나 지방에서 국제화된 품종인 까베르네소비뇽과 메를로 등을 브랜딩하면서 뛰어난 품질과 역량을 나타내어 세계의 주목을 받게 되었다. 이러한 와인을 수퍼토스칸이라고 불러지게 된 것도 기존의 토스칸 와인이 아닌 놀라운 변화를 주목받게 된 결과이다.

이탈리아 와인은 이러한 다양성이 매력이고 특징이라고 할 수 있다. 지역마다 다른 특징이 이탈리아의 독특함이라고 하겠다.

8) 내수용 소비가 많은 국가

이탈리아는 20개 행정구역에서 와인이 생산되며 4000년 이상의 전통을 지닌 이탈리아 와인은 내수용 포도주 소비가 많은 나라이다. 그래서 국제화된 품종인 까베르네소비뇽, 메를로, 쉬라 등에 대해서는 평가가 후하지 않았다. 이를 반영하는 것이 이탈리아와인의 등급체계이다. 토종품종인 산지오베제 외의 타품종이 브랜딩되면 일반적으로 가장 낮은 등급인 VDT이나 바로 위 등급인 IGT등급을 받을 만큼 보수적인 평가를 내려왔다는 것을 보게 된다. 슈퍼토스칸의 대명사인 싸시카이아[6] 같은 와인도 처음에는 최하위 등급인 VDT(Vino da Tavola)를 받았던 것도 그러한 이유에서이다.

9) 일체감과 소속감 주는 역할

이탈리아인에게 와인은 로마시대로부터 로마제국의 일원이라는 정체성을 포도주를 통해 마시며 확인하는 일상이었다는 점에서 와인 시음이 의미하는 바가 크다고 할 수 있다. 포도주는 로마시민들에게 로마제국의 일원으로서 정체성을 확립시켜주는 요소로 작용하였던 것이다. 로마제국이 번성하면서 귀족, 시민, 평민, 노예, 식민지 및 속국의 주민들에 이르기까지 로마라는 제국의 공동체의 일원으로서 일체감과 소속감을 주는 역할을 와인이 했다는 점에서 보다 큰 의의가 있다고 하겠다.

10) 종교적 의미

로마에서 기독교가 공인된 후에도 포도주는 술보다는 음식과 생활로서 시민들이 즐기고 예수님의 피로서 종교적인 의미가 부여되었던 것도 사실이다.

---

6) 이탈리아 와인의 세계적인 주목을 끌게 했던 슈퍼토스칸의 대표주자이다. 카베르네소비뇽을 브랜딩했다는 이유로 최하위 등급을 받았었다. 그러나 지금은 DOC(Denominazione di Origine Controllata)등급을 받고 있다.

11) 예술의 주제와 소재

이탈리아인에게 와인은 예술의 주제이며 수많은 예술작품과 문학에 등장하고 있다. 현재에도 와인은 중요한 생활의 필수적 도구로 존재하고 있다.

12) 식사의 필수사항

로마시대로부터 와인은 이탈리아인에게 식사에서 필수적인 음식으로 자리잡아 오고 있다. 와인은 즐거운 식사를 빛내게 하는 좋은 음식으로 안식되고 있다. 이탈리아인에게 와인은 주제가 있는 대화의 소재이다.

13) 가교의 역할

와인은 그들에게 있어서 낯선 사람들과도 가교의 역할을 하게 하는 도구로서 존재한다. 와인에 관련된 대화는 사람들을 가깝게하도록 도와준다. 와인의 역사와 유래, 예술, 스토리 등 은 문화의 집합체로 대화하고 의견을 교환케하며 소통하게 하는 가장 중요한 소재와 매개체로 역할을 하고 있는 것이 이탈리아의 와인문화로 보면 된다.

이탈리아인은 와인에 대한 수준과 깊이는 상당하다. 일반인들도 와인에 대한 박식하고 폭넓은 지식으로 전문가수준의 사람들이 상당히 많은 것이 이탈리아의 현주소이다. 그들은 직접 와인을 재배하고 그들의 전통방식으로 숙성시키고 제조하는 사람들이 많은 상황으로 자체 소비를 위한 이유에서라도 와인에 대한 이해의 폭이 클 수 밖에 없다.

14) 음식과의 조화

이탈리아 와인은 현지의 각 지방의 음식과 잘 어울린다. 우리에게도 잘 알려진 피자와 스파게티는 가장 대표적인 음식이다. 이탈리아의 요리의 특징은 재료가 두가지에서 네가지를 넘지 않을 만큼 간단하고 단순하다. 그러나 매우 단백하며 자연적인 맛을 내는 장점을 지닌다. 그래서 자연적인 이탈리아 와인과 매우 조화가 잘된다. 특히 토마토 등 과일의 신선함과 올리브유의 품질이 중요하다. 마늘, 매운 말린 고추 등 음식에 많이 사용해도 한국음식과 비교하면 자극적이지 않은 맛을 내고 있다.

프랑스 음식이 손이 많이 가고 음식소스에도 많은 시간이 걸리는 우아하고 세밀한 요리라면 이탈리아 요리는 간편하고 단순하지만 자연스러운 맛이 특징이다. 준비시간과 조리 시간도 상대적으로 적게 드는 편이다.

특히 이탈리아 와인은 산도가 높은 편으로 음식과 잘 연계되는 특성을 지니고 있다고 할 수 있다.

3 이탈리아 등급 체계

이탈리아 등급 체계는 1963년에 DOC제도를 만들었다. 프랑스의 AOC제도를 근거로 하였다. 1992년에 재정비하였다.

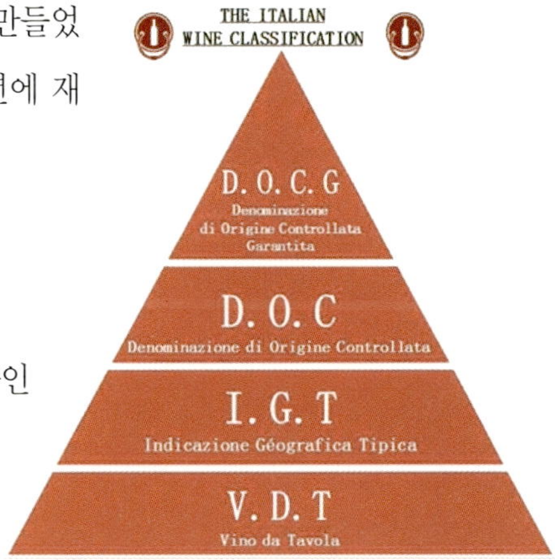

1) Vino da Tavola

품질등급의 가장 하위에 있다. 보통 품질의 와인이다. 지역명, 품종, 빈티지는 생략할 수 있다.

2) I.G.T

1992년 Goria법으로 신설된 등급체계이다. 이탈리아 전역에 120여개의 IGT(Indicazione Geografica Tipica)[7]가 있다. 이 등급은 해당지역에서 생산된 포도를 85% 이상 사용(손진호, 2007: 5면)하여야 한다.

프랑스와는 달리 이탈리아에서는 이 등급에 해당하는 와인이 더 훌륭할 수 있는데 산지오베제와 국제화된 품종을 브랜딩하거나 국제화된 품종 자체만을 품종으로 사용할 경우 그러하다. 즉 토착품종에 대한 존중함이 있어서 등급결정시 까베르네 소비뇽 등 국제품종은 좋은 등급을 받기 어려운 것이 이탈리아이다.

7) Indicazione Geografica Tipica로 포도 품종도 표시할 수 있다. 품종사용 규정이 제한이 없어서 생산자들은 와인의 경쟁력을 위해 토착품종인 산지오베제와 국제화된 품종(까베르네 소비뇽, 메를로 등)을 섞어 와인을 만들어 슈퍼 토스칸을 만들게 되었다. 이렇게 만들어진 와인은 IGT등급이 많다.

3) DOC

DOC(Denominazione di Origine Controllata)는 제한된 지역에서 생산되는 포도주에 부여된 등급이다. 포도재배지역, 품종, 재배법, 양조법, 병입사항, 최대 소출량 등 모든 것을 규정하고 통제된다. 병입 전, 화학적인 성분 조성검사, 외관 등 물리적 검사, 테이스팅 등 관능심사를 거치게 된다. 2007년 기준 모두 318개의 DOC가 있다. 평판이 뛰어나면 DOCG로 승급이 가능하다(손진호, 2007: 6면).

4) DOCG

DOCG(Denominazione di Origine Controllata e Garantita)는 1980년에 처음으로 선정되었다. 4개의 선정이후 2007년 기준으로 총 35개가 승인된 상황이다. 1980년 7월 Brunello di Montalcino, Vino Nobile di Montepulciano, Barolo, 1980년 10월에 Barbaresco, 1987년에는 화이트 와인 Alband di Romagna가 처음으로 승인되었다.

이탈리아 정부가 정통성과 특수함을 보증한다는 의미의 G가 추가되었다. DOC등급에서 최소 5년이상의 명성을 취득해야 한다. 이 등급에는 레드와인은 핑크색, 화이트 와인은 연두색, 스파클링 와인은 살구색 밴드를 붙이게 된다(손진호, 2007: 6면).

생산지역, 품종, 단위 면적당 수확량, 관개시설 등 제한한다. 10년 동안의 생산 기록을 제출해야 한다. 2006년 4월 기준으로 총 33개의 DOCG가 있다. 지역적, 역사적 특정지역에 부여하며 가격 비례하여 등급이 결정되지는 않는다. Asti & Moscato d' Asti(피에몬테), Chianti(토스카나), Chianti Classico(토스카나), Gavi(피에몬테), Ricioto do Soave(베네토), Ghemme(피에몬테), Gattinana(피에몬테), Brachetto d' Aqui(피에몬테)등이 포함된다. 병목에레드와인은 분황색과 화이트와인은 연두색 띠가 부착되어 있다(은광표, 2009: 3).

4 포도 품종

이탈리아 포도 품종은 대부분 이탈리아 토양의 영향을 받고 재배되는 토착품종이 많은 특징을 보인다.

1) 레드 와인

(1) 네비올로[8](Nebbiolo)

이탈리아의 최고의 품종이다. 와인전문가들이 최고의 와인으로 꼽는 품종이다. 피에몬테지방에서 재배된다. 유명한 바롤로, 바르바레스코를 생산하는 품종이다. 안개[9]라는 뜻을 지닌 품종으로 생장력이 강하다. 만생종이며 떼루아가 크게 반영된다. 알코올이 높게 나타나며 드라이 한 강한 스타일의 와인이다. 산도가 높고 타닌이 강하다. 색깔은 상대적으로 엷다. 숙성을 위해서는 시간이 필요하다.

피노누아처럼 서늘한 기후에서 잘 자란다. 재배하기가 쉽지 않은 품종이다. 타닌감, 파워, 구조감이 최고인 품종으로 평가되고 있다.

시음 노트

말린 장미, 말린 체리, 말린 붉은 과일향, 자두, 무화과, 제비꽃 향, 오렌지 향, 삼나무, 야생버섯, 흙향 등이 느껴진다. 민트, 유칼립투스, 감초, 초코렛, 바닐라 향이 난다. 담배 그리고 송로버섯향이 느껴진다.

(2) 바르베라(Barbera)

산도가 기본적으로 있고 야생적인 뉘앙스의 품종이다. 껍질이 두껍고 타닌감이 좋고 색깔이 짙다. 알코올이 높다. 피에몬테 지역에서 주로 생산된다. 가볍다는 중론이 있지만 오크숙성된 경우에는 바디감이 좋고 묵직한 와인이 된다. 피에몬테의 Asti, Alba지역에서 많이 수입되고 있다. 이탈리아 전체의 30%를 차지할 정도로 가장 중요한 품종의 하나이다. 그동안은 최고의 품종이라기 보다는 후보선수 정도로 인식된 것도 사실이다. 현재는 최고의 좋은 품질의 와인을 생산할 만큼의 능력을 지니고 있다.

---

8) 네비올로는 이탈리아의 귀족 품종이라고 표현하기도 한다. 찌를 듯한 타닌과 그 타닌이 색소를 그다지 많이 함유하고 있지 않은 얇디얇은 껍질에서 추출한 것이라는 점이 잘 알려져 있다. 타닌성분과 꽤 높은 알코올 도수 때문에 무거운 느낌의 와인이라는 평을 받기도 한다. 안개라는 뜻으로 가을이 되면 안개가 랑게언덕을 담요처럼 자욱하게 덮는다. 안개는 포도나무의 기온을 떨어뜨려 오래 버틸 수 있도록 하여 더욱 복잡한 아로마와 맛이 만들어진다(조셉 바스티아니치, 2009: 157).

9) Nebbia가 안개를 뜻한다.

시음 노트

야성적인 향, 각 종 베리향, 높은 알코올 향 등이 느껴진다.

(3) 산지오베제(Sangiovese)

이탈리아 전역에서 재배되는 대표선수라고 하겠다. 단독으로 생산되거나 타 품종과 브랜딩하여 와인을 생산하기도 한다. 토스카나 지역을 중심으로 중부지역에서 많이 생산된다. 좋은 품종이지만 양조하기가 쉽지 않다는 평가를 받는다. 산지오베제는 15개 정도의 클론을 사용하는 만큼 변종이 많다는 특징을 보인다. 총 45개에 이른다는 평가이다(손진호, 2007: 13면). 산도가 높은 품종으로 시음시 기존 레드와인보다는 온도를 낮춰 시음하는 것이 좋다.

시음 노트

바이올렛(제비꽃)향, 산딸기 향, 베리향 등이 느껴진다.

(4) 네로 다볼라(Nero d'Avola)

시칠리아에서 주로 많이 생산되는 품종이다. 진한 색과 견고한 타닌을 지닌 품종이다.

(5) 브라께토(Brachetto)

약발포성의 로제색의 와인이다. 모스카토와 비슷한 느낌이나 당도가 상대적으로 적다. 분위기를 위해 색깔이나 향취가 좋고 와인초보자들에게 부담 없이 인기 있는 당도가 있는 와인이다.

(6) 돌체토(Docetto)

색이 짙고 강하다. 산도는 상대적으로 낮다. 바디감도 꽤 있는 편이다.

2) 화이트 와인

(1) 코르테제(Cortese)

피에몬테 중남부, 롬바르디아 남서쪽에서 많이 생산된다. 잎은 오각형으로 크고 매끄럽고 밝은 초록색이다. 포도송이는 큰 편이고 포도 알은 잘 떨어지며 황금빛이 도는 노란색의 타원 형태이다. 껍질은 두껍다. 과즙이 풍부하고 가벼운 아로마(Aroma)[10]가 느껴진다(허용덕 외, 2009; http://terms.naver.com).

(2) 트레비아노(Trebbiano)

이탈리아에서 가장 널리 재배되는 청포도 품종이다. 오르비에토, 소아베 등 드라이 화이트 와인을 주로 만든다. 높은 산도, 중간정도의 알코올, 중성적인 향을 갖는다. 신선하고 상쾌한 맛이 난다. 드라이하며 가벼운 바디감을 갖는다.

(3) 프로세코(Prococco)

베네토 지방에서 프로세코라고 불리는 스푸만테, 즉 스파클링 와인이다. 프로세코는 포도 품종으로 피노 비앙코, 피노 그리지오, 샤르도네 등을 혼합하기도 한다. 드라이한 느낌의 좋은 스파클링 와인으로 가성비가 좋다. 프로세코 중에서 가장 품질이 좋다고 평가되는 코넬리아노-발도비아데네 프로세코 DOC는 엷은 밀짚 색깔, 온순한 바디 그리고 비길데 없는 과일의 그윽한 아로마가 느껴진다(조정용, 2009; http://terms.naver.com)고 긍정적인 시음평가가 되고 있다.

Pininfarina Prosecco DOC, Gancia NV(피닌파리나 프로세코, 간치아 NV)

Tasting Note

- **품종** 프로세코
- **원산지** 베네뜨 지역 근처의 발도비아데네 지역(전통적인 프로세코 지역)
- **특징** 1850년에 설립된 간치아는 이탈리아 최초로 스파클링 와인을 만들어 낸 회사이자 이탈이아 스파클링 와인 산업의 초석을 닦아 온 패밀리 와이너리이다.

10) 아로마는 특히 화이트 와인에서 맡게 되는 방향, 향기를 말한다. 화이트 와인이 매력적인 것이 아로마가 다양하게 분출되기 때문이다.

- **색** 가벼운 볏짚 컬러가 도는 옐로우
- **향** 상큼하고 프레시한 사과향이 은은하게 펼쳐진다.
- **맛** 드라이한 풀바디의 기운이 지배적이나 기분좋은 아로마가 밸러스를 잘 잡고 있음
- **궁합** 애피타이저와 가벼운 해산물

종합의견

간치아 피닌파리나는 자동차 브랜드 페라리를 포함한 이탈리아의 세계적인 디자인 그룹인 피닌파리나사와 이탈리아 넘버1 스파클링 와인 생산자인 간치아가 조인트 벤쳐로 탄생시킨 새로운 라인으로 명품 이탈리아의 이미지가 담긴 와인이다.

(4) 베르멘티노(Vermentino)

샤르데냐섬에서 생산되는 이국적인 화이트 품종이다. 이국적인 열대과일향이 난다. 망고, 파인애플 향이 나고 산도는 상대적으로 적은 편이며 뒷맛이 씁슬한 편이라는 평가이다. 화이트 와인으로 미디엄 정도의 바디감도 어느 정도는 갖고 있다.

시음노트

생선회나 튀김 그리고 삼계탕 등과 잘 어울린다는 평가를 받고 있다.

이탈리아 리구리아와 샤르데냐에 분포된 화이트 와인이다. 초록빛이 도는 빛나는 담황색의 품종이다. 향이 매우 진하고 섬세한 부케를 지니고 있다. 드라이에서 스위트까지 다양한 스타일이다. 샤르데냐에서 생산되는 베르멘티노는 단맛을 지닌다. 적절한 산도와 끝에 느껴지는 쓴맛이 좋다는 평가를 받는다. 서빙은 8~10℃가 좋다. 포도송이가 크고 원추형이다. 포도알갱이는 타원형, 노란색을 띠며 과즙이 풍부하다(허용덕외, 2009; http: terms.naver.com)는 평가이다.

5 주요 생산지

베네토, 피에몬테, 토스카나가 이탈리아의 주요생산지이다. 이탈리아 전역에서 와인이 생산되기는 하지만 가장 생산량도 많은 지역이가. 베네토가 17.7%, 피에몬테가 17.1%, 토스카니가 10.7%를 생산한다(Kevin Zraly, 2008: 137).

1) 베네토

Trentino, Alto-Aldige, Friuli지역이 속한다.

2) 피에몬테

일반적으로 200~400m의 고도로 밀라노에서 남서쪽으로 100km에 위치해 있다. 발치(Foot)의 의미인 Pie+산의 뜻인 Monte가 합성되었다. Alba지역은 이탈리아에서 가장 좋은 화이트 송로버섯이 재배된다. 프랑스로 말하면 부르고뉴 스타일의 와인을 생산하는 지역이다.

여름은 지중해성기후의 영향으로 뜨겁고 건조하다. 겨울은 대륙성 기후의 영행으로 매우 춥다. Tarano 강의 영향으로 가을철에는 안개가 형성된다. 토양은 알칼리성의 이화토 진흙토양(Marly Clay Soil)으로 되어 있다(은광표, 2009: 7).

Moscato d' Asti, Gattinara, Barbaresco, Barolo, Acqui(Barchetto d' Acqui), Ghemme, Gavi(Cortese di Gavi), Roero 등이 유명한 지역이다. DOCG 지역이 7개로 바롤로, 바르바레스코, 아스티, 가비, 브라케토, 가티나라, 겜메지역이다. 바롤로와 바르바레스코는 레드와인만 생산하며 가비와 아스티는 화이트 와인만 생산한다.

(1) 바롤로(Barolo)

피에몬테의 핵심지역이다. 1980년에 DOCG등급을 받았다. 고도가 200~400m로 바르베레스코 지역보다 높다. 1,200ha의 포도밭을 형성하고 있다. 네비올로 100%를 생산한다.

바롤로지역은 중앙계곡과 세라룽가계곡으로 구성되어 있다. Barolo, La Morra는 중앙계곡에 속하며 여성적이고 섬세한 특징을 보인다. 세라룽가 계곡에 속하는 Castiglione

Falletto, Serralunga d' Alba, Monforte d' Alba지역은 남성적인 스타일로 강한 바디감과 구조를 지닌 장기숙성이 필요한 와인들을 생산한다.

바롤로 와인은 모던한 스타일과 전통적인 스타일의 와인을 생산한다. 작은 오크배럴을 사용하고 6~10년 숙성시키는 모던한 스타일과 침용기간을 길게 하고 큰 오크 배럴에 장기숙성을 시키며 약 15년 정도 숙성시키는 전통방식이 있다.

(2) 바르바레스코(Barbaresco)

바롤로가 남성적이라면 바르바레스코 와인은 우아한 여성적인 와인으로 표현된다. 네비올로 품종으로 만든 피에몬테지역의 최고의 와인에 속한다.

(3) 아스티(Asti)

모스카토 품종을 생산하는 유명한 지역이다. 우리나라에 '모스카토 다스티' 는 가장 판매가 잘 되는 유명한 와인이다.

(4) 가비(Gavi)

좋은 화이트 와인이 생산되는 지역이다. 보통 가비와인은 드라이하며 가볍게 시음할 수 있는 봄의 정취와 잘 어울리는 와인으로 평가된다.

(5) 브라케토 다퀴(Brachetto d'Acqui)

로제빛의 달콤한 와인이다. 모스카토 다스티처럼 초보자에게 인기가 있는 약발포성의 로밴틱한 와인이다.

Banfi Rosa Regale(반피 로사 리갈)

Tasting Note

- **품종** 브라케토 다퀴(Brachetto d' Acqui) 100%
- **원산지** 이탈리아, 피에몬테(Plemonte)
- **등급** Brachetto d' Acqui D.O.C.G.
- **제조사** 반피(BANFI)

- **양조** 최상의 칼라와 아로마를 우려내기 위해 4~5일 간 낮은 온도를 유지하며 주스와 과육, 껍질은 잘 조화시키며 담금 과정을 거친다.
- **어울리는 음식** 8~10℃에서 마시면 매우 좋으며 신선한 딸기와 과일 케이크, 초콜릿, 페스츄리와 잘 어울린다.

종합의견

핑크빛이 감도는 옅은 루비 칼라의 이 와인은 은은한 장미향이 돋보이는 풍부한 부케와 아몬드 맛이 느껴지는 부드럽고 우아한 스파클링이다.

Award Rosa Regale Brachetto d' Acqui 2003(88pts Wine & Spirits)

• 86점, Wine Enthusiast 2006/6 • 90점, Wine Enthusiast 2005/12

(6) 가티나라(Gattinara)

피에몬테 DOCG와인이다. Vercelli시 북동쪽 남향쪽 경사면 지역의 중심지가 가티나라 지역이다. 피에몬테 주 북방 마조레 호수 근방에 위치한 가티나라 마을의 적포도주를 말한다. 네비올로 포도를 사용해 만든다. 보통 4년간 저장[11] 시킨 후 판매한다. 최저 도수 12도 이상이어야 한다(한준섭 외, 2011; http://terms.naver.com).

(7) 겜메(Gemme)

피에몬테의 레드와인이다. 네비올로가 주요품종으로 DOCG등급이다.

3) 토스카나

Vernaccia di San Gimignano, Chianti, Chianti Classico, Vino Nobile di Montepulciano, Carmignano Rosso, Brunello di Montalcino가 중요지역에 속한다.

4) 기타 지역

롬바르디아, 트렌티노-알토 아디제, 프리올리-베네치아 지울리아, 리구리아, 에밀리야-로마냐, 마르케 등 전국에 와인산지가 분포되어 있다.

11) 오크통에서 2년 이상 저장한다.

6 유명 와인

1) 바롤로

1967년 DOC, 1980년 DOCG등급을 받았다. Ridge 계곡지역에 위치한다. Tarano강이 남쪽지역에 흐른다. 강은 가뭄에도 수분을 공급하며 기온상승을 막고 추워지는 것도 막아주는 역할을 한다. 1,200Ha, 즉 400만평의 면적을 차지한다. 해발 고도는 200~400m이다(은광표,2009 : 8면). 11개의 Commune으로 구성된다. Barolo, Castigniole Falletto, La Morra, Monforte d' Alba, Serralunga d' Alba가 잘 알려져 있다.

기다림의 미학

훌륭한 와인일수록 때를 기다려야 한다는 것이 특히 네비올로로 만든 바롤로와 바르바레스코의 경우에 더욱 적당한 말이다. 사람도 때가 되어야 성숙한 사람이 되는 것처럼 네비올로로 만드는 와인은 보통 숙성이 15년 이상은 기본적이다. 워낙 타닌이 강해서 제대로 숙성되어야만 복합적이고 원만한 느낌의 와인을 만날 수 있다.

'통렬한 타닌'으로 불릴만큼 단단한 이 품종은 오랜 발효과정과 오크숙성을 통해 복합적이고 조화로운 와인으로 탄생하게 된다. 사람도 유연하게 되기 위해서는 시간이 필요하듯 이 와인은 20년은 기다려야 한다는 평가를 받고 있다. 이러한 기술과 제조방식을 1980년에 파악하게 되어 좋은 네비올로의 느낌을 갖는 와인을 생산하게 되었다.

그래서 온조조절형 발효조를 도입해서 수렴성 타닌을 피하면서 발효온도를 높이며 안정적인 양조를 하게 되었다고 한다. 또한 펌핑오버 기법을 사용해 위로 뜬 포도껍질을 과즙과 섞어주면서 와인에 색깔을 최대한 추출하고 타닌을 최소화하였다고 한다. 그리고 양조자들이 프랑스 작은 오크통 숙성을 통해 병 숙성으로 분해하는 방법을 파악하면서 풍성한 과일 맛을 손상시키지 않게 되었다(캐런 맥닐, 2010: 347)는 점에 주목해야 할 것이다.

향과 맛과 풍미가 특별한 바롤로와 바르바레스코는 타닌의 장막으로 덮이고 닫힌 느낌 그리고 단조로운 맛과 특별히 복합하지 않은 상황에서 숙성되고 진정한 맛을 내는 거친 파도가 몰아치는 바다처럼 정신을 온통 휘감는 듯한 풍미(캐럴 맥닐, 2010: 348)를 보여주는 때가 와야 한다는 것이다. 시음적기에 도달하는 시기가 중요하다는 의미로 우리 인생의 기다림의 때와 같은 맥락으로 다가오는 내용으로 인식된다.

Barolo, Pio Cesare(바롤로, 피오 체사레)

Tasting Note

- **품종** 네비올로(Nebblolo) 100%
- **원산지** 피에몬테(Plemonte), 이탈리아(Italy)
- **색** 주홍빛은 살짝 띠는 윤기나는 가넷색
- **향** 블랙체리, 신선한 버섯과 마호가니의 아로마가 매력적이다.
- **맛** 부드러운 타닌의 맛이 특징적이며 긴 여운을 남기는 끝맛이 인상적인 풀바디 와인이다.
- **궁합** 에담치즈와 쇠고기, 파스타류, 버섯요리, 부드러운 치즈, 고급 스테이크 등과 함께하면 좋다.

종합의견

바롤로는 파워풀하면서 품격이 있어 '이탈리아 와인의 왕' 이라는 별명을 가지고 있으며, 피오 체사레의 바롤로는 '발로로의 교과서' 라 불릴 정도로 전통 방법 그대로 생산하고 있다.

2) 바르바레스코

네비올로 품종으로 만드는 이탈리아 최고의 와인이다. 바롤로가 남성적이라면 바르바레스코는 여성적이면서 우아하다고 할 수 있다. 고도는 바롤로 보다는 원만한 200~350m 정도이며 건조한 기후대로 토양은 석회질의 이회토로 구성되어 있다(손진호, 2007: 35)알코올 도수는 12.5% 이상이다. 숙성을 2년이상 하며 이 가운데 오크숙성을 1년은 해야 하는 규정[12]이 있다.

바롤로보다 좀 더 서늘한 기후에서 재배되어 좀 더 섬세한 와인이라는 평가도 받는다. 그럼에도 불구하고 바르바레스코는 네비올로 품종인 만큼 타닌이 강하고 복합적이다. 바롤로에 비해 생산량은 절반 정도이기도 하다.

12) Nebbiolo 품종으로 100% 만들어야 한다. 오크 숙성을 1년을 포함, 최소 2년을 숙성시켜야 판매가 가능하다. 리제르바는 4년 숙성해야 하며 장기저장이 가능해 5년부터 20년을 보관할 수 있다.

Barbaresco "Reyna" DOCG, Michele Chiarlo(바르바레스코 "레이나", 미깰레 끼아를로)

Tasting Note

- **품종** 네비올로(Nebblolo) 100%
- **원산지** 피에몬테, 바르바레스코
- **특징** 무겁고 오크향과 타닌이 강함. 그래서 음용하기까지 오랫동안 기다려야 하는 피에몬테의 전통적인 스타일은 따르지 않고 좀 더 일찍 마실 수 있는 모던한 스타일의 와인 생산자로 알려져 있다.
- **색** 연한 브라운 톤의 하이라이트가 돋보이는 가넷 컬러
- **향** 섬세하게 펼쳐디는 그렌 페퍼향이 쌉싸름한 아몬드와 스파이시한 기운을 동반하며 우아하면서도 복합적인 부케를 형성
- **궁합** 가금류, 소고기, 치즈와 잘 어울림

종합의견

미깰레 끼아를로(Michele Chiarlo)는 창립자의 이름이며, 가야, 안티노리, 비온디 샹티와 같은 가족 소유의 프리미엄 와이너리 혹은 브랜드의 단체인 그란디 마르키 소속이다.
또한 뛰어난 품질로 매년 빛나는 수상경력을 자랑하는데 대표적인 것으로 2004년에는 바를로 "또르또니아노 '가 와인 스펙테이터의 100대 와인이 선정되었으며, 매년 디켄터나 감베로 로쏘에서 우수한 성적을 거두고 있다.

3) 슈퍼토스칸

1970년대 키안티와인이 별로 주목을 못받고 있는 상황에서 혁신적인 와인생산자들이 새로운 와인을 개발하여 세상의 관심을 끌었다. 이러한 상황에서 소개가 된 것이 사시카이아, 티냐넬로, 솔라이아 등의 슈퍼토스칸 와인들이다. 산지오베제 품종에 국제화된 품종인 카베르네소비뇽, 메를로, 카베르네프랑, 쉬라 등을 브랜딩하여 전통적인 키안티와인과는 달리 평가되게 되었고 국제적으로 호평을 받게 되며 이탈리아 와인에 대한 시각을 달리하게 된 계기가 되었다.

슈퍼토스칸은 프랑스 보르도나 미국의 캘리포니아 스타일의 와인으로 평가되기도 한다. 이탈리아는 빈티지의 큰 영향은 없지만 1990, 1995, 2009년은 좋은 빈티지로 평가된다. 제대로 된 슈퍼토스칸을 느끼려면 10년은 숙성된 것을 시음하는 것이 좋다는 전문가의 평가가 있다.

슈퍼토스칸[13]은 이탈리아의 DOCG 규정에 어긋난 독립적인 와인을 생산한 결과로 보면 된다.

Sangiovese 품종이 아닌 까베르네 소비뇽, 메를로, 까베르네 프랑 등을 산지오베제 품종에다 브랜딩하여 경쟁력을 높이게 되었다.

이곳의 토양은 포도재배에 이상적인 토양을 형성하고 있다. 굵은 자갈과 광물질이 풍부한 내륙 언덕에서부터 점차 서쪽 해안 저지대에 이르기까지 작은 자갈과 고운 석회질, 점토, 진흙과 모래로 분포된 토양은 그에 맞는 다양한 포도 품종 재배에 적합하(송점종, 2013.3.12)다. 슈퍼토스칸 와인은 프랑스의 보르도 스타일로 토양도 보르도와 비슷한 여건에서 그에 맞는 국제화된 품종이 재배되어 와인으로 생산되고 있다.

Tignanello(티냐넬로)

Tasting Note

- **품종** 산지오베제(85%), 까베르네소비뇽(10%), 까베르네프랑(5%)
- **원산지** 이탈리아, 토스카나
- **제조사** 안티노리(Antinori)
- **색** 짙붉은 루비색
- **향** 농익은 과일의 풍부한 향기와 오크 풍미를 지닌 와인
- **맛** 벨벳같은 타닌이 입안을 꽉 채워주며 탄탄한 구조와 긴 여운이 뛰어난 장기 숙성의 최고급 레드 와인
- **궁합** 스테이크, 갈비구이 등의 다양한 육류 요리 및 치즈

종합의견

이탈리아 최고급 와인이 대명사, 수퍼 토스카나의 효시, 이탈리아 와인 역사에 새로운 흐름을 만들어내 s와인으로 이탈리아 고유 품종과 해외 품종을 블렌딩하였다. 최초로 225리터 프렌치 오크통 '바리크' 통 숙성에 도입하여 품질의 비약적 발전을 이루었다.

1971년 첫 빈티지 출시 이후, 작황이 좋은 해에만 생산하는 것으로 유명하다.

---

13) Sassicaia와인도 처음에는 VDT등급을 받았다가 런던대회에서 우승하며 DOC등급으로 오르게 되었다. 까베르네 소비뇽을 베이스로 하여 까베르네 프랑을 브랜딩하여 만든다. 오르넬라이아는 CS 중심으로 CF, ML 브랜딩이다. 솔라이아는 CS을 중심으로 Sangiovese, CF 브랜딩이다. 티나넬로는 Sangiovese 중심으로 CS, CF 브랜딩이다. 마세토, 메쏘리오 와인은 Metlot 100%로 만든다.

Appassimento method / Ripasso

아빠씨멘토 방식은 수확된 포도를 통풍이 잘 되는 곳에서 3개월 이상 가볍게 건조시켜서 원래 포도 무게의 30-35%를 감량시켜 즙을 짜내는 방식이다. 원액의 당도, 향, 글리세린 농도가 증가한 와인을 만들게 된다. 당도가 높은 만큼 알코올 도수도 상대적으로 높아진다.
라파소 방식은 Double Fermentation, 즉 발효를 한번이 아닌 두 번을 시켜 응축미와 농축미를 높이는 방식이다. 색과 아로마 그리고 구조감이 좋고 피니쉬가 긴 와인으로 만들어 진다. 이탈리아 베로나 지역에서 생산되는 반건조 포도가 대표적인 라파소 방식으로 생산된다. 라파소 방식은 아마로네를 만들고 난 포도껍질이나 남아있는 나머지 것들을 발폴리첼라로 만든 와인에 섞어서 다시 발효시키는 방법이다.

참고문헌

고종원의 세계와인문화이야기, 호텔앤레스토랑, 2012년 5월호.
마이클 슈스터, 와인테이스팅의 이해, ㈜BaromWorks , 2007.
손진호, 손교수와 함께 배우는 와인의 세계 -이탈리아 와인 편-, 손진호 와인연구소, 2007.
손진호, 손교수와 함께 배우는 와인의 세계 - 초 중급 종합편 -, 손진호 와인연구소, 2010.
송점종, 혁신과 창조의 산물, 수퍼 토스칸 와인, 주간경향, 2013.3.12.
조정용, 올댓와인 2, 해냄, 2009.
은광표, 와인이야기: 세계의 와인, 연세대학교 평생교육원, 2009.
조셉 바스티아니치, 이탈리아 와인 가이드, 바롬웍스, 2010.
한준섭 외, 전통 이태리 요리, 백산출판사, 2011.
허용덕 외, 와인 & 커피 용어해설, 백산출판사, 2009.
휴존슨 외, 와인아틀라스, 세종서적, 2009.
Karen MacNeil, 더 와인 바이블, 바롬웍스, 2010.
Ed McCarthy, 천재반을 위한 와인, 비앤비, 2003.
Kevin Zraly, Complete Wine Course, sterling, 2008.

http://terms.naver.com
http://winefolly.com/tutorial/understanding-italian-wine-list/
https://www.100ita.com/blog/italian-wine-classification-for-quality-level/

제7장

스페인 와인

1 지역 개관

스페인 와인은 2000년대에 들어서 유럽, 미국, 일본의 와인매니아를 중심으로 인기를 모으며 소비가 증가되었고 국내에서도 최근에 부각[1]되고 있다. 국내 수입도 2008년 기준으로 호주에 이어서 6위의 수입국가로 위치하고 있다. 또한 중저가 와인의 수입 증가 등으로 연도별 증가율[2]이 가장 높게 나타나고 있다.

2009년 스페인와인의 수입은 5.6%로 6위, 수입금액은 793만8천만달러로 나타났다. 물량기준으로는 시장물량 점유율 18%인 4,131,331리터를 수입하여 칠레의 23.6%인 5,418,854리터에 이어서 2위를 차지하였다(한국주류수입협회, 주류저널, 2010.7월호).

스페인은 기원전 100년 전부터 포도를 재배한 나라이다. 구세계의 대표적인 국가로 현재 국내에 수입과 소비의 증가현상이 보여지고 있다. 이는 스페인 와인의 경쟁력이 가격대비한 품질의 경쟁력에 있는 것이다. 같은 유럽권의 프랑스와 이탈리아에 비교해서 편안함과 부담없이 시음할 수 있는 밸류와인으로서 구세계의 우아함까지 갖추고 있는 와인으로 평가하고자 한다.

1) 기후

스페인의 기후는 보편적으로 햇빛이 좋은 온화하고 건조한 지역대, 여름이 길고 겨울이 온난한 포도재배 지역으로 형성되어 있다고 하겠다.

2) 지형

스페인의 지형은 50%가 산악지역이다. 프랑스와의 국경에 피레네 산맥이 형성되어 있다. 또한 남부 그라나다 위쪽에 시에라 네바다 산맥이 형성되어 있다. 가장 높은 산악지형으로 위치한다. 중부지역은 고원지대로 산과 강이 가로지른다. 중부지역의 스페인 면적의 2/5를 차지한다. 고원지대는 대부분 사막성 황야로 형성되어 있다. 아울러 수목이 우거진 비옥한 곳도 보인다.

스페인의 지형은 척박한 환경에서 포도를 재배한다. 황량한 광야, 화산지대, 내륙에 쌓

---

1) 스페인와인은 가격대비 품질과 가치가 좋은 밸류와인으로 인식되고 있다. 그래서 상대적으로 저렴한 가격이 최근에 많이 올랐다. 알코올이 높고 타닌이 강하고 색상도 짙은 와인으로 국내의 소비자들에게 좋은 호응을 얻고 있다.

2) 전년대비 수입증가율이 42%로 이탈리아 21%(주류저널, 2010.7월호)를 앞지르고 1위로 나타났다. 프랑스, 칠레, 미국이 마이너스 성장을 보인 것과 비교하면 상당한 수입량의 진전이다.

인 눈 지대, 건조한 중부와 남동부지역으로 구성되어 있다. 또한 대서양의 영향을 북서부 지역[3]은 받는다.

2 스페인 와인의 특징

1) 풍부한 생산과 강렬함

스페인은 와인재배면적이 세계에서 가장 큰 나라로 와인생산량이 프랑스, 이탈리아 다음으로 많은 구세계의 대표주자이다. 스페인 와인은 광활한 대지의 풍부함으로 표현되기도 한다. 정열과 태양의 나라 스페인와인은 진한 향과 강렬한 맛이 특징이기도 하다.

스페인의 유명한 토마토축제와 소몰이 축제처럼 스페인사람들은 정열적이며 때로는 거칠어 보이기도 한 성격을 지니고 있다. 소몰이 축제인 산페르민(San Fermin)축제는 유일하게 노숙이 허용된 축제이며 Navarra지역에서 열린다. 나바라지역에서는 와인이 생산된다.

스페인 사람들처럼 스페인 와인은 강렬함[4]으로 표현된다. 정렬적인 느낌을 갖게 되며 스페인의 다양한 기후 가운데 건조하며 메마른 환경처럼 드라이하고 화끈한 느낌을 받게 된다.

2) 떼루아

스페인은 상대적으로 유럽에서도 강수량이 적다. 연간 400~500mm로 와인이 물을 찾아 뿌리를 내려야 하는 척박한 상황으로 건조하고 마른 기후로 인해 와인이 강렬한 스타일[5]로 제조되고 생산된다.

토양이 기름진 느낌으로 표현되기도 한다. 스페인 레드와인의 경우 대체로색이 진하고 깊게 표출된다. 강렬한 맛과 완만한 타닌이 표출된다.

북쪽으로는 프랑스와 경계를 이루는 피레네 산맥, 서쪽은 포르투갈과 대서양, 동남쪽은

---

3) 북서부지역은 대서양의 영향으로 습한 기후를 보인다.
4) 타닌이 강하며 색이 강하고 짙다. 템플라니오, 가르나차, 모나스트렐과 같은 품종들의 성격이 그러하다.
5템플라니오를 중심으로 국제화된 품종 까베르네 소비뇽, 메를로, 쉬라 등의 품종을 브랜딩하여 와인을 강렬하게 만들기도 한다.

지중해가 펼쳐져 있다. 내륙지역은 무더움과 적은 강수량을 보이며 강들이 바다로 향하고 있다.

3) 잠재력 지닌 잠자는 거인

스페인 와인은 잠재력이 무한한 잠자는 거인으로 평가된다. 재배면적에 배해 생산성이 떨어지지만 희소성의 가치와 스페인 전역에서 생산된다.

잠자는 거인, 잠재력의 스페인 와인

스페인 와인은 잠재력이 무한한 잠자는 거인으로 평가되고 있다. 재배면적에 비해 생산성이 떨어지지만 희소성의 가치와 스페인 전역에서 생산되며 다양성이 장점으로 작용하고 있다. 스페인 와인의 숨은 저력은 1979년 프랑스 보드로 특1등급과 겨룬 올림피아드에서 1970년산 마스 라 플라나(Mas La Plana) 와인[6]의 우승으로 세계의 주목을 받게 된다. 병의 라벨이 검은색이어서 '검은 전설로 불리게 되고 유럽의 변방의 평가를 받던 스페인 와인을 세계적인 와인의 반열에 오르게 되었다.

리베라 델 두에로에 위치한 배가 시실리아(Vega Sicilia)는 고인이 된 다이애나 왕세자비와 찰스 왕세자가 결혼식 축하주로 쓰인 와인너리로 스페인와인의 전설로 명명된다. 프랑스의 까베르네소비뇽과 메를로, 말벡 그리고 알비노 등을 템플라니오에 블랜딩하여 좋은 빈티지에만 와인을 생산하는 '스페인의 로마니콩티' 로 명명되며 '우니코' 는 오크통에서 만10년 이상 숙성을 거쳐 출시하므로서 세계 최장 숙성할 수 있는 와인으로 명성을 얻고 있다. 일반적으로 20-40년이상 보관 후 시음하면 좋고 100년 이상 보관이 가능하다는 이 와인은 진귀함으로 인해 돈이 아닌 우정만으로 구입할 수 있는 와인으로 세간에서 회자되고 있을 만큼 가치와 명성을 얻고 있는 전설적인 와인으로 평가받고 있다(출처: 고종원, 세계와인문화이야기, 호텔앤레스토랑;www.hotelrestaurant.co.kr).

---

6) 130년의 전통으로 와인품질을 지켜온 '토레스 Torres' 는 17세기 이후 가족경영으로 맥을 이어온 스페인의 와인명가이다. 년 매출액 2억유로(약3000억원)의 실적을 내고 있다. 스페인의 국민기업이자 세계적인 와인 제조업체로 1995년 125주년 기념행사에 후안 카를로스 국왕이 참석하여 토레스의 막강한 영향력과 독보적인 위치를 갖춤을 보여주었다. 현재 1500헥타르(1500만㎡,약450만평)의 자체 포도밭을 소유하여 규모에서 세계적으로 매우 이례적인 것으로 평가되고 있다. 세계 최대 스테인레스 와인 발효 탱크시설, 2Km가 넘는 지하셀러를 갖춰서 스페인에서 가장 혁신적인 방법으로 와인을 생산하는 곳으로 정평이 나있다(헤럴드경제;http://news.heraldcorp.com)는 평가를 받는다.

4) 다양성

다양성이 장점이기도 하다. 스페인 전역에서 200여 종의 품종이 생산된다. 주정강화와인인 세리와인(Sherry wine), 스파클링 와인인 까바(Cava)[7]까지 여러 지역에서 다양한 와인이 생산된다.

5) 최고의 마리아주

스페인은 최근 '꽃보다 할배'와 '꽃보다 누나' 프로그램을 통해 인기있는 관광지로 부각되고 있다. 스페인 와인은 특히 현지음식과 가장 잘 어울리며 와인과 현지음식과의 조화, 즉 마리아주가 최고라는 평가를 받는다. 홍합과 조개 그리고 사프란 향료가 들어간 해물밥으로 유명한 바에야(Paella), 돼지의 넓적다리를 소금에 절여 말려 먹는 하몽(Jamon)은 와인가 함께 먹는 최고의 스페인 음식으로 알려져 있다.

스페인 레드와인은 생선이나 야채에도 잘 어울린다는 평가이다. 스페인와인은 너무 풀바디하지 않고 부담스럽지 않기 때문이라는 분석이다. 스페인에서도 와인에 어울리는 음식을 추천할 때 재료의 신선함의 중요성을 강조한다.

스페인사람들은 와인과 함께 먹는 안주거리로 타파스(Tapas)[8]를 즐긴다. 식욕을 돋우는 에피타이저로 올리브나 치즈와 함께 먹거나 오징어 등 해산물과 튀겨서 먹는다. 치즈도 우유치즈, 양젖치즈, 염소치즈 등 지방별로 다양하다.

스페인문화를 말할 때 놓쳐서는 안되는 것이 바로 타파스로 다양한 소시지와 토마토로 만든 타파스는 스페인식 와인스타일로 '타파스 하나에 와인 한잔'이라는 낙천적으로 먹고 마시고 대화하는 스페인사람들의 와인문화가 반영되고 있다.

6) 한국에서 수요 증가

2013년 한국이 수입한 스페인 와인은 1371만 달러(약 148억 원)어치로 전년 대비

---

7) 까바가 인기가 있는 이유는 가격이 저렴하며 전통방식으로 만들어져서 품질이 좋다는 평가를 받는다. 전통방식이란 기본적으로 포도즙을 발효시킨 후 스파클링 와인을 만들기 위해 다시 한번 발효시키기 위해 병입 후 병 하나하나 안에서 발효를 진행시키는 절차를 거치는 것을 말한다. 이 과정에서 이산화탄소가 와인에 스며들어 기포가 생기는 것이다. 프랑스 상파뉴지방의 샴페인처럼 좋은 스파클링와인으로 가격도 저렴하고 품질이 좋아서 인기를 끈다.

8) 타파스는 와인과 잘 어울리며 종류도 다양한 간식거리를 말한다.

37.6% 증가한 것으로 한국 주류수입협회 자료에서 나타났다. 스페인 와인의 국내 시장 점유율은 프랑스, 칠레, 이탈리아, 미국 와인에 이어 5위 규모지만 수입액 증가율을 단연 1위이다(조선경제, 2014. 1. 29: B7면)는 것은 시사하는 바가 크다.

국빈 만찬에 사용된 와인 핑구스 PSI 2011

박근혜 대통령과 시진핑 중국 국가주석 만찬 식탁에 오른 스페인 도미니오 드 핑구스(Domino de Pingus)의 레드 와인인 PSI 2011가 주목받고 있다. 금번 만찬의 콘셉트는 친환경과 희소성이었다고 한다. 10만 원대 초반 가격의 가성비 좋은 와인이 선정된 점도 눈길을 끌고 있다는 평가이다.

핑구스 PSI 2011dms 만찬 시 화합과 조화를 강조하는 의미로 선정된 와인으로 80년 이상된 오래된 포도나무에서 생산되었다고 한다. 수입사의 관계자(CSR 와인 박지광 이사)는 국빈 만찬에 이 와인이 사용된 이유로 스페인의 대표산지인 리베라 델 두오로 지방에서 한정 생산되는 와인으로 핑쿠스 3와인 종류 중 가장 저렴한 와인이지만 미슐랭3스타 레스토랑에서도 리스팅되는 와인 중 하나라며 가격은 저렴하지만 스페인의 대표와인 중 하나로 뛰어난 품질을 자랑한다는 설명이다.

또한 전문 소믈리에(쉐라톤 그랜드 워커힐 유영진)의 평가는 핑구스 PSI와인은 아주 섬세한 스타일의 레드와인이므로 국빈 만찬 메뉴(한식)에 잘 어울린다고 평가하고 있다. 파워풀하고 섬세한 타닌과 스페인 고유 품종인 템프라니오(Tempranillo)특유의 짙은 풍미가 좋은 와인이라는 설명이다(출처: 호텔앤레스토랑, 2014년 8월호, 52면).

3 스페인 등급 체계

스페인 와인의 등급은 호벤, 크리안자, 리제르바, 그랑 리제르바 등으로 구성된다. 스페인 와인은 라벨에 표기된 숙성기간에 따라 품질을 평가하고 있다. 숙성에 따라 등급을 구분한다.

1) 호벤

Vino de Joven

2) 크리안자

Vino de Crianza는 6개월 오크배양을 포함한 최소 2년을 숙성한다.

3) 리제르바

Riserva는 12개월 오크 배양을 포함하여 최소 3년을 숙성한다.

4) 그랑 리제르바

Gran Reserva는 18개월 오크 배양을 포함하여 최소 5년을 숙성한다.

스페인어 용어

블랑코(Blanco) 하얀 틴토(Tino) 레드 보데가(Bodega) 양조장

코세차(Cosecha)/벤디미아(Vendimia) 수확연도

크리안자(Crianza)[9] 레드와인은 참나무통 숙성기를 포함하여 적어도 2년이상 숙성된 와인을 의미한다. 화이트나 로제 와인은 적어도 1년 동안 숙성된 와인을 말한다. 화이트와 로제도 1년 숙성기간 중 6개월은 오크통 숙성이 필요하다.

비냐(Vina) 포도밭 비에이호(Viejo) 오래된

(자료 : Ed McCarthy, 2003; 192).

---

9) 레드는 6개월 오크통 숙성(리오하 와인은 1년 오크 숙성)되어야 한다. 참고로, 레세르바(Reserva)는 레드의 경우 3년 숙성기간 중 1년은 오크통 숙성, 화이트와 로제는 2년 숙성기간 중 6개월 오크통 숙성이 되어야 한다. 그란 레세르바(Gran Reserva)의 경우, 레드는 5년 숙성 기간 중 18개월은 오크통 숙성(리오하 와인은 2년 오크 숙성)하여야 하며 화이트나 로제는 4년 숙성 중 6개월 오크통 숙성이 되어야 하는 규정을 지켜야 등급을 받을 수 있다(고종원 외, 2013; 194).

4 포도 품종

스페인은 유럽 서남쪽에 위치한 지형적 조건 즉, 아프리카와 유럽을 잇는 입지조건과 이민족의 침입 등올 인해 자연스럽게 다양한 외래품종의 유입이 많게 되었다. 이러한 포도 품종은 세월이 흐르면서 토착화되어 현대의 스페인 토착품종이 되었다고 할 수 있다.

스페인 레드와인은 생산량의 60%, 화이트와인은 40%를 차지한다. 세계 생산량의 11.9%를 차지하고 있다(마이클 슈스터, 2007;232).

1) 레드 와인

(1) 템플라니오(Tempranillo)

스페인 특유의 강렬한 태양, 해양성기후, 영양 풍부한 토양이 만나 독특한 맛의 리오하 특산 템플라니요 포도를 생산한다. 템플라니오는 다른 포도보다 긴 숙성기간을 거치면서 당과 떫은맛을 내는 식물 성분인 탄닌함유량이 절묘하게 조화를 이룬다는 평가를 받는다. 리오하에서는 전통적으로 향인 아로마 보다 맛의 균형을 가장 중요하게 여기고 있다(조선경제, 2014.1.29:B7면)는 평가이다.

템플라니오[10]는 스페인의 대표품종이다. 대중적 와인을 생산하며 현대적인 스타이과 고급와인으 생산하는 품종이기도 하다. 페네데스, 리베라 델 두오로, 라만차, 나바라, 토로, 발레페냐스 등 스페인 전역에서 생산되고 있다. 짙고 붉은 빛깔에 적정한 타닌과 산도를 지니고 있다.

조생종으로 스페인의 강렬한 태양으로 인해 수확시기가 빠르다. 영한 와인인 경우에도 타닌이 부드러워서 마시기가 부담이 없다. 섬세하고 향이 좋다는 평가를 받는다. 최근 우리나라와 해외에서도 스페인 와인의 약진과 좋은 평가의 가장 대표품종으로서 경쟁력을 지닌 와인이 바로 템플라니오이다.

테스팅노트- 다크초코렛 향, 가죽향, 산도와 타닌이 조화롭게 나타난다.

---

10) 템플라니오 품종은 가르나차(Garnacha), 마주엘로(Mazuelo)등과 장기숙성을 위해 브랜딩을 주로 한다. 부드러운 타닌으로 시음하기에 부담감이 없다는 평가를 받는다.

(2) 가르나차(Garnacha)

이 품종은 프랑스의 가르나쉬와 같은 품종이다. 알콜 함양이 높은 품종이다. 스페인에서는 템플라니오와 브랜딩하여 좋은 와인을 생산하고 있다. 바디감과 무게감을 높여주는 특성을 갖는다. 스페인의 템플라니오 품종과 결합하여 저장성과 와인의 밸런스를 높여준다.

(3) 모나스트렐(Monastrell)

프랑스에서는 무드베드르라고 불리는 품종이다. 색이 강하게 추출되며 알콜도수도 높게 나타난다. 스페인의 남동부 무르시아 지방에서 많이 생산된다. 야생적인 성향의 품종으로 와인매니아들에게 인기가 있는 품종이다. 소량으로도 와인의 완성도를 높이게 하는 특성을 지니고 있다.

(4) 까리네나(Carinena)

프랑스에서는 까리냥으로 불린다. 색을 진하게 낼 수 있다.

(5) 그라시아노(Graciano)

템플라니오와 소량으로 브랜딩을 많이 한다. 향을 많이 내는 품종이다. 스페인에서 템플라니오를 보완하고 균형을 맞추는 차원에서 브랜딩된다. 한편 가르나차와도 브랜딩된다. 좋은 그라시아노 품종은 아로마틱한 풍미와 뛰어난 타닌성분으로 장기숙성에 적합하다.

(6) 까베르네 소비뇽(Cabernet Sauvignon)

토착품종은 아니지만 좋은 까베르네 소비뇽을 생산한다. 페네데스 지방에서 100% 까베르네 소비뇽으로 생산된 마스 라 플라나 와인은 라벨이 검은색으로 검은 전설이라는 별칭을 갖고 있다. 1970년 빈티지로 세계시장에서 우승하여 주목받게 되었다.

2) 화이트 와인

(1) 아이렌(Airen)

스페인에서 가장 많이 재배되는 화이트 품종이다. 40만 헥타르[11]가 재배된다. 중부지방 라만차에서 주로 생산되며 세계에서 이곳이 재배면적이 가장 크다.

(2) 비우라(Viura)

마까베오(Macabeo)라고도 불린다. 비우라 품종은 에브로강 계곡에 위치한 리오하 지역에서 주로 재배된다. 산화속도가 느려 장기 숙성이 가능한 고급 화이트 와인을 만드는데 쓰인다.

(3) 말바시아(Malvasia)

말바시아 비앙카(Bianca)는 청포도 품종으로 달콤한 강화와인을 생산한다. 말바지아 화이트는 색이 짙고, 높은 알코올 도수와 너트류의 향이 나는 품종으로 마데이라, 포트와인을 생산한다.

말바시아 네라(Nera)는 적포도 품종으로 가볍고 향기롭다. 신선하며 아로마와 맛이 뛰어나다. 높은 당분으로 알코올 도수가 높다(허용덕 외, 2009; https://search.naver.com).

바바 로제타 와인

모스카토 다스티처럼 달콤하고 마시기에 부담감이 없는 바바 로제타는 연인들의 와인으로도 알려져 있다. 달고 향기로운 핑크색의 와인이다. 피에몬테에서 생산된다. Malvasia di Schierano 품종 100%이다. 도수는 5.5%로 과일향과 체리, 장미향이 많이 나며 과일, 디저트, 케이크와 잘 어울리는 디저트용 와인이다.

(4) 빨로미노(Palomino)

스페인 안달루시아가 원산지이다. 주정강화 와인 쉐리를 만드는 데만 사용된다. 스페인에서는 쉐리를 만드는데 90% 이상 이 품종이 사용된다. 만생종이며 겨울 서리에 민감하다. 풍부한 바디와 단단한 골격을 가지고 있다. 알코올 함량이 높은 편이나 산도는 낮다. 견과류 등의 향이 난다(고종원 외, 2013: 55).

(5) 빼드로 히메네스(Pedro Ximenez)

당분을 다량 함유하고 있는 품종이다. 쉐리를 만드는데 모스까델 등과 사용되는 품종이다.

---

11) 1ha=10,000㎡, 1ha=3015평(https://search.naver.com)으로 40만헥타르는 대략 12억평으로 대단한 규모이다.

(6) 알바리뇨(Albarino)

리아스 바익사스[12)]의 최고급 화인트 와인이다. 독특한 풍미를 지니고 있다. 샤르도네처럼 풍만하지도 않고, 리슬링처럼 미네랄 향이 많지도 않으며 소비뇽블랑처럼 야성적이거나 허브향이 나지 않는다는 평가이다. 감귤류와 복숭아의 생기있는 풍미에서 아몬드가 느껴진다. 해산물과 잘 어울리는 와인이다. 생기가 있고 상큼하다. 오래 숙성시키기보다는 일찍 마시는 것이 좋다(navercast.naver.com)는 평가이다.

(7) 베르데호(Verdejo)

최근 스페인 화이트 와인으로 선호되는 품종으로 대중적인 인기가 있다. 황금빛 색깔과 다양하고 화려한 아로마, 과일향이 풍부하며 산도가 적절하게 느껴지는 와인으로 지역마트나 휴게소 등 스페인 전역에서 판매가 되는 가격대비 성능이 좋은 밸류 와인이다.

루에다(Rueda)산 베르데호

리베라 델 두에로의 서쪽에 위치한 루에다 지역에서 생산되는 포도종이다. 스페인에서 가장 뛰어난 화이트 와인중의 하나이다. 맑고 차분하며 과일향이 좋다. 현지에서 병당 8달러 정도에 판매된다. 리오하를 만드는 마르퀴스 드 리스칼이 맛이 뛰어나고 쉽게 구할 수 있는 베르데호 와인을 생산한다(Ed McCarthy외, 2003;191).
스페인 여행 시 레스토랑이나 편의점 그리고 호텔에서 화이트 와인으로 루에다산 베르데호를 추천하고 시음을 많이 하였는 바, 전문가들의 평가처럼 맑고 밝은 황금빛의 농익은 아로마가 어필하는 신선하고 바디감도 나름 있었던 좋은 인상을 받은 와인으로 기억되고 있다.

12) 갈리시아 지방 남부, 포르투갈 바로 위쪽에 있고 대서양에 접한 아주 오래된 와인산지이다. 서늘한 해안지대를 따라 놓여 있는 이곳은 청포도 품종을 수세기 동안 재배하였다. 습한 지역이기 때문에 곰팡이를 방지하기 위해 포도나무를 2~3미터 높이의 차양에 늘어뜨려 재배한다(navercast.naver.com/contents)고 한다.

5 주요 생산지

1) 리베라 델 두에로(Ribera del Duero)

리베라 델 두오로 지역은 리오하와 쌍벽을 이루는 지역으로 진하고 농축된 와인이 특징이다. 남부가 덥고 건조하다면 상대적으로 리오하와 함께 이곳은 서늘한 지역이다.

스페인의 가장 지명도 있는 베가 시실리아(Vega Sicilia)가 생산되는 지역이다. 또한 최근 중국의 시징핑 주석의 방한시 정상만찬주로 쓰인 핑구스(Pingus)와인도 이곳에서 생산된 와인으로 알려지고 있다. 여름의 폭염과 겨울의 혹독한 추위가 나타나는 지역으로 연교차가 크다. 그리고 일교차가 커서 포도의 당도와 산도를 높여준다. 농축미는 이러한 자연적인 기후의 영향이다.

2) 리오하(Rioja)

스페인의 가장 중심에 있는 와인생산지이다. 프랑스의 영향을 받은 지역이기도 하다. 스페인 최고급 와인산지이며 포도병충해의 피해가 없었던 곳이기도 하다.

리오하 지역은 자갈 토양으로 풍부한 일조량을 갖춘 곳으로 스페인의 대표적인 포도밭으로 스페인의 보르도로 불린다. 보통 포도를 손으로 수확하는 곳도 많아서 경쟁력을 더하고 있다.

기존에는 오랜 시간 오크통에서 숙성시키는 스타일로 와인을 양조했으나 최근에는 숙성기간을 단축하여 신선한 와인을 생산하며 현대적 양조기술 도입과 포도재배 방법의 개선 등으로 와인의 질을 상승시키고 있다는 평가를 받는다.

중부 카스티야의 평원과 북부 바스크지방의 산맥이 만나는 에브로강 유역의 산지로 로마시대부터 와인을 생산해 온 곳이다. 스페인에서 생산되는 와인의 40% 정도를 생산한다. 스페인 왕실에 공급하는 마르케스 데 리스칼과 가장 대중적인 비냐 포말 등도 이 지방 특산품이다. 적색 토양의 포도밭이 지평선까지 펼쳐져 있다. 대서양 해양성 기후의 영향을 받고 늦가을까지 태양이 뜨거워 한 달가량 늦은 10월 중순 이후 포도를 수확하는 지역이다(조선경제, 2014. 1. 29: B7면).

Marque's de Ca'ceres Gran Reserva(마르께스 데 까세레스 그랑 리제르바)

Tasting Note

- **품종** 템프라니요 85%, 그라치아노 와 가르나차 틴타 15%
- **원산지** 리오하(Rioja)
- **색** 벽돌색 뉘앙스를 띤 어두운 루비 레드
- **향** 볶은 커피와 농익은 자두 향이 깊이감 있는 부케를 형성한다.
- **맛** 스파이시하면서 견고한 타닌의 기운이 이 와인의 구조감과 향후 발전 가능성을 보여준다.
- **궁합** 소고기, 가금류, 치즈 등과 잘 어울린다.

종합의견

리오하지역 와인의 로느상스를 이끌었던 명실상부 최고의 리오하 와이너리다. 샤또 까망삭(그랑크뤼 5등급)을 소유했던 포르네르 가문의 경험과 노하우가 집약되어 있다.
이 세계적인 와인 어드바이저 미쉘롤랑, 그리고 미쉘롤랑의 스승이자 와인양조학의 아버지인 '에밀페노' 교수의 혁신적인 양조 기술이 더해져 오늘날의 명성에 이르렀다. 그러한 마르께스 데 까세레스의 그랑 레제르바 등급 와인이다.

3) 페네데스(Penedes)

이 지역은 스페인의 화이트와인 산지로 스파클링와인인 까바[13](Cava)를 생산하는 곳이다. 카탈루냐 지방이라고도 하며 현재도 독립성이 강하여 중앙정부의 시책을 무시하고, 일찍이 카베르네 소비뇽 등 외래 품종을 도입하고 스테인리스틸 탱크를 도입하여 과학적인 방법으로 와인을 만들기 시작한 곳(김준철, 2014: 191)이다.

4) 프리오라트(Priorat)

프리오라트는 최근 레드와인의 명산지로 부각되고 있는 곳이다. 실력있는 와인메이커가 많이 모여들어 와인의 경쟁력을 높이고 있다. 향후 더욱 주목받게 될 지역으로 평가되고 있다.

---

13) 카바 와인은 프랑스 샴페인 방식, 즉 병에서 발효시키는 방법으로 만들어 품질도 좋고 가격도 저렴하여 밸류와인으로 평가받고 있다. 그래서 선호하는 사람들이 증가하고 있다.

Mas La Plana Torres(마스 라 플라나 토레스)

Tasting Note

- **품종** 까베르네 소비뇽(Cabernet Sauvignon) 100%
- **원산지** 페네데스(Penedes), 스페인(Spain)
- **음식 매칭** 육류 요리와 잘 어울리며 크리미한 치즈와도 잘 조화를 이룬다.
- **국제 평가** 1979년 프랑스 파리 올리피아드에서 Mas La Plana가 보르도 특등급 와인을 제치고 1등을 차지하면서 스페인 와인에 대한 인식이 전환되는 계기를 준 와인이다.

종합의견

호두와 황토색이 감도는 어두운 체리 빛으로 빌베리, 체리의 달콤한 향이 오크에서 숙성되어 토스트의 아로마가 더해진다.
실크와 같은 부드러운 타닌과 풍부하고 감각적인 맛이 특징적이다.

5) 헤레스(Jerez)

스페인 와인의 대명사 같은 세리의 산지로 알려져 있다.

(1) 스페인 세리

Jerez(Sherry)는 증류주가 강화된 화이트 와인으로 15~17%이다. 드라이한 것부터 달콤한 것 등 다양한 스타일이 있다. 전통적 수확방법으로 양조한다. 양조는 압착하여 드라이하게 발효한다. 배양과정이 1년이며 전체 5년이 소요되는데 산화시켜서 만든다. 스타일과 맛 유지를 위해 브랜딩한다.

셰리 와인과 까바

스페인을 대표하는 와인은 셰리(Sherry)[14]라고 할 수 있다. 와인에 브랜디를 첨가한 주정강화 와인이다. 1500년대부터 영국에 수출되어 인지도가 높다. 스페인산 외에는 표기를 할 수 없다. 스페인은 포도면적이 세계에서 1위이다. 셰리가 차지하고 있는 국내 생산량은 7%정도이다. Jerez는 알달루시아 지방에 속한다.

셰리는 도수가 높고 독특한 향기와 풍미가 있다. 팔로미노 품종을 주로 사용하며 브랜디를 첨가한다. 보통 15도 정도의 알코올 도수를 보인다. 오크통에 70%정도만 채우는데 액면이 공기에 닿아서 표면에 플로르(Flor)라는 효모가 번식하여 약 1cm의 흰 막이 형성하게 된다. 이 막이 플로르 향으로 독특하고 풍미가 있는 와인을 만드는 것이다.

와인을 채운 오크통은 기본적으로 3~4단 이상 쌓아져 보관하게 되며 병입시 하단부터 와인을 일부 빼내고 뺀만큼의 와인을 상단의 오크통에서 채우게 되는 솔레라 시스템으로 와인이 출시되는 특징을 갖는다.

스파클링 와인인 까바가 잘 알려져 있고 가격대비 품질이 우수하다. 까바는 까탈루냐(Catalunya) 지방의 페네데스에서 생산된다.

Reserva Heredad Segura Viudas NV(리제르바 에르닷 세구라 비우다스 NV)

Tasting Note

- 품 종 : 마가베오(67%), 빠레야다(33%)
- 원산지 : 베네데스
- 색 : 황금색을 디는 밀짚 빛깔의 당황색
- 향 : 오크향이 훌륭함
- 맛 : 드라이하지만 산도가 적당히 어우러져 품격이 훌륭한 와인
- 궁합 : 식전주나 가벼운 음식과 어울림

종합의견

스페인 원조가 직접 관여를 하는 와이너리이며, 프리시넷그룹(Freixenet Group)에서 생산되는 명품 카바이며 등급 샴페인에 비해 월등히 훌륭한 와인이다.

---

14) 드라이한 맛의 피노(Fino)는 쏘는 맛으로 플로르 향을 느낄수 있다. 7년 정도 숙성시켜 부드러운 맛이 되는 아몬띠아도(Amontillado)는 헤이즐넛과 같은 맛이 난다. 플로르가 발생하지 않은 것을 사용하여 최초 반년 동안 오크통에서 그대로 옥외에서 햇빛을 받게해서 만드는 올로로쏘(Oloroso)가 있다. 여기에 단맛을 첨가한 것이 크림 셰리로 식후주(Kenshi Hirokane,2006;177)로 추천된다.

6) 라만차(La Mancha)

라만차 지역은 근자에 국내에도 많이 수입되고 있는 지역으로 재배면적이 매우 크다. 동키호테의 무대인 라만차지역은 세계에서 가장 넓은 와인생산지역이기도 하다. 화이트 와인이 80%정도로 많이 생산된다.

7) 토로(Toro)

날씨가 덥고 건조한 지역으로 와인도 강하고 진한 와인이 생산된다.

Pintai 2006(삔띠아 2006)

Tasting Note

- **품종** Tempranlllo
- **원산지** Toro. Spain
- **색** 불투명한 짙은 체리색
- **향** 신선한 과일 향과 미네랄 향이 뚜렷이 드러나며, 복합적인 조화를 이룸
- **맛** 일반적인 Toro 와인과는 다른 우아함과 오일리한 바디. 오래 지속되는 달콤한 타닌이 매력적임
- **궁합** 다양한 음식과 잘 어울리며 특히 사냥고기, 구운 육류, 생선육류 등 복잡한 레시피를 가진 요리와 훌륭한 조화를 이룸

종합의견

Pintia는 Vega Sicllla가 새롭게 시작한 프로젝트 와인이다. 1997년 Toro 지역에 96헥타르의 포도밭을 구입해 2001 빈티지가 2004년 처음 출시되었다.

8) 나바라(Navarra)

소몰이 축제가 열리는 지역으로 와인도 강한 스타일이 생산된다. 스페인 북부지역으로 프랑스와 접경에 위치한다. 주도는 팜플로나이다.

9) 루에다(Rueda)

베르데호(Verdejo) 품종으로 만든 화이트 와인을 주로 생산하는 지역이다. 가볍고 신선하기도 하며 잘 익은 농익은 스타일의 금빛의 인기있는 대중적인 와인을 생산한다.

10) 리아스 바이사스(Rias Baixas)

북서부 지역으로 대서양의 영향을 받는다. 성장이 빠른 산지로 화이트 와인이 유명하다. 알바리노(Albarino) 품종이 좋은 평가를 받는다.

11) 에클라(Yecla)

남동부의 지중해 지역이다. 주로 모나스트렐(Monastrell) 품종으로 진하고 농익은 스타일의 와인을 생산한다. 계페, 향신료향의 특징을 지닌 와인이 인상적이다.

참고문헌

고종원 외, 세계와인과의 산책, 대왕사, 2013.
고종원의 세계와인문화이야기, 호텔앤레스토랑, 2012년 6월호.
김준철, 와인, 백산출판사, 2009.
마이클 슈스터, 와인테이스팅의 이해, ㈜BaromWorks , 2007.
손진호, 손교수와 함께 배우는 와인의 세계 -초 중급 종합편, 2010.
조선경제, 2014.1.29.,B7면.
한국주류수입협회, 주류저널, 2010.7월호
허용덕 외, 와인 & 커피 용어해설, 백산출판사, 2009.
호텔앤레스토랑 8월호, 김준철- 현재적인 와인으로 거듭나는 스페인 와인, 2014.
호텔앤레스토랑, 2014.8월호.

Ed McCarthy 외, 천재반을 위한 Wine, 비앤비, 2003.
Kenshi Hirokane,한손에 잡히는 와인, Cookand ㈜베스트홈, 2006
https://www.google.co.kr
http://search.naver.com
https://shop.winefolly.com/collections/regional-wine-maps

와인의 세계

제8장

포르트투갈 와인

1 지역 개관

이베리아 반도의 서쪽 지역을 차지하고 있는 나라이다. 반도의 15% 정도의 면적이다. 포르투갈은 도우루(Douro)[1] 일대의 포트 와인(port wine)이 세계적인 명주에 올라있고 대서양의 마데이라(Madeira) 섬에서 나는 아페리티프 와인은 포루투갈 와인의 명성을 끌어올려 주었다는 평가를 받는다. 20세기에 들어서 와인산업은 침체상황에 들었다. 이후 1986년 EU 회원국이 되면서 와인산업이 발전하기 시작하여 현재에 이르고 있다.

포도밭 면적[2]은 유럽에서 스페인, 프랑스, 이탈리아 다음으로 넓다. 생산량은 이탈리아, 프랑스, 스페인, 독일 다음으로 많다. 해외 수출, 시장 점유율 4%대의 수준이다. 와인산업에 종사하는 인구가 전체 농업부문의 25%를 차지하고 있다(최훈, 2010; 116).

포르투갈은 연간 1인당 와인 소비량이 약 57리터(베르너 오발스키,2005; 120)로 프랑스, 이탈리아, 스위스와 같은 세계 최고의 개인 소비량이 많은 국가이다.

2 주요 생산지

포르투갈은 국토의 한 가운데를 가로 흐르는 떼주(Tejo)[3] 강을 중심으로 북부는 기복이 심한 산악지형이고 남부는 평야와 낮은 지대로 형성되어 있다.

포르투갈은 국토 길이가 660킬로미터에 불과하고, 폭은 200킬로미터 밖에 되지 않지만 이곳에서는 와인의 종류가 무척 다양하다. 토종포도의 종류가 매우 많다. 전체 50종의 토종포도[4]가 있다. 포도 재배지가 국토 전역에 흩어져 있다. 1990년 초부터 품질이 급격히 개선(베르너 오발스키,2005; 121)되어 세계시장에서 인지도가 높아지고 있다.

1) 북부 지역

산악지대이다. 세라 다 에스트렐라(Serra da Estrela)라는 1993미터의 고산이 있다. 북부에는 도우루(Douro)[5] 강이 흐른다. 포트 와인과 일반와인이 재배되는 명산지가 도우루 강의 가파른 연안에 형성되어 있다.

북부에는 정통의 드라이한 스타일의 레드 와인을 생산하는 도우루(Douro) 산지가 있다. 또한 레드 와인을 진하고 견고하게 만드는 다웅(Dao) 지역이 있다.

---

1) 1756년 와인산지로 지정되었다. Demarcated Region으로 역사상 앞서가는 와인문화를 보여주었다.
2) 24만 3천 헥타르(7억 3천5백7만 5천 평)를 차지한다. 유럽의 상위 5개국이 국제 시장 점유율 62.2%를 차지한다(최훈, 2010; 116).
3) 스페인어로는 Tajo, 영어는 Tagus이다.
4) 포르투갈의 토종포도는 다른 나라에서는 전혀 재배되지 않고, 심지어 다른 나라 사람들에게 이름조차 잘 알려져 있지 않다(베르너 오발스키, 2005; 121)는 특징이 있다.
5) 이 강의 발원지는 스페인이다. 도우루 강은 스페인의 와인 유명산지 리베라 델 두에로(Doero)를 지난다. 이 강이 포루투갈에서는 도우루(Douro)이다. 이 강은 스페인 라만차 지역에서 똘레도를 감아 흐르고 포르투갈에 유입되어 수도인 리스본(포르투갈에서는 Lisboa)을 거쳐서 대서양으로 흐른다.

2) 중남부 지역

에스뜨레마두라(Estremadura)지방, 알렌테주(Alentejo)지방, 떼라스 두 사두 (Terras do sado)지방, 알가르브(Algarve)지방, 마데이라(Madeira)섬[6] 지역이 있다.

3 기후

전체적으로 온화한 편이다. 북부의 겨울은 혹한은 드문 편이다. 남서부는 해양성 기후, 지중해성 기후로 여름에는 고온 건조한편이다. 겨울에는 따뜻하고 비가 내린다. 이러한 해양성, 지중해성 기후가 포도재배에 적합한 것이다. 연평균 기온는 12~17℃, 수도 리스보아가 800mm를 나타낸다(최훈, 2010; 109).

4 포르투갈의 와인 용어

아데자(Agega) 양조장

콜야이타(Colheita) 수확연도

퀸타(Quinta) 포도농장

리제르바 한 수확 연도에만 생산된 질이 월등한 와인

세코(Seco) 씁씁한

틴토(Tinto) 레드

비뇨(Vinho) 와인

게라페이라(Gerrafeira) 레드와인의 경우 오크통에서 적어도 2년, 병에서 1년간 숙성시킨 리제르바 와인을 말한다. 화이트 와인은 오크통에서 6개월, 병에서 6개월 숙성시킨 리제르바 와인을 의미한다(자료: Ed McCarthy, 2003;192).

---

6) 1419년에 발견된 이 섬은 초기에는 사탕수수를 심었다. 이후 포르투갈에서 클레탄, 말바지아 종의 포도를 이식해 와서 독특한 강화와인인 마데이라의 스위트하고 풍부한 품종인 마므지(Malmsey) 품종 포도로 진화되었다(고종원 외, 2011; 191).

5 포도 품종

1) 레드 와인[7)]

(1) 뚜우리가 나시오날(Touriga Nacional)

Touriga Nacional 품종[8)]은 알갱이가 작다. 탄닌이 강하다. 산도도 높은 편이다. 자두, 제비꽃, 풀향, 과일향이 풍부하다는 평가를 받고 있다. 짙고 검붉은 색상이며 즙이 풍부하다. 높은 지대에서 주로 경작된다. 단위당 생산량은 적은 편이다는 평가이다.

주산지가 도우루 계곡(Douro Valley)이며 다웅[9)] 지역에서도 생산이 많이 된다. 보통은 블랜딩 되어 출시된다.

(2) 띤따 로리츠(Tinta Roriz)

Tinta Roriz는 스페인의 뗌플라니오(Tempranillo) 품종을 말한다. 포루투갈에서도 이 품종은 포트와인, 테이블와인을 생산하는데 사용되고 있고 좋은 와인을 생산한다. 껍질이 짙은 색상이며 당도가 높다. 그리고 산도는 적당한 특성을 보인다.

(3) 띤따 까웅(Tinta Cão)

서늘한 기후에서 잘 생산되는 품종이다. 블랜딩을 통해 미세하고 복합적인 특질을 더해 준다는 평가이다(최훈, 2010; 128).

(4) 기타

뚜우리가 프란세사(Touriga Francesa), 바가(Baga) 등이 있다.

2) 화이트 와인

로우페이로(Roupeiro), 아린토(Arinto), 비탈(Vital), 알바린호(Alvarinho) 등(마이클 슈스터, 2007;232) 토착품종이 많다.

---

7) 포르투갈의 레드와인 생산량은 60%이다. 세계 생산량의 2.5%를 차지하는 나라이다(마이클 슈스터, 2007:232).

8) 적은 소출에 복합미와 섬세함을 가진 품종(손진호, 2010:131)으로 평가되고 있다.

9) 이 지역에서는 레드 와인 생산 시 20% 이상을 쓰도록 규정되어 있다.

3) 포트 와인

포르투갈을 대표하는 북부지방 도우루 강 일대에 한정되어 생산되는 세계적인 명주이다. 주정강화와인(fortified wine)이다. 발효과정에서 주정을 첨가해 더 이상의 발효를 중단시킨다. 이로 인해 미발효의 잔여 당에서 감미를 느끼게 되는 것이다. 아울러 주정을 강화, 즉 도수를 높이기 위해 과즙이나 브랜디 등을 첨가한 알코올 도수가 높은 와인이다.

4) 포트 와인의 종류

생산량은 포르투갈 전체의 약 8% 정도로 추산한다. 물론 이 수치에는 주정강화 와인인 마데이라[10]를 포함한 것이다. 마데이라 섬의 특징은 세계에서 가장 가파른 계단식 포도밭으로도 유명하다. 마데이라 와인은 참나무통 속에서 숙성되며 병에 담기 전에 숙성 연한이 다른 와인을 섞기도 한다. 보통 와인에 알코올을 강화[11]하여 600미터의 나무통에 담아서 에스투파라는 저장실에서 온도를 45℃로 상승시켜서 숙성하여 만든다(고종원 외,2011; 182).

VINTAGE PORT 2007 / QUINTA DO BOMFIM VINTAGE PORT / SRA DA RIBEIRA VINTAGE PORT / CRUSTED PORT / AGED TAWNY PORTS / COLHEITA PORT

10) 알코올 함량을 18~20%까지 높이기 위해 발효 중 브랜디를 첨가해 주정도를 올린 와인이다. 고급 빈티지의 경우, 20년 정도의 오랜 저장 기간 후 병입하고 이후에 20~50년 이상 숙성 시켜 완성도를 높인다. 이러한 숙성을 통해 매우 독특한 맛을 내게 된다. 쌉쌀한 맛에서 단맛에 이르기까지 독특하고 풍부한 마데이라 와인의 맛은 화산섬에 있는 포도밭의 토양과 발효 후 몇 달 동안 에스투파스(estufas)라는 열건조실에서 거치는 독특한 숙성과정에 있다(고종원 외,181; 2011)는 평가이다.

11) 알코올을 강화할 때에는 도수가 95% 이상인 것을 사용하기도 한다.

LATE-BOTTLED VINTAGE / TRADEMARK / RUBY PORT / TAWNY PORT / WHITE PORT / NIRVANA RESERVE

참고문헌

고종원 외, 세계의 와인, 기문사, 2011.
마이클 슈스터, 와인테이스팅의 이해, ㈜BaromWorks , 2007.
베르너 오발스키, 와인, 예경, 2005.
손진호, 손교수와 함께 배우는 와인의 세계, 손진호 와인연구소, 2010.
최훈, 유럽의 와인, 자원평가연구원, 2010.

Ed McCarthy 외, 천재반을 위한 Wine, 비앤비, 2003.
https://www.wine21.com
https://www.tours.com.pt/enoturismo/
https://www.operrationweekend.com/map/map-geographical-regions-portugal-wine.html

제9장

칠레 와인

1 지역 개관

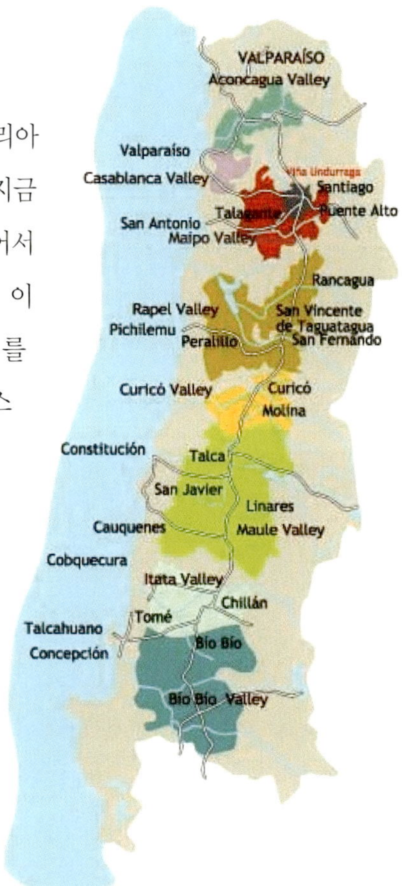

1492년 스페인의 이사벨라 여왕의 후원으로 이탈리아 제노바 출신의 크리스토퍼 콜롬부스가 서인도 제도(지금의 중남미)를 발견한 이후 스페인도 포루투갈에 이어서 해외영토 확장의 정복 전쟁에 가담하게 되었다. 이때, 이 두 나라간의 충돌을 염려한 교황의 중재로 서경 50를 기준으로 두 나라의 식민지를 인정하는 토르데시야스 조약(Tratado de Tordesillas)를 맺게 되었다.

조약상 경계선의 동쪽으로는 모두 포르투갈이, 서쪽의 아메리카 지역은 스페인이 차지하기로 하였고 이 조약으로 인해 인도 산 후추를 독점할 수 있게 됐다는 점에서 포르투갈에게 유리한 측면이 있었으며 이로 인해 남미 대륙에서 브라질만이 유일하게 포르투갈어를 사용하게 되는 현재의 문화권이 형성 되게 된다..

남미, 즉 라틴 아메리카에 와인은 이렇게 스페인의 해외 식민지 정복과 함께 전파된다. 1520년대 멕시코의 아스텍군을 격파한 후 멕시코에서 시작하여 1530년 페루, 볼리비아, 콜롬비아로 1540년에 칠레로 1557년 아르헨티나로 빠르게 전파되었다.

칠레는 16세기 초까지 잉카제국의 영토였으나 1540년 에스파냐의 발디비아 장군이 아라우카노족 정복전쟁을 시작하여 이후 270여년 동안 에스파냐의 식민지가 되었다. 포도밭이 라틴 아메리카 전역으로 퍼지는데 걸린 시간은 겨우 40년도 걸리지 않았다. 후에 북으로는 캘리포니아 와인의 전신을 구축하게 되는 시발점이 멕시코에서 시작되었으니 미국와인의 역사에도 스페인도 어느 정도 연관이 있다 볼 수 있다고 할 수 있다.

17세기 후반 칠레는 아메리카 대륙의 최대 와인 생산국으로 부상하였으며 18세기에도 수출국으로서의 입지를 확고히 하였으나 값싼 와인의 대량판매라는 한계점을 가지고 있었다.

칠레 와인역사에서 가장 기념비적인 1851년 칠레인 오차가비아(Silvestre Ochagavia Echazarreta)가 프랑스 와인메이커와 함께 오늘날 국제 품종이라 부르는 비티스 비니페라종을 프랑스에서 수입하여 식재 함으로써 칠레가 아메리카 대륙에서 최초로 국제품종 기반으로 하는 와인산업이 발전하게 된다. 이후 칠레 와인생산에 프랑스의 기술이 오랫동안 영향을 끼치게 되고 이를 기점으로 칠레 와인의 현대화, 상업화가 시작되었고 곧이어 1877년에는 유럽으로 수출하기에 이른다.

그러나 그 후 세계 공황과 더불어 칠레 내부의 급진 세력의 득세와 독재자의 등장까지 여러 정치적인 불안이 반복되는 혼란기를 맞이 하게 되고 급기야 1973년에 발생한 군사쿠데타가 발생하기에 이른다.

이후 1817년 아르헨티나의 산 마르틴의 원조를 얻어 1818년 독립하였으나 이후 100여년간은 영국의 경제 지배하에 놓이게 되었고 이후에도 연속된 쿠데타와 사회주의 정권, 군사 독재 정권이 이어지는 등 정치, 경제면으로 암흑기를 걸어오다가 1989년 민주화 운동의 결과로 민주주의 정권이 수립되었다.

이로 인하여 와인산업의 성장은 1990년에 들어서서야 국내 정치 사회의 안정과 더불어 해외 투자 유입 등으로 활기를 띄게 된다. 이중 칠레 와인 역사에서 가장 중요한 2가지 연도는 1851년과 1990년대이다.

1851년은 프랑스에서 고급 품종이 도입된 해로 칠레 와인이 고급 국제 품종으로 현재의 와인산업이 발전되는 초석이 되는 해가 되었고 1990년은 칠레 와인의 현대 르네상스의 시기로 민주주의와 시장경제 도입, 해외 와이너리의 투자의 증가와 함께 포도재배, 와인양조의 신기술이 도입되는 등 새로운 시대가 열리게 되었다.

이시기 미국, 호주 등 후발 신세계 와인생산국에서 비약적인 와인산업의 발전이 이뤄지기 시작하는데 칠레는 1970년대와 1980년대 초에 이르기 까지 정반대로 포도원의 절반 정도가 문을 닫고 다른 용도로 변경되었으며 와인가격은 급격히 하락하기에 이른다.

1982년부터 1985년 사이 칠레 경제의 위기의 시간을 보냈는데 한편으로 1985년을 기점으로 와인생산업계의 품질 향상을 위한 각고의 노력이 시작되었다. 1985년 처음으로 Vinexpo에 참가했으며 많은 와인 메이커와 오너들의 세계 유수의 와이너리를 찾고 연구하여 품질혁신에 나섰다. Pablo Morande에 의해 카사블랑카 밸리에 샤르도네가 심어진 때도 이 시기였다.

1995년 농산물 관련 법령 464호가 공포되어 포도재배에 대한 규정, 레이블 가이드 라인 등 와인선진화 및 수출에 필요한 제도적 뒷받침이 마련되었다. 이렇게 1980년대 중반에서 1990년대에 걸쳐 유럽 및 미국의 유명 와이너리 오너와 투자자들이 칠레에 와이너리를 설립하거나 합작 또는 기술제휴를 통해 와인산업 발전 및 글로벌 시장에서 칠레 와인은 큰 두각을 나타내게 된다.

이후 유럽 및 미국의 유수한 와이너리 소유자와 투자가들의 투자와 합작회사 설립 및 기술 제휴를 통해 칠레는 이제 글로벌 시장에서 떠오르는 와인생산국으로 주목 받게 된다.

2000년대에 이르러 칠레는 세계5위의 와인수출국이 되었고 생산량 대비 수출 점유율로는 세계1위의 수출주도형 와인 생산국으로 부상하게 되었다.

2 칠레의 떼루아

1) 위치

칠레는 고유의 지리적 자연의 축복을 받은 나라로 남위 30°~38°에 위치하고 포도밭은 높이 400m~1000m에 위치하고 있다. 우리는 통상 칠레를 세계에서 가장 길고 좁은 폭의 나라라고 생각하지만 칠레는 남북으로의 길이보다는 동서의 토양과 태평양과 안데스 산맥이 주는 기후 조건에서 보다 더 많은 다양성을 갖고 있다.

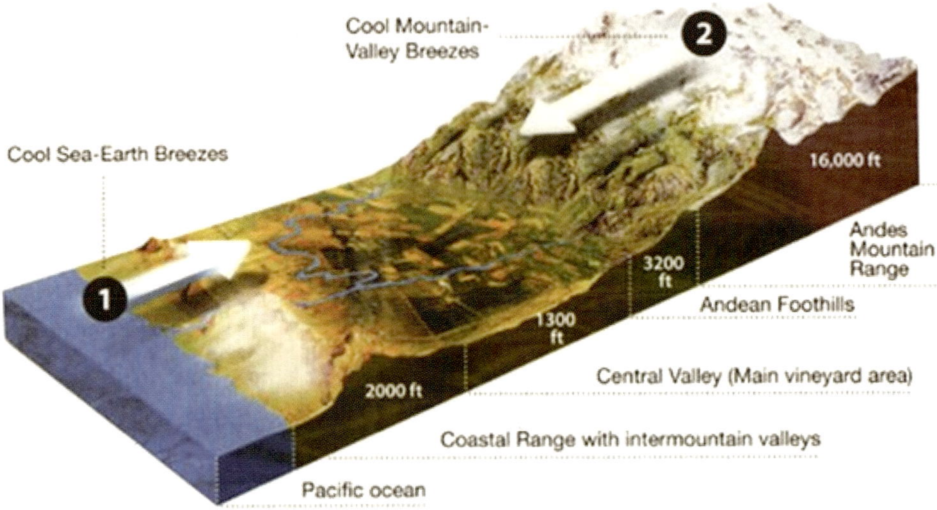

칠레 포도밭의 떼루아

온도의 측면에서는 안데스 산맥과 훔볼트 한류의 영향을 받아 낮 동안 데워진 포도밭의 온도를 식혀주는 역할을 한다. 이점은 캘리포니아와도 비슷하지만 안데스산맥의 역할이 한류보다 더 크게 작용하여 좋은 떼루아를 형성하고 있다.

여름의 낮 온도는 25℃~30℃에서 밤에는15℃~20℃로 변화하여 낮에는 포도의 탄닌 및 당도형성을 돕고 밤에는 산도를 보존하는 최적의 환경을 조성해 준다.

토양은 모자이크 토양으로 다양성을 갖고 있으며 상대적으로 건조한 기후로 포도밭에 관개가 필수 요소 이지만 안데스 산맥으로 부터 공급되는 풍부한 물이 칠레의 포도밭에 기본적인 자연 관개수로를 갖고 있다.

게다가 자국을 보호할 자연적인 지리적 장벽을 갖고 있는데 북쪽으로는 아타카마 사막, 동쪽으로는 안데스 산맥, 남쪽으로는 파타고니아 빙원, 서쪽으로는 태평양으로 둘러 싸여서 외부의 해충과 질병으로부터 포도원을 건강하게 보호 할 수 있다.

이처럼 자연 방벽과 포도재배에 이상적인 지중해성 기후대의 조합은 칠레의 포도재배 및 와인양조에 천혜의 조건을 제공 해주었고 이렇게 칠레는 세계에서 가장 큰 유기농 포도원을 가지게 되었다.

2) 기후

남위 18°의 아열대부터 남위 59°의 한대까지 다양한 기후대를 포함하고 있다. 북부는 건조 사막 지대이고, 중부는 지중해성 평야 지대이며, 남부는 온대 습윤 기후인 삼림지대이다. 동쪽으로는 안데스 산맥, 서쪽으로는 남 태평양으로 이루어진 고립된 지리 조건으로 필록세라의 침입을 받지 않은 거의 유일한 와인산지일 정도로 병충해가 적은 천혜의 환경으로 유기농 재배에 유리하다.

또한 태평양의 한랭성 훔볼트 해류의 영향과 안데스 산맥의 영향으로 밤이 되면 서늘해지는 등 포도 재배에 유리한 조건을 두루 갖추고 있다.

와인의 주 생산지인 센트랄 밸리(Central Valley)를 중심으로 한 지중해성 기후는 겨울에 비가 내리고 건조한 여름으로 좋은 기후를 갖고 있다.

칠레는 지중해성 기후대로 건조한 여름과 춥고 비가 오는 겨울을 갖고 있다. 더욱이 화창한 낮과 밤사이에 이루어지는 차가운 해류와 안데스 산맥의 영향으로 만들어지는 큰 기온의 차는 성장 시기에 있는 포도의 과일 맛, 선명한 산도, 그리고 레드 와인, 잘 익은 타닌, 깊은 색상까지 포도가 서서히 성숙하는데 좋은 영향을 준다.

3 칠레 와인 법과 품질 분류

칠레 와인의 관리기관은 농업 보호청 농무국(SAG:Servicio Agricola Ganadero)가 해당되며 와인분석과 수출증명서의 발행, 와인에 관한 통계자료의 작성,, 포도, 와인 품질, 생산관리사의 법령 개정등을 담당한다.한 편 원료포도의 품질, 재배 지도 등은 국립 대학 농업시험소가 담당한다.

최신 개정 와인 법은 1955년으로 원산지 통제명칭, 라벨 표시 품질 표시등의 22 관련 조항이 1998년 5월6일 일부 개정되었다. D.O.법은 라벨상의 원산지, 포도 품종, 수확 연도, 병입 표시의 사용 규제를 일체화한 법률로 SAG에 의해 통제된다.

1) 칠레의 원산지 관련 법

칠레 와인은 원산지 통제 명칭 와인인 퀄리티 와인인 D.O. 와인과 저가 테이블 와인인 Vino de Mesa로 나뉜다.

(1) 원산지 통제 명칭 와인 Denomination de Origen(D.O.)

칠레와인은 국내에서 병입되어야 한다. 라벨의 원산지, 품종, 수확연도를 표기한 경우 75% 사용 의무이며, 25%까지 표기되지 않은 지구나 품종 이외의 와인을 브렌딩하는 것이 허가되어 있다.

라벨에 복수의 품종이 표기되어 있는 경우에는 보조 품종의 비율이 15% 이상이어야 하며 비율이 높은 순으로 표기할 수 있다.

주의사항 칠레에서는 라벨에 명시된 "Reserva"가 스페인, 이탈리아의 "숙성"에 의한 품질 등급의 의미로 사용되지 않는다.

Grand Reserva 법정 알코올보다 1도 이상 높고, 오크 통 숙성을 거친 와인이다.

Reserva 법정 알코올보다 0.5도 이상 높고, 오크 통 숙성을 거친 경우도 있다.

Reserva Especial 법정 알코올보다 1도 이상 높고, 오크 통 숙성을 거친 와인이다.

(2) Vino de Mesa

식용 포도로 생산하며 포도 품종, 품질, 수확 연도를 표기할 수 없다.

4 포도 품종

화이트 와인용으로는 Sauvignon Blanc, Chardonnay, Reisling, Semillion, Viognier, Pinot Blanc 등이 있다.

레드 와인용 포도 품종은 Cabernet Sauvignon, Merlot, Pinot Noir, Cabernet Franc, Syrah, Carmenere 등이 있다. 대중적인 와인 양조용으로 Pais(파이스)라는 포도 품종도 많이 사용된다.

칠레의 포도밭은 필록세라의 피해를 입지 않은 거의 유일한 포도밭을 갖고 있지만 유전

자만 갖고있을 뿐 휘뭇이법(줄기나 가지를 잘라 내어 독립된 개체를 만드는 인공 번식 법)을 사용하여 수령 100년을 넘는 고목이 드문 것이 아쉬운 점이다.

칠레의 아이콘 품종 Carmenere(까르미네르)

필록세라 창궐 이전 1850년대 초 칠레로 넘어간 까르미네는 멜롯과 섞여서 재배되었기 때문에 오랫동안 멜롯의 클론으로 오인되어 오다가1994년 칠레를 방문한 프랑스 교수에 의해 발견되어 DNA검사 결과 까르미네르로 판명되었다.1996년 칠레 정부로부터 공인, 1998년부터 레이블에 공식 표기 되기 시작하였다.
프랑스 보르도 원산지인 만생종으로 현지에서는 멜롯보다 늦게 수확해야 하는 등 다소 까다로운 품종이지만 5%~10% 정도 브렌딩될 경우 와인에 특징적인 독특한 맛과 향을 부여 해 준다. 단일 품종으로 양조하기도 하며 일부를 배합하여 명품 와인을 만들기도 한다. 단일 품종으로 만든 와인으로는 Montes Purple Angel, Concha y Toro Terrunyo Carmenere등이 있으며,일부 브렌딩 된 와인으로는 Almaviva, Clos Apalta, Sena 등이 있다.
국제적으로 인정받기 위해 까르미네르 와인 경연 대회를 개최 하는 등 칠레의 아이콘 품종으로 자리를 잡게 되었다.

칠레 와인의 위상

관세청은 12.8일 보도자료를 통해 「와인 수입 동향」을 발표하였다.(2011년)
11.1~10월, 와인 수입은 27.2백만 병(750㎖)(전년동기대비 6.0%증가), 104.5백만 불(전년동기대비 18.4% 증가)증가 하였다. 전체 수입 와인 중 적포도주는 69%, 백포도주는 24%, 스파클

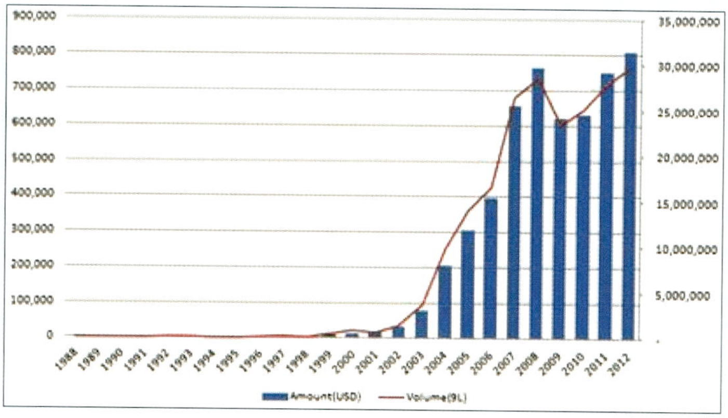

칠레 와인 수입량(1988년~2012년

링은 7% 차지하였다. 적포도주는 전년동기대비 9.9% 증가, 백포도주 10.3% 감소, 특히 스파클링(발포성 와인류)은 58.3%의 큰 폭 증가를 보였다. 와인 수입 주요 5대국은 칠레, 스페인, 이탈리아, 프랑스, 미국임. 물량기준으로는 칠레(25%), 스페인(22%), 이탈리아(16%), 프랑스(15%), 미국(11%) 순이고 금액기준으로는 프랑스(32%), 칠레(22%), 이탈리아(17%), 미국(10%), 스페인(7%) 순이다. 적포도주는 칠레 산이 32%, 스페인, 프랑스는 각각 약 18% 차지하였음. 백도포주는 스페인산이 39%, 이탈리아산은 25% 차지하였다. 그중 스파클링은 이탈리아 산이 45%, 프랑스산이 20% 차지하였다.
또한 칠레 와인의 공격적 해외 마켓팅으로 양적으로 지구상에서 유통되는 와인의 1/12은 남아메리카 산 와인이라는 통계가 있을 정도로 자국에서 생산되는 와인 생산량 대비 수출 점유율을 비교하면 칠레는 세계 1위의 와인 수출국의 위치를 갖고 있다.

5 주요 생산지

Resion	Sub-Resion	Zone
Aatacama	Copiapo Valley, Huasco Valley	
Coquimbo	Elqui Valley, Limari Valley, Choapa Valley	
Aconcagua alley	Aconcagua Valley, Casablanca Valley	
	San Antonio Valley	Leyda Valley
Central Valley	Maipo Valley	
	Rapel Valley	Cachapoal Valley, Colchagua Valley
	Curico Valley	Teno Valley, Lontue Valley
	Maule Valley	Claro Valley, Loncomilla Valley, Tutuven Valley
South	Itata Valey, Bio Bio Valley, Malleco Valley	

1) 칠레의 D.O 시스템

칠레의 포도재배 지역은 Region → Sub Region → Zone → Area로 세분화된다. 이중 Zone의 구분은 Rapel, Curico, Maule 3개의 Sub Region에만 적용된다.

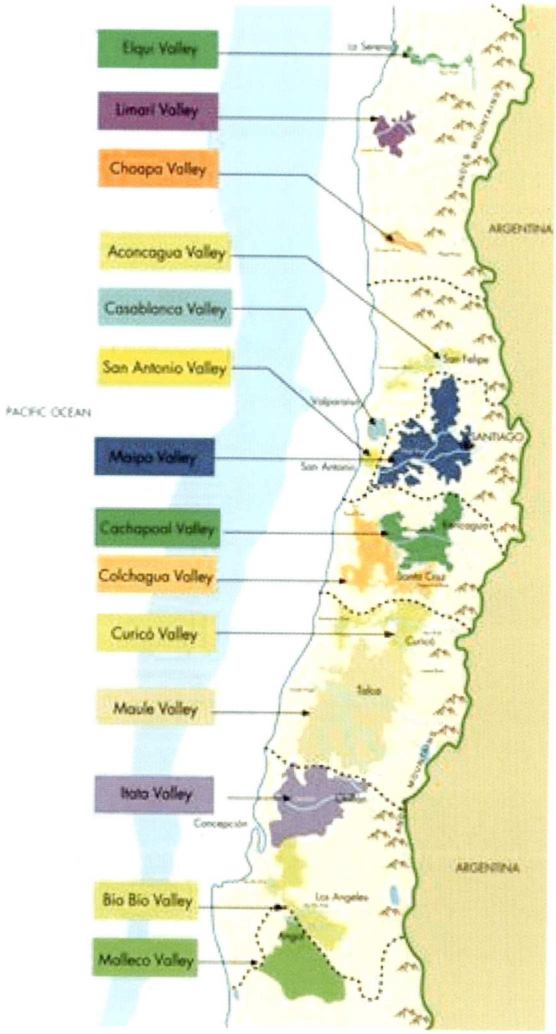

2) 아타카마(Aatacama)

코피아포 밸리(Copiapo Valley), 후아스코 밸리(Huasco Valley)의 서브 레젼으로 구성되어 있다.

3) 코킴보(Coquimbo)

아타카마 사막에서 코킨보 까지 이르는 해안선 중 안데스 산맥의 협곡에 걸쳐 있는 토지에서 주로 증류주용의 피스코(Pisco)종이 식재 되어 있었다.

피스코는 와인에 향료를 가미해 증류한 알코올 30~40의 증류주로 일반적으로 레몬과즙을 더해 만드는 칵테일 피스코 샤워의 베이스가 된다.

이렇게 이 곳은 오랫동안 저가의 테이블와인인 피스코의 대량 생산지로 알려져 왔다. 그러나1990년 후반 개발이 시작되어 현재는 면적은 칠레 포도밭의 2%에 지나지 않지만 칠레 프리미엄 와인의 정수를 담은 와인 메이킹을 하고 있다.

포도밭은 경사면에 위치하여 햇빛을 풍부하게 받으며 산에서부터 내려오는 시원한 바람의 영향을 받게 된다.

(1) 엘키 밸리(Elqui Valley)

산티아고 (330 마일) 530km 북쪽, 아타 카마 사막의 남쪽 가장자리에 위치해 있다. 태평양과 안데스 산맥의 시원한 바람이 열기를 식혀준다. 연간 강수량 70mm 미만의 사막과 같은 기후이다.

(2) 리마리 밸리(Limarí Valley)

차가운 해안의 영향을 받으며 토양은 좋은 미네랄을 함유하고 있다. 연간 강수량이 95mm미만의 사막과 같은 기후이기 때문에 관계가 필수인데 관계용법은 주기적으로 한 방울씩 떨어뜨리는 점적 관수(drip irrigation)을 사용한다. 이로써 뿌리는 미네랄을 찾아 풍부한 토양 깊숙히 파고 들어가게 된다.

시원한 기후에서 생산되는 쉬라, 샤르도네, 쏘비뇽 블랑, 특징적인 미네랄을 갖는 신선한 와인이 생산된다.

(3) 쵸아파(Choapa Valley)

바위 투성이의 포도밭에서 높은 수준의 쉬라와 까베르네 쏘비뇽을 생산한다. 연간 100mm 미만의 사막과 같은 기후이다.

4) 아콩카구아(Aconcagua)

(1) 아콩 카구아 밸리(Aconcagua Valley)

안데스 산맥에서 태평양으로 향하는 아콩카구아 협곡의 계곡으로 1500~1800m의 고산으로 둘러싸여 있으며 폭이 3~4km로 비교적 완만한 지형이다.

산티아고의 북쪽 65km 지점으로 아메리카에서 가장 높은 Aconcagua(6959m)산에서 녹은 물은 여름동안 포도밭에 충분한 물을 공급해준다.

칠레의 와인 주산지로서는 가장 북쪽에 위치하고 있다. 1870년 막시미아노 에라쭈리쯔 Maximiano Errazuriz가 최초의 포도원 조성하면서 Aconcagua valley 와인산업 발전의 초석을 만들었다.까베르네 쏘비뇽과 쉬라의 품질이 탁월하며 미국 로버트 몬다비사와 에라쭈리쯔의 합작 와인 Sena(세냐)의 와이너리가 있는 곳이다.

지중해성 기후이며 레드 와인 산지로 각광 받아왔으나 최근 해안가를 중심으로 화이트 와인이 주목 받기 시작하고 있다.

(2) 카사 블랑카 밸리(Casablanca Valley)

산티아고에서 북서쪽 75km 지점에 위치한 카사블랑카 밸리는 1980년 중반에 처음 포도가 심어졌다. 칠레의 시원한 기후의 해안 지역 와인 산지로 주목 받은 첫 번째 산지이다.

연간 강수량 540mm의 해양성 영향을 받는 시원한 지중해성 기후이다. 계곡 평지에 위치로 태평양의 영향을 받는다. 카사블랑카 밸리는 온난한 해풍의 영향, 평균 기온 여름 25C, 연평균 14C, 연평균 강수량 450mm로 부드러운 기후이다.

태평양의 한류의 영향과 포도 생장기에 일교차가 심해 포도의 산도 생성에 영향을 줘 좋은 품질의 샤르도네, 쏘비뇽 블랑, 피노 누아 등을 생산한다. 다른 칠레의 와인산지와 달리 레드, 화이트의 비율이 3:7로 화이트가 많이 생산된다.

(3) 샌 안토니오 밸리(St Antonio Valley)

산티아고의 서쪽 100km 지점 카사블랑카 밸리의 남쪽이면서 바다에 아주 가까운 지점에 위치하고 있다. 산 안토니오는 카사블랑카의 sub region이며 이 sub region은 다시 4개의 zone(Leyda, Lo Abarca, Rosario, Malvilla)으로 나뉜다.

연간 강수량은 350mm미만이고 남극 훔볼트 해류의 영향을 받는 시원한 기후는 포도가 천천히 숙성되도록 도움을 준다. 좋은 품질의 쏘비뇽 블랑, 피노누아, 샤르도네, 쉬라가 생산된다.

5) 센트랄 밸리(Central Valley)

(1) 마이포 밸리(Maipo Valley)

주요 품종은 까베르네 쏘비뇽, 멜롯, 샤르도네, 까르미네르, 쏘비뇽 블랑이며, 지대가 높은 알타 마이포Alta Maipo는 특히 까베르네 쏘비뇽등 레드 와인 품종의 최적 지배지로 꼽힌다. 해발고도가 약 800m로의 고지대에 위치하고 있어서 여름에 일교차가 커서 밤 기온이 12도까지 떨어진다. 이로인해 포도알의 산도가 유지되고 천천히 익어가도록 도움을 준다. 이러한 떼루아는 칠레 최고의 까베르네 쏘비뇽등 레드 와인 품종재배지로 손꼽힌다. 이는 보르도의 좌안의 떼루아와 유사하여 남미의 보르도라 불리는 지역이다.

프랑스 보르도 좌안의 자갈 토양의 그라브와 비슷하다. 칠레 와인의 전통적 대형 와인 생산업체들이 위치하고 있다

(2) 라펠 밸리(Rapel Valley)

❶ 카차포아 밸리(Cachapoa Valley)

마이포(Maipo)나 콜차구아(Colchagua)에 비해 낮은 지명도로 레이블에 라펠(Rapel)이나 센트랄 밸리(central Valley)로 표기하는 경우가 있다.

❷ 콜차구아 밸리(Colchagua valley)

칠레에서 월드 클래스의 레드 와인을 생산할 수 있는 최적의 산지이다. 이곳은 1990년대부터 개발된 산지로 칠레에서 가장 기술이 집약 발전된 지역이다.

이곳의 "끌로 아팔타(Clos Apalta)"는 프랑스 브르고뉴 마을의 그랑크뤼 포도밭 끌로 드 부죠(Clos de Vougeot)처럼 까사 라포스톨레(Casa Lapostolle), 몬테스(Montes), 산타리타(Santa Rita)가 나누어 소유하고 있는 핵심지역이다.

(3) 크리코 밸리(Curico Valley)

주요 포도 품종은 까베르네 쏘비뇽, 쏘비뇽 블랑, 멜롯, 샤르도네, 까르미네르순이다. 일교차가 커서 칠레의 대표적인 쏘비뇽 블랑의 명산지이다. 론투(Lontue)는 수령이 오래된 올드 바인 까베르네 쏘비뇽 생산한다. 이곳에서부터 연평균 강우량은 700mm로 높아진다.

(4) 마우레 밸리(Maule Valley)

전체 포도밭의 1/3에서 지역 소비용 와인의 원료인 파이스(Pais)가 재배된다. 나머지 땅에서 까베르네 쏘비뇽, 멜롯, 쏘비뇽 블랑, 샤르도네가 재배된다. 미국의 Kendall Jackson의 최초 정착한 산지로 이후 여러 칠레의 생산자들이 합류하였다.

현재 칠레 최대의 와인산지로 부상하였다. 클라로(Claro Valley), 론코미야(Loncomilla Valley), 뚜드벤(Tutuven Valley)으로 구성되어 있다.

6) 사우스(South)

칠레 포다밭의 1/5을 차지하고 생산량의 측면에서 중요한 산지이다. 이타타 밸리(Itata Valley)는 오랫동안 주로 소규모 와이너리에서 자체소비를 위한 저급 와인을 생산하는데 머물다가 현재 샤르도네와 같은 국제 품종재배로 전환하고 있는 산지이다.

화이트와 레드 품종 비율이 절반 정도씩이다. 이곳에서부터 남쪽으로 연평균 강우량은 1,100mm로 높아진다.

칠레 최남단의 와인산지로 강우량이 많고 추운지역이다. 주요 재배 품종으로는 파이스(Pais), 모스카토(Moscato)가 지배적이나 점차 피노누아, 샤르도네 품종이 도입되고 있다.

말레코 밸리(Malleco Valley Malleco Valley)에서 생산되는 샤르도네가 이 지역의 발전 잠재력을 암시하고 있다.

과거 센트랄에 중심 되어있던 와인산지가 북부의 리마리 및 남부의 마우레까지 폭넓게 전개되고 있으며 서늘한 산지의 재조명으로 보다 더 세밀한 산지가 부상하고 있는 등 가장 역동적으로 발전하는 신세계 와인산지로 거듭나고 있는 상황이다.

6 등급 체계

1) 스펙트럼 상품

칠레에는 공식적으로 와인에 대한 등급이 존재하지 않으나 각 메이커별의 기준으로 다양한 스펙트럼의 상품 군을 형성하고 있다.

각 메이커의 기준이 되는 프리미엄급에서 시작된다. 여기에서 보다 고품질의 와인을 지

칭하는 울트라 프리미엄Ultra Premium 또는 슈퍼 프리미엄 와인Super Premium Wine 등을 자체적으로 정하고 있으나 공식 등급은 아니며 "데스코차토Descochados"등의 site에서 평가 등을 하고 있다.

Super Premium Wine으로 칭하는 와인은 Concha y Toro Don Melchor, Casa Lapostolle, Domus Aurea, Cabo de Hornos 등이 있다.

2) 해외 자본의 직접 및 간접 투자(Joint Venture)

(1) 직접투자

미구엘 또레스(Miguel Torres)는 1979년 외국 자본으로는 최초로 Curico Valley에 포도원을 매입하였고 양조 방법에서 스테인레스 스틸 발효 탱크를 도입하여 칠레 와인 양조의 현대화에 큰 기여를 하였다.

미구엘 또레스(Miguel A. Torres)

(2) 간접투자(Joint Venture)

❶ 카사 라포스톨레(Casa Lapostolle)

프랑스 Mariner Lapostolle와 칠레 Rabat의 합작 와인으로 Michel Rolland이 컨설팅한 와인으로 "Clos Apalta 2005"가 2008년 와인스펙테이터의 이달의 와인으로 선정되기도 하였다.

카사 라포스톨레

❷ 알마비바(Almaviva)

1996년 칠레의 Concha y toro와 프랑스 Chateau Mouton Rothescild의 합작 와인으로 Cabernet Sauvignon 75%, Merlot 25, Cabernet Franc, 보르도 스타일 브렌딩 와인이다.

Almaviva(알마비바)

Tasting Note

- **품종** 까베르네 소비뇽
- **원산지** 칠레/마이포 밸리(Maipo Valley)
- **색** 검붉은 보라색
- **향** 블랙커런트, 플럼 들의 풍부한 과일 향과 토스트 향, 오크향 등
- **맛** 잘 숙성된 부드러운 벨벳 같은 타닌을 느낌 있는 깊고 풍부한 맛
- **음식과의 조화** 그릴에 구운 소고기 등심 요리

종합의견

알마비바 와인의 이름은 프랑스 보마르쉐의 작품 휘가로의 결혼에 등장하는 알마비바 백작의 이름에서 유래하였으며, 이 작품은 이후 모차르트의 오페라에도 사용되기도 했다.
알마비바는 프랑스 바론 필립 로쉴드와 칠레 콘차이도로, 유수와이너리 공동 출자를 통해 1998년 9월 8일 첫 선을 보였으며, 각 50% 공동출자의 의미뿐만 아니라 프랑스 전통와인의 세련된 노하우와 동시에 칠레의 현대적 기술이 접목된 제품이다.

❸ 세냐(Sena)

1995년부터 Robert mondavi와 공동 생산하였고 현재는 Errazuriz가 단독 소유하고 있다.

Sena(세냐)

Tasting Note

- **품종** 까베르네 소비뇽(Cabernet Sauvignon) 91%, 까베르네 프랑(Cabernet Frenc) 5%, 쁘띠 베르도(Petit Berdot) 2%, 쉬라(Shiraz) 1%
- **원산지** 아콘카구아 밸리(Aconcegua Valley), 칠레(Chlle)
- **음식 매칭** 붉은 살 스테이크류
- **국제평가**
  - 2006 Robert Parker 95점
  - 미국의 로버트 몬다비와 칠레의 에라주리즈가 합작하여 만든 와인
  - 칠레 최초 조인트 벤처 와인
  - 베를린 테이스터 2위

종합의견

깊고 어두운 자주색, 풋풋한 흙내음, 잘익은 체리, 블랙 베리, 바닐라 향, 스파이시하고 잘익은 베리 과일의 맛과 부드럽고 긴 타닌의 맛, 특히 완벽한 균형 잘익은 과일 복잡미묘함, 우아한 맛을 잘 보여준다.

❹ 로스 바스코스(Los Vascos)

칠레의 Santa Rita와 Domaine Baron de Rothschild의 합작와인이다.

Joint venture 선진 경영 전략

1. 미국과 유럽등의 구미에 맞게 맛을 변화시켰다.
2. 원가를 절감하여 고품질의 저가품을 지속적으로 생산하였다.
3. 기술 혁신을 통해 고품질의 중 · 고가품으로 승부하였다.
4. Wines of Chile라는 고급 와인을 생산하는 중소 기업 연합체 법인을 결성하여 장기적인 시장 화보와 더불어 칠레라는 동일된 이미지 제고에 성공하였다.

3) 신개념, 발상의 전환

(1) 1865 와인

1865는 골퍼들 사이에서 "18홀을 65타에 치라"는 마켓팅이 선풍적인 인기를 얻어 국내에서 칠레 와인 단일 브랜드로 최고 판매율을 자랑하는 와인이 되었다. 실제로 아이템은 산페드로의 설립년도인 1865를 레이블로 옮긴 시리즈 와인이다.

한국에서 1865 마케팅을 실시한 후 칠레에 마케팅 기법이 역수출 되어 미국 시장 공략에 쓰이기도 하였다.

까베르네 소비뇽 까르미네르 말벡 시라 소비뇽 블랑

1865 Reserva Cabernet Sauvignon, San Pedro(1865 리제르바 까베네 소비뇽, 산 페드로)

Tasting Note

- **품종** 까베르네 소비뇽
- **원산지** 칠레, 마이포 밸리(Maipo Valley)
- **색** 벽돌색을 띤 바이올렛 레드
- **향** 전형적인 까베르네 쇼비뇽의 향, Earthy한 향과 달콤한 바닐라 부드러운 토스트 향을 등반하며 밸런스를 잘 이룬다.
- **맛** 풀바디. 오크 숙성을 통해 배가된 바닐라 향이 부드러운 타닌과 조화를 이룬 우아한 와인
- **궁합** 소고기, 돼지고기, 치즈류

종합의견

산 페드로의 설립연도인 1865를 레이블로 옮긴 시리즈이다. 2006년 APEC에 공식 와인, 국내유명 수입사 5만원대 와인 블라인드 테이스팅 1위. 코리아 와인 챌린지 금메달 등 그 가치를 다시한번 인정받았으며 최근에는 골퍼들 사이에서 18홀을 65타에 치라는 의미로 선풍적인 인기를 얻고 있다.

(2) 천사 Vs 악마(Angel Vs Devil)

천사의 와인으로 불리는 칠레 와인의 대명사 몬테스 알파와 이에 대한 대항마 마케팅으로 악마의 와인으로 불리는 말리뇨이다.

아이러니하게도 칠레 와인의 대항마로 칠레 와인에 세계시장을 잠식당하고 있는 프랑스 와인이라는 점이 극적이기도 하다.

유해하다는 어원을 가진 말리뇨(Maligno)라는 프랑스 와인의 라벨에는, 아예 괴기스러운 악마의 모습이 그려져 있다. 14세기 유럽을 공포에 떨게 한 흑사병의 저주를 막기 위해 악마를 그려 넣은 와인 병을 주고받으며 서로의 건강을 기원하는 풍습에서 시작됐다고 한다.

이 라벨의 상대성과 함께 말리뇨는 부정적인 요소를 활용하여 마케팅을 극대화시킨 약간의 "혐오 마케팅"을 통해 대중들에게 쉽게 어필 되었다. 그리고 이 와인이 갖고 있는 독특한 후추 향은 라벨의 그림과 잘 일체감을 이뤄 소비자들에게 쉽게 알려지게 되었으며 소비자들에게 독특한 이미지를 심어 주었다.

Chile wine의 새로운 바람 - 오르가닉(Organic), 비오디나미(Biodynamic)

지난 시간 동안 칠레 와인의 급격한 성장은 가격대비 와인 품질의 우수성이 가장 큰 이유를 차지 하였다. 그러나 이러한 밸류 와인으로서의 성장은 이제 정체기를 맞이하고 있는 상황이다. 칠레 와인에 명품와인을 찾아보기가 극히 드문 이유이기도 하다.

이런 시기에 전세계적으로 불고있는 오르가닉, 비오디나미 열풍에 칠레 와인은 다시 새로운 활로를 찾을 수 있는 상황이 도래하였다.

오르가닉 경작방법은 지역 동식물의 다양성, 생물학적 순환,토양 미생물의 활동 보존 및 증가의 선순환을 이용하는 방법으로 포도원을 자연 환경과 흡사하게 경작하는 방법이다. 일체의 합성비료를 사용하지 않으며 환경보호를 통한 장기적인 와인 생산을 목표로 한다.

비오디나미 경작법은 포도원의 자연요소를 가장중요시 하며 비오디나미의 우주 생체 순환의 리듬에 따른 경작을 진행하며 동종요법을 통한 동식물, 미생물 및 토양속의 미네랄 상호관계를 개선해 나가는 경작 법이다.

이 때문에 칠레를 대표하는 세계 최대 규모의 유기농 와이너리 에밀리아나(Emiliana)에 새로운 관심이 모여지는 이유이기도 하다. 에밀리아나 오르가닉 스파클링, 에밀리아나 꼬얌, SOD 까르미네르 등의 와인을 생산하고 있다.

참고문헌

Vins AOC de France 佐藤秀良, 須藤海芳子, 河清美 (2009) 三星堂
Grand Atlas des Vignobles de France 飯山敏道 (2005) 飛鳥出版
兒島速人 CWE Test Your Knowledge of Wine ワイン教本2008年版 イカロス出版
田邊由美のWine Book (2009)飛鳥出版
上級ワイン教本 Exploring wines & Spirits by Christopher Fielden.(2009) 柴田書店
(The Wine & Spirit Education Trust 編)
日本 ソムリエ 協會教本 社團法人 日本 ソムリエ 協會 飛鳥出版
The Wine Bible Karen Macneil 최신덕, 백은주, 문은실, 김명경 공역 (2010)WB by barom works
The world Atlas of Wine (휴존슨, 잰신스 로빈슨의 와인 아틀라스) 세종서적
by Hough Johnson, Jancis Robinson
도도한 알코올 와인의 역사. 로드 필립스 (2002) 시공사
와인 소믈리에 실무 김의겸, 최민우, 정연국 공저 백산출판사
http://lukegeography.files.wordpress.com칠레 와인지도
제4회 중앙 와인 학술 축제
안데스의 정기, 남미 와인 산업의 현황과 미래 진단.-손진호,이효정,이세용
금양 인터내셔날 제공 자료
관세청 공시 자료

와인의 세계

제10장
아르헨티나 와인

1 지역 개관

아르헨티나의 와인의 역사는 400년 이상 되었다. 1554년에 포도가 처음으로 재배되었다. 아르헨티나는 세계 5위의 생산국이며 소비에 있어서는 세계 6위의 국가이다. 1973년 품질이 좋은 와인 생산이 약 5%였다면 현재는 40%정도가 품질이 좋은 와인을 생산하고 있다(Kevin Zraly, 2008: 157).

16세기 중반 와인이 전파되었고 1890년대 유럽인들의 대거 이민으로 인해 다양한 포도 품종과 양조기술이 도입되었다. 1990년대 국내 정치 사회의 안정과 해외로 부터의 투자로 인해 와인산업의 재도약 계기를 마련하게 된다.

아르헨티나 와인 산지와 산지별 주요 포도 품종 생산지

1980년대까지는 내수[1]가 많아 자국내 소비가 많았다. 생산량이 세계 5위[2]인 만큼 1990년대 이후 수출에도 신경을 써오고 있다. 주변국가 칠레의 해외수출에도 영향을 받았다. 90년대 들어 내수시장이 주춤하게 된다. 내수소비가 줄어들게 되었기 때문이다. 아르헨티나의 가능성은 포도나무를 재배할 수 있는 많은 면적을 지니고 있다는 점에도 주목해야 할 것이다.

예전에는 품질보다는 양적인 생산을 많이 하였으나 최근에는 품질에 많은 노력을 기울이고 있다. 2012년에는 47만 1520리터(약 259만 8000달러)에서 2013년 63만 3911리터(약 323만 7000달러)로 증가하여 각각 전년 동기 대비 와인 수입량은 34.4%, 수입 금액은 24.6%가 상승하였다. 국내 수입량과 수입금액이 눈에 띄게 증가했다는 것을 확인할 수 있다(호텔앤레스토랑, 2014.9 : 206).

2 아르헨티나 와인의 특징

1) 기후[3]

아르헨티나의 대표산지 멘도사의 기후는 대륙성 준사막 기후이다. 매우 메마른 기후대를 보인다. 일교차가 상당히 많다. 낮에는 40도 정도이며 밤이나 새벽에는 10도로 상당하다. 안데스산맥에서 내려오는 눈 녹은 물로 포도밭에 공급하고 있다.

태평양의 습한 공기를 안데스 산맥이 차단시키고 있으며 연 강수량 200~250mm(손진호, 2009:123)로 칠레보다는 비가 덜 오는 상황이다.

아르헨티나 와인은 15세기 중반 스페인의 식민지배와 함께 와인 양조가 시작되었다. 와인생산량은 세계 5위이며 1990년 이후 경제적 안정을 찾고 외국자본이 도입되면서 적극적인 수출과 비약적인 발전을 하고 있다(호텔앤레스토랑, 2014: 194).

아르헨타나는 강수량은 적지만 포도재배에 알맞은 기후를 지니며 배수에 용이한 토양

---

1) 아르헨티나에서는 자국내 소비가 생산량의 90%가 될 만큼 내수소비가 큰 나라이다.
2) 2008년 포도밭 면적이 226,000ha, 생산량이 15,396,000 hl로 세계 생산의 5%를 담당하고 있다(손진호, 2009:121).
3) 아르헨티나의 빈티지는 별로 중요하지 않다. 늘상 기후가 좋기 때문이다. 300여일이 일조량이 좋다. 2000년대에 좋은 빈티지는 2002, 2003, 2004, 2005가 특별한 빈티지로 소개(Kevin Zraly, 2008: 157)되고 있다.

을 지니고 있다. 강수량은 연간 8인치(Inches) 정도이다. 부족한 강수량으로 인해 운하나 댐으로부터 물을 공급(Kevin Zraly)한다.

2) 지형 및 토양

대표산지 멘도사가 포도를 재배하는 고도가 1000m내외로 안데스 산지는 타지역 보다 고도가 높다. 그리고 토양은 사토에서 점토질까지 다양한 형태를 보인다. 석회 점토질, 모래와 자갈이 섞인 충적토(손진호, 2009: 123) 등 다양하다.

필록세라와 같은 포도나무 전염병과 같은 피해을 입지 않을 정도로 청정 자연환경을 보유하고 있다. 해발 900m 이상의 고지대에서 산맥의 눈이 녹아 포도밭으로 흐르기 때문에 가장 깨끗한 환경에서 자라는 와인으로 꼽힌다(호텔앤레스토랑, 2014.6: 194).

3) 외국의 투자 증가

미국의 캘리포니아 캔달잭슨, 프랑스 보르도의 Lurton family, 샤토 쉬발 블랑의 소유주(Chival des Andes 창설), 도멘 바롱 드 로칠드 등이 투자하였다. 그리고 칠레의 콘차이 토로, 산타 리타가 자본과 기술을 투자하였다(Kevin Zraly, 2008: 157).

4) 큰 내수 소비

아르헨티나는 전통적으로 와인의 내수가 큰 국가의 특징이 있다. 와인 생산의 약 90%가 내수에서 소비되었다고 평가된다. 육류 소비량이 많은 아르헨티나에서는 와인소비가 아울러 남미국가 중에서도 많아서 와인소비[4)]가 거의 유럽 수준으로 평가되는 국가이다.

5) 세계의 이목 집중

아르헨티나 와인은 근자에 세계의 유명한 와인대회에서 좋은 결과로 각광을 받으면서 국제적인 인지도가 향상되면 주목을 받고 있다. 상대적으로 저렴한 가격, 풍부한 과실향과 맛 훌륭한 마케팅으로 알려지고 있다.

---

4) 아르헨티나 와인소비는 1인당 40~50병(세계 6~7위 수준)이다. 1인당 와인 연간 소비량이 98리터에 이른다고 한다. 인생을 즐기는 법을 아는 남미의 명성에 걸맞는 기록(http://terms.naver.com; http://navercast.naver.com)이라는 평가이다.

최근에 아르헨티나 와인의 경쟁력과 품질이 알려지고 공인되면서 우리나라의 주요 호텔과 레스토랑에서 칠레산 하우스와인의 대체 와인으로 관심을 끌며 많이 사용될 것으로 예측되는 상황이다.

또한 전문가들은 향후 프랑스가 미국과 '파리의 심판'을 첫 번째로 했다면 다음에 제 2의 '파리의 심판'은 아르헨티나와 할 것이라고 평가할 만큼 품질이나 와인의 발전 가능성이 높게 평가되는 국가라고 판단된다.

3 포도 품종

1) 레드 와인[5)]

(1) 말벡

말벡(Malbec) 품종은 원래는 프랑스의 남서부 카오르(Cahors)지방에서 오세후아(Ausseroir)라는 품종이 넘어와서 아르헨티나에서 대표품종으로 자리잡게 된 품종이다. 말벡이 성장하기에 아르헨티나 지역이 최적지라는 의미로 보면 된다. 고도가 높은 멘도사 같은 지역에서는 낮의 강한 일조량과 밤의 서늘한 기온이 포도를 성숙케하고 유연한 탄닌을 완성시키며 밸런스 좋은 산도와 향을 갖은 포도를 만들게 하기 때문이다. 말벡은 멘도자지역에서 가장 품질이 좋은 품종이다.

말벡 품종은 숙성기간이 다소 필요한 와인이다. 근자에 출시된 빈티지의 경우 제대로 시음하려면 어느 정도의 숙성기간이 필요하다. 와인을 빨리 오픈 했을 경우 타닌감이 상대적으로 압도하는 느낌을 받아 숙성된 기간과 함께 조화로운 타닌감을 느끼기 위해서는 시간이 필요한 와인이다.

5) 아르헨티나는 레드 와인이 생산량의 60%를 차지한다. 아르헨티나 와인은 세계 생산량의 4.9%를 차지한다(마이클 슈스터, 2007; 239).

Trapiche Single Vinyard Malbec(트라피체 싱글빈야드 말벡)

Tasting Note

- **품종** 말벡
- **원산지** 아르헨티나, 인도자
- **양조방식** 자연적인 말로락틱 발효 새 프랑스 오크통에서 18개월간 숙성
- **색** 테두리에 자줏빛이 감도는 붉은 색이 진하여 거의 검게 보일 정도
- **향** 잘 익은 자두처럼 농축된 검은 과일향이 감돌며 육중한 느낌이 강함
- **맛** 풍부한 타닌의 느낌이 입 안 가득히 넘치는 듯하다. 미네랄과 함께 여운이 길다. 토스트향이 복합적인 느낌을 돋궈줌
- **궁합** 돼지고기, 양고기, 소고기

종합의견

와인 3대 전문지 중 하나인 디켄터 2009. 7월호 전면표지를 장식했을 정도로 놀라운 품질은 자랑하는 와인이다. 수십 개의 싱글빈야드 가운데 트라피체에서 매년 엄격한 심사를 거쳐 단 세 개의 싱글빈야드만 엄선하여 출시한다. 매년 싱글빈야드(단일포도밭)의 이름을 달라질 수 있지만 최고의 품질임에는 변함이 없는 놀라운 와인이다.

(2) 카베르네 소비뇽

아르헨티나의 대부분의 산지에서 생산된다. 멘도사, 마이푸(Maipu)가 최적의 산지로 평가된다. 아르헨티나에서는 카베르네 소비뇽(Cabernet Sauvignon)은 말벡과 블랜딩하여 풀바디하고 스파이시한 와인을 생산하기도 한다.

(3) 메를로

메를로(Merlot)는 아르헨티나에서 생산되는 레드 와인 품종으로도 잘 알려져 있다.

(4) 쉬라

쉬라(Syrah) 품종은 향후 아르헨티나에서 생산이 증가되며 기대되는 품종이기도 하다.

2) 화이트 와인

(1) 토론테스(Torrontes)

토론테스(Torrontes) 품종은 아르헨티나에서 많이 생산되는 이국적인 열대향을 많이 발산하는 품종이다. 원산지는 스페인이다. 대표산지는 La Rioja이다. 토론테스는 고지대에서 생산된 와인이 최고의 품질을 보여주고 있다. 바디감도 화이트 와인가운데서는 꽤 있는 편이며 천연적인 과일향이 물씬 풍기는 다채로움을 나타내 준다.

프란치스코 교황이 즐겨 시음한 와인 '알타 비스타 클래식 토론테스'

가톨릭 교회 역사상 최초의 남미 출신 교황으로 화제가 된 프란치스코 교황은 교황 선출 후 추기경들과 첫 만남에서 고령인 자신을 오래된 와인에 비유하는 등 와인 사랑이 각별한 것으로 잘 알려져 있다. 그 중에서도 프란치스코 교황의 자국인 아르헨티나 와인인 '알타 비스타 클래식 토론테스'는 그가 추기경 시절 소규모 연회에 특별 주문할 정도로 즐겨 마시던 와인으로, 아르헨티나의 토착품종 토론테스의 개성을 고스란히 담아 산뜻한 산도와 함께 복숭아와 살구 등의 아로마가 특징이다(호텔앤레스토랑, 2014.9: 207).

개인적으로도 독특하여 여러 번 시음한 와인이다. 가격도 국내에서 2만 원대에 구입이 가능한 와인으로 밸류 와인이다. 프란치스코 교황의 소탈함과 겸손함 그리고 품위에 한결 어울리는 가치를 지닌 와인으로 손색이 없다는 생각이 든다. 와인을 사랑한 훌륭한 인격자가 선택하고 좋아한 와인인 만큼 고상하고 저렴하면서도 이국적인 와인으로 평가하고자 한다.

(2) 샤르도네(Chardonay)

샤르도네(Chardonay)는 세계적인 수준으로 아르헨티나에서 생산되고 있다는 평가를 받는다. 국내에 들어와 있는 아르헨티나 샤르도네와인은 가격대비 밸류와인이며 바디감있는 이국적인 향취가 좋은 와인으로 평가하고자 한다.

4 주요 생산지

1) 멘도사(Mendiza)

이 지역은 안데스산맥 기슭에 위치하며 아르헨티나의 75% 가량 포도밭을 차지(호텔앤레스토랑, 2014: 195)하며 품질이 뛰어난 와인으로 주목받고 있다.

멘도사 지역은 평균적으로 고도가 800~1500m에서 와인을 재배한다. 보통 1000m나 1200~1300m 지대에서 많이 재배한다.

Iscay, Trapiche(이스까이, 트라피체)

Tasting Note

- **품종** 메를로 50%, 말벡 50%
- **원산지** 아르헨티나, 인도자
- **양조특질** 20kg 바구니에 손으로 수확 후 좋은 포도송이만을 골라 25일간 약 23~25℃에서 2개의 품종을 별도로 발효, 숙성시킨 후 18개월간의 오크 배양이 끝나면 블렌딩한다.
- **색** 바이올렛톤의 짙은 적색
- **향** 짙은 슬로향의 흙내와 초콜릿 부케가 특징이다.
- **맛** 벨벳처럼 부드럽게 입 안에 머무는 진한 타닌이 압권이다.
- **궁합** 소고기, 강한 향을 가진 치즈 등과 어울림

종합의견

잉카문명이 경의를 표하기 위해 선택한 이름 이스까이는 잉카어로 "둘"이라는 뜻을 지니고 있다. 두 명의 세계적인 와인메이커 미셸 롤랑과 다니엘 피에 의해 만들어진 명품 와인이라는 자긍심과 최고의 기술로 생산되 와인이다. 말벡과 메를로의 두 품종은 50 대 50으로 블렌딩한 트라피체의 도전정신이 담겨 있다.
특히 국내에서 프로포즈 및 각종 기념일에 주목받고 있다. "둘"이라는 와인 이름, 두 개의 품종, 두 명의 와인 메이커

2) 산 후안(San Juan)

아르헨티나에서 두 번째로 큰 와인재배지역이다. 해발 약 1,200미터에 포도밭이 조성되어 있다. 위니블랑, 샤르도네, 비오니에, 말벡, 메를로, 피노누아, 카베르네소비뇽 등이 재배된다(강찬호, 2013:192; 고종원 외, 2013: 251).

3) 기타

고급산지로 부각되며 말벡생산이 많은 북부의 살따(Sslta)지역, 아르헨티나 고유품종인 토론테스(Torrontes) 품종이 주요 재배지인 라 리오하(La Rioja), 가장 남부에 위치하며 말벡(Malbec)이 생산되며 향후 견고하고 섬세한 와인생산 가능성이 예견되는 파타기나아(Pataginia), 아르헨티나에서 가장 보편적인 화이트 품종인 크리오야(Criolla)를 생산하며 피노누아(Pinot noir)도 주목받는 세계 최남단에 위치한 와인생산지인 리오 네그로(Rio Negro)지역이 아르헨티나의 주요산지이다(고종원 외, 2013; 251~252).

5 유명 브랜드 및 생산자

국내에서는 Catena Zapata, Norton, Trapiche가 많이 수입되고 있다. Cheval des Andes, Lopez 등도 유명하다. 알타비스타 와인도 가격대비 품질이 좋은 와인으로 국내에도 수입되어 좋은 평가를 받고 있다.

참고문헌

강찬호, 와인백과, 기문사, 2013.
고종원 외, 세계와인과의 산책, 대왕사, 2013.
마이클 슈스터, 와인테이스팅의 이해, ㈜BaromWorks , 2007.
손진호, 손교수와 함께 배우는 와인의 세계-뉴월드 와인편- , 손진호와인연구소, 2009.
손진호, 손교수와 함께 배우는 와인의 세계-초 중급 종합편-, 손진호와인연구소, 2010.
호텔앤레스토랑, 2014년 6월호.
호텔앤레스토랑, 2014년 9월호.

Kevin Zraly, Complete Wine Course, Sterling, 2008.
http://navercast.naver.com
http://terms.naver.com
http://thewinekart.com/blog/countries/argentina/

와인의 세계

제11장

남아프리카공화국 와인

1 지역 개관

아프리카 공화국의 와인 역사는 350년이 넘는다. 남아공 와인1)은 300년이 넘는 와인 제조 전통과 역사는 절제된 기품을 가진 올드 스타일과 과일 맛이 강한 현대적인 와인을 추구하는 신세계 스타일이 적절히 조화되어 있다(www.wosa.co.za;www.thedi.gov.za)는 평가를 받고 있다.

또한 대량 생산에서 벗어나, 좋은 포도 품종과 질 높은 와인 생산을 위해 노력하고 있다. 결국 국제적인 경쟁력을 도모하기 위해서이다.

현재, 남아공 와인은 와인생산에 있어서 세계 6위~8위에 랭크되어 있다. 생산된 와인의 20% 정도를 수출하고 있으며 가장 많이 수출하는 국가는 영국이다(Ed McCarthy, 2003; 215).

1) 남아공 와인은 복합적인 맛을 띠지만 부담이 없고, 정제된 깔끔함 속에서도 강력한 인상을 남긴다는 평가를 받는다. 특히 케이프주의 독특한 토양과 기후, 그리고 사람들의 특성이 와인에 뚜렷이 반영되어 있다. 궁극적으로 남아프리카공화국의 와인산업은 고품질의 와인 생산을 지향하고 있다(남아공와인협회; www.wosa.co.za)는 평가를 받는다.

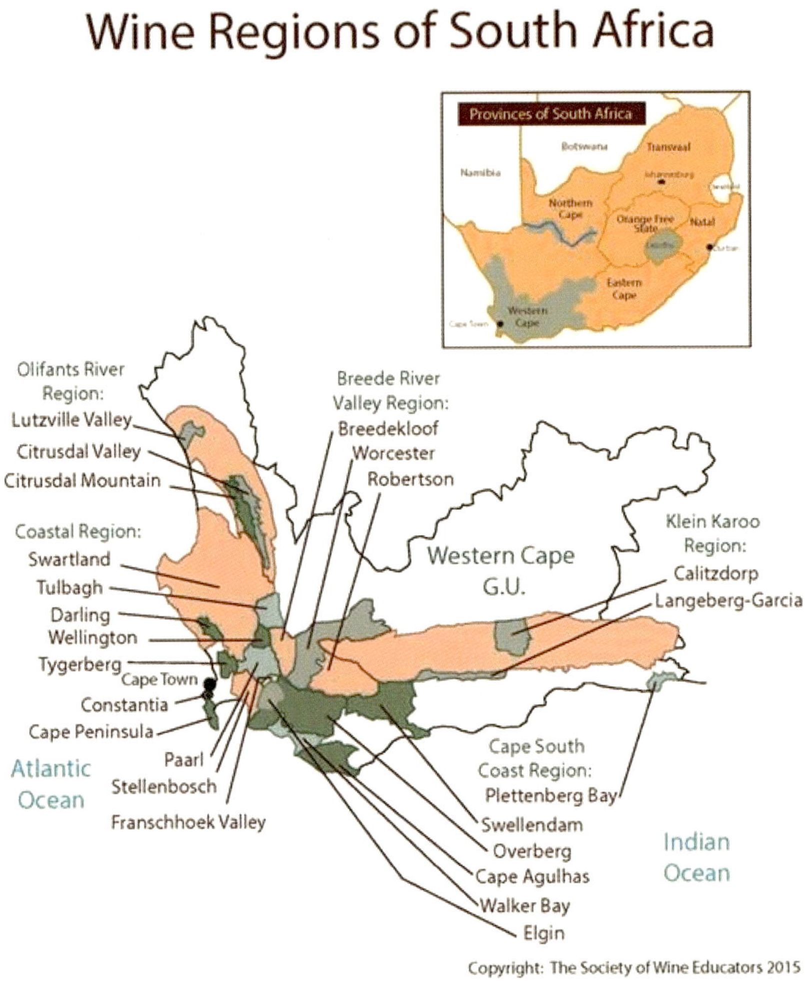

2 남아프리카 와인의 특징

지리적으로는 신세계에 속해 있다. 그러나 스타일은 유럽의 와인을 떠올리게 한다. 남아공의 까베르네 소비뇽은 프랑스의 까베르네 소비뇽과 비슷한 맛을 낸다. 반면에 미국의 캘리포니아와인과 호주 와인가 같이 신세계의 레드와인과는 또 다른 맛을 전해 주고 있다는 평가이다. 남아공 와인은 캘리포니아 와인의 매혹적인 향과 프랑스 와인의 미묘함이 그럭저럭 어우러졌다고 할 수 있다는 평가이다. 즉, 신세계와 구세계의 중간에 있거나, 아니면 독특한 그들만의 와인을 만든다고 생각해도 좋을 것이다(Ed McCarthy, 2003; 215)라는 평가가 시사하는 바가 의미있게 다가 온다. 이러한 평가를 통해 남아공 와인의 독자적인 스타일을 발견할 수 있다.

아울러 대표적인 품종 피노타지(pinotage)를 통해서 프랑스 스타일을 추구하는 것을 알 수 있다. 프랑스 전통품종인 피노누아(Pinot noir)와 프랑스 남부지방의 품종 쌩소(Cinsaut)를 결합하여 새로운 남아공의 대표품종 피노타지를 생산한 것을 볼 때 도전적인 신세계의 정신도 같이 엿볼 수 있는 사례라고 하겠다.

남아공 와인

17세기 망명한 프랑스인들에 의해 본격적으로 와인이 생산되면서부터 300년의 생산 역사를 자랑하게 된 남아공의 와인은 프랑스와 견줄 정도로 그 품질이 뛰어나다. 특히 남아공의 인기 관광지 중 하나인 컨스텐시아 지역에서 생산되는 와인은 세계적으로도 유명하다. '오만과 편견'의 작가 제인 오스틴은 컨스텐시아 디저트 와인을 너무 좋아해 그의 작품에도 소개했으며, 나폴레옹 또한 이 와인의 매니아 였던 것으로 유명하다.

Klein Constantia. Vin de Constance

남아공의 와인은 복합적이면서도 부담이 없는 편안함과 섬세하면서도 강한 맛으로 표현되며, 남아공의 쇼비뇽블랑과 쉬냉블랑 등은 국제적인 상을 수상하며 세계적으로 그 뛰어남을 인정받고 있다(http://sports.media.daum.net/cup2010/news).

3 포도 품종

1) 화이트 와인

최근 백포도가 점차 감소하는 추세로 보고 있다. 쇼비뇽 블랑, 샤르도네를 포함하여 좋은 품종들의 재배가 증가하고 있다. 특히 슈냉 블랑(Chenin Blanc)[2)]이 유명하다. 무스카

2) 남아공에서 스틴(Steen)이라고 불린다. Chenin Blanc은 드라이한 스타일로부터 스위트한 와인까지 다양하게 만들어진다. 수확기는 대체로 늦은 편이다. 모과잼향, 사과, 계피향 등(고종원 외, 2013:50) 이국적이며 아로마가 훌륭하며 바디감도 좋다. 현재 중동의 유수의 항공사들이 와인서비스에 공을 들이는데 남아공의 슈냉블랑을 서비스하여 좋은 평가를 받고 있다.

트 드알렉산드라가 생산된다. 기타 클레레트 브랑쉬, 케이프 리슬링, 에메랄드 리슬링, 그레나쉬, 무스카델, 누벨, 빨로미노, 피노 그리, 위니 블랑, 비오니에 등(남아공 와인협회)의 다양한 화이트 품종이 있다.

남아공 와인[3]은 화이트와인이 80%를 차지할(마이클 슈스터, 2007; 239)정도로 비중이 높다.

2) 레드 와인

최근 레드와인 생산이 증가하는 추세이다. 피노타지(Pinotage)[4]가 가장 대표적인 레드 품종이다. 까베르네 쇼비뇽, 쌩소, 메를로, 쉬라즈도 대표적인 레드 품종이다. 그밖에 까베르네 프랑, 까리냥, 가메, 말벡, 므드베드그, 무스카델 등 다양한 품종이 생산된다.

4 주요 생산지

지중해의 더운 날씨를 연상시키는 대표산지[5]들은 한낮의 찌는 듯한 더위를 피해 고지대로 향하는 경사면에 위치한다. 대서양과 인도양에서 불어오는 해풍이 더위를 식혀주고 있다.

1) 스텔렌보쉬(Stellenbosch)

가장 대표적인 남아공의 대표적인 와인산지이다. 케이프타운에서 50Km 거리에 있다. 엘스테 강의 영향으로 상류는 화강암질 토양에서 레드와인, 하류에서는 사력질 토양에서 품질이 좋은 화인트 와인이 생산된다. 연간 강우량이 600~800mm이며 전체 남아공 산지의 재배면적 15%를 차지한다. 샤르도네, 까베르네 소비뇽, 소비뇽블랑, 피노타지, 메를로, 쉬라, 쉬냉블랑 등 좋은 품질의 와인을 재배한다.

---

3) 남아공 와인은 세계 생산량의 3.2%를 차지한다(마이클 슈스터, 2007; 239).

4) 새로운 품종을 만들어 내기 위해 교잡 시도가 이뤄졌고 가장 대표적으로 유명한 것이 피노 누아와 쌩소의 교잡으로 탄생된 적포도 품종이다(www.wosa.co.za).

5) 가장 오래된 산지이며 사질토양으로 배수가 잘되며 샤르도네가 주로 재배되는 기후가 서늘한 편인 콘스탸샤(Constantia), 프란스후크 계곡, 팔, 스텔린보쉬 지역으로 케이프타운을 둘러싸고 있다(고종원 외, 2011:224).

2) 팔(Paarl)

프랑스에서 종교 박해를 피해 이주해 온 위그노 교도들에 의해 포도재배가 시작되었다. 대표적인 품종은 까베르네 소비뇽, 피노타지, 시라, 샤르도네, 슈냉블랑 등이다(고종원 외, 2011; 224~225).

3) 기타

서늘한 기후로 세련되고 현대적인 와인에 이상적인 지역으로 평가되는 더반빌(Durbanville), 석회질이 풍부하며 샤르도네 등 화이트 와인이 재배되는 로버트슨(Robertson) 지역이 있다. 새로운 산지로는 인도양 오른편에 위치한 모셀만, 케이트 타운 가까이 있는 워커만, 엘진 지역이다. 엘진은 소비뇽블랑을 주로 생산하는 것으로 알려져 있다(고종원 외, 2011; 222).

와인 투어

케이프주 와인 생산 지역은 전 세계적으로도 가장 아름다운 관광지 중의 하나로 손꼽히고 있다. 케이프타운에서 약 한시간 거리에 위치한 대표적인 와인 생산지역으로 콘스틴샤(Constantia), Durbanville, Darling, Stellenbosch, Helderberg, Paarl, Franschhoek, Franschhoek, Wellington, Walker Bay 등을 따라가는 관광코스가 인기를 얻고 있다고 한다. 시간적 여유가 있으면 조금 더 떨어져 있는 Breederkloof, Worcester, Robertson, Litte Karoo, Tulbagh, Swatland 등을 방문할 수 있다. 아름다운 와인농장과 와이셀러, 생산과정 등을 견학하며 현지 유명 레스토랑의 특별메뉴를 산지 와인과 함께 맛보는 것이 추천된다. 말타기, 산악자전거, 하이킹 등 다양한 체험도 함께 할 수 있다. 이러한 와인 농장과 마을에는 18세기와 19세기 크게 번성했던 고풍스러운 네덜란드식 건축 양식의 가옥들이 아름답게 보존되어 있어서 보는 즐거움을 더해 준다는 지적이다(www.wosa.co.za)

참고문헌

고종원 외, 세계와인과의 산책, 대왕사, 2013.
고종원 외, 세계의 와인, 기문사, 2011.
마이클 슈스터, 와인테이스팅의 이해, ㈜BaromWorks , 2007.
Ed McCarthy외, 천재반을 위한 Wine, 비앤비, 2003.

http://sports.media.daum.net/cup2010/news
www.wosa.co.za
www.wosa.co.za;www.thedi.gov.za
http://www.kleinconstantia.com/our-news/robert-parker-rates-vin-de-constance-95-points/
https://businesstech.co.za/news/lifestyle/91516/the-best-wines-in-south-africa/
https://www.junsungkinews.com/40149
https://www.winewitandwisdomwe.com/wine-spirits-maps/

제12장

오스트레일리아 와인

1 지역 개관

다른 와인생산국에 비해 호주는 와인산업이 발달하기에 좋은 떼루아나 좋은 배경을 갖은 나라라고 볼 수 없다. 토착 품종이 있어 자생적으로 번식되어 있던 포도밭도 없었고 원주민들도 재배하지 않았으며 국토의 대부분이 사막과 고원지대로 이루어진데다 대부분의 기후 또한 무덥고 건조한 대륙이기 때문이다. 전 세계 5대륙 가운데서도 강우량이 제일 적은 곳이 이곳이다.

게다가 다른 나라들은 종교적인 이유로 어떻게든 자국의 포도 품종을 식재 하여 와인을 만들려고 노력한 것과 대비하여 호주를 개척한 영국은 와인의 소비 및 평가로는 예나 지금이나 세계 최고이지만 와인 생산의 역사와 전통에 대해서는 부족한 점이 많았다.

이 때문에 17세기 유럽 이민자들에 의해 미국, 스페인에 의해 칠레, 상업적 와인 생산에 나서고 남아프리카 공화국이 1659년 첫 와인을 생산하는 등 다른 신세계 국가들이 와인생산을 시작한 후 한참이 시간이 지난 1788년에 이르러서야 아서 필립 총독에 의해 지금의 시드니 근교에 최초의 포도나무가 심어졌다는 기록이 전해지게 되었다.

이후 유럽에서 362종의 포도나무를 가져와 시드니 식물원에 심은 스콧(Scot), 제임스

버즈비(James Besby)에 의해 이 포도나무 가지들이 전역으로 흩어져 오스트레일리아 와인 산업의 기반이 되었다.

1830년대 선구자격에 해당했던 사람들의 이름은 라벨을 통해 내려온다. 1836년 윈덤(Wyndham), 1840년대 의사로서 치료제로 사용했던 린더만(lindeman)박사 등을 예로 들 수 있다. 또 다른 의사인 펜폴드(penfold)박사가 사우스 오스트레일리아 그랜지 농원에 병원을 차린 것은 1840년 무렵 와인을 만든 목적은 약으로 황용 하기 위해서 였다. 와인에는 철분이 많기 때문에 오스트레일리아 까지의 먼 뱃길로 빈혈에 걸린 이주민 치료에 제격이었다.

종교박해를 피해 독일출신의 루터교도 들이 애들레이드 북쪽 바로사 계곡에 정착지를 마련 라인 지방의 리슬링 품종을 제이콥스 크릭에 심으며 포도재배 산업은 일대 전환기를 맞이하게 되나 내수 시장이 전무한 상황이기에 유럽 수출을 활로로 모색하게 된다.

1851년 런던 박람회를 시작으로 1855년 파리 만국 박람회에서 프랑스 와인들과 품질 경쟁을 벌였으며 1882년 보르도 국제 박람회, 1889년 파리 국제 박람회에서 금메달을 받기에 이른다.

19세기 후반 오스트레일리아의 와인 생산은 폭발적으로 증가하고 와인 제조 기술도 발전했다. 19세기 초반의 와인이 가내공업품이라면 19세기 후반은 공산품의 성격을 띄게 된다. 대형 압착기와 냉각 처리 과정 등 현대적인 시스템을 갖추게 된다.

초기 산업으로서의 오스트레일리아 와인산업은 두 차례의 세계대전 이후로 주 시장인 영국시장을 개척하고 1960년 중반 이후로 발전일로로 들어선다. 이시기부터 오스트레일리아 현대 와인산업의 시기로 보는데 당시 영국 시장에 맞추어 와인 산업은 주정을 강화한 알코올이 높고 달콤한 주정강화 와인에 집중되어 있었다.

1970년대에 마가렛 리버, 모닝턴 페닌슐라, 야라 밸리와 같은 서늘한 기후대를 선별해 고급 와인생산을 생산하려는 현대 와인산업이 시작되었다. 이 시기에 현재의 호주 대표적 와인회사인 사우스콥 와인스(Southcorp wines), 베린저 블라스(Beringer Blass), 올랜도 윈덤(Orland Wyndham)이 인수합병을 통해 규모를 키우기 시작했다.

현대적인 호주 와인산업의 기술을 상징하는 스테인리스 통이 널리 이용되어 발효 온도를 조절하였고 더운 지역에서의 화이트 와인 생산 등 지금의 오스트레일리아 와인의 초석을 닦는 시기를 맞이한다.

1980~1990년대에 와인산업은 나날이 발전하여 1994년 지리적표시 제도 G.I(Geographic Indications)를 도입하여 떼루아 Terroir 개념을 도입 전 세계로 수출시장을 넓히게 된다.

2 오스트레일리아 와인의 특징

오스트레일리아 북부와 중앙부는 기후적으로 포도재배에 적합하지 않다. 이들 지역 중에서도 특히 호주 중심부에 해당하는 지역은 극단적으로 건조하여 포도밭은 주로 남부 인도양 연안지역에 많이 분포하며 와인생산의 대부분은 오스트레일리아 동남부에 집중되어 있다. 총 생산량의 절반 이상은 사우스 오스트레일리아(South Australia)이다.

남반구에 위치하기 때문에 오스트레일리아의 수확은 2월과 3월경에 시작된다. 광대한 국토를 갖고 있고 포도 재배지와 와인 양조장이 상당히 멀리 떨어져 있기 때문에 포도를 1600km. 또는 더 그 이상도 운반하는 것도 흔한 일이다.

특별히 높은 평가를 받고 있는 와인의 경우에서도 이와 같이 여러 개의 다른 산지의 포

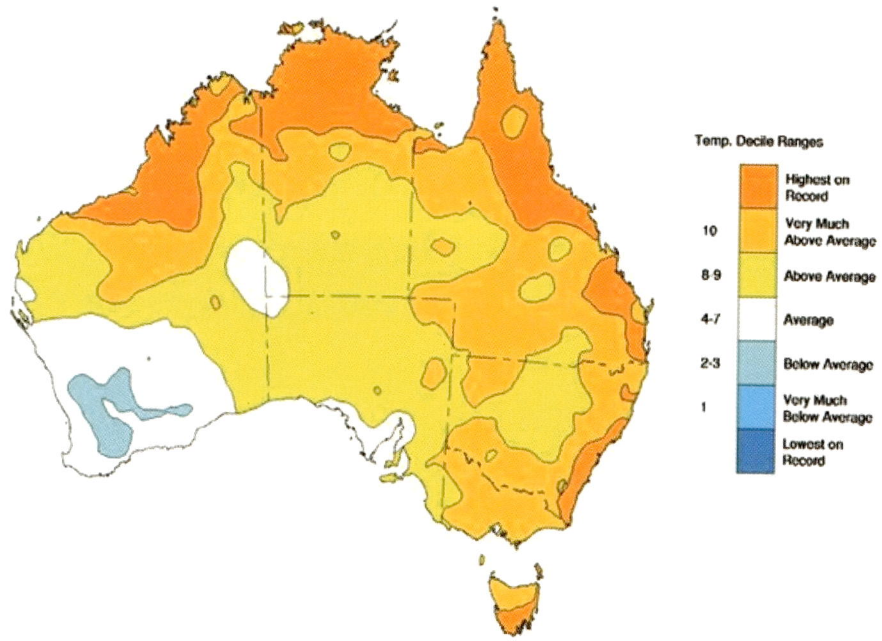

도를 사용해 만들어 라벨에는 South - East Australia 라고 표기하는 경우가 있는데 대표적인 예가 펜폴즈 그랜지(Penfold Grane)이다.

이러한 브렌딩 방식을 Inter-Regional Blending, Cross State Blending, Multi-Vineyard Blending이라고 부르는데 이 방식을 통하여 설령 특정 지역의 빈티지가 좋지 않더라도 서로 다른 지역의 우수한 포도를 가져다 브렌딩을 통해 약점을 보완하는 방식으로 품질의 균일성을 유지할 수 있는 호주 특유의 양조방식이라 할 수 있다.

이것이 펜폴즈 그랜지가 슈퍼 프리미엄 와인이면서도 사우스 오스트레일리아(South Australia)의 원산지를 달고 있는 이유이다. 마치 프랑스 보르도 지방의 1등급 와인이 가장 저렴한 A.O.C Bordeaux으로 라벨을 달고 나왔다고 볼 수 있다.

영국 시장에 본격적으로 수출하기 시작한 1980년대 중반이래 오스트레일리아 와인의 수입이 착실히 늘어나 지금의 신세계 와인 수입 비중에서 선두를 차지하고 있다.

스크류 캡

그리고 또 하나의 특징으로는 스크류 캡의 사용이 다른 신세계 와인 생산국에 비해 월등히 높다는 점이다.

이는 호주의 지리적 위치 때문이기도 하다. 코르코 나무의 대표적인 생산국인 포루투갈에서 호주로 코르크가 수입되려면 다른 와인생산국과 달리 장시간을 적도인근에 노출되어야 하는데 이로 인한 코르크의 변질 우려가 심하고 실제로 호주에서의 코르크로 인한 와인 변질이 다른 생산국보다 월등히 높아 스크류 캡을 선호하고 있다.

또한 이웃에 위치한 뉴질랜드도 같은 이유로 스크류 캡을 월등히 많이 사용하고 있다.

3 오스트레일리아 와인 라벨 및 와인법규

1) 오스트레일리아 와인 라벨

와일 라벨 표기시 품종 85%이상, 원산지명 85%, 수확년 85% 이상 함유해야 하며 포도 품종이 브렌딩 표기시 함유 품종 비율이 많은 순으로 라벨에 표기해야 한다.

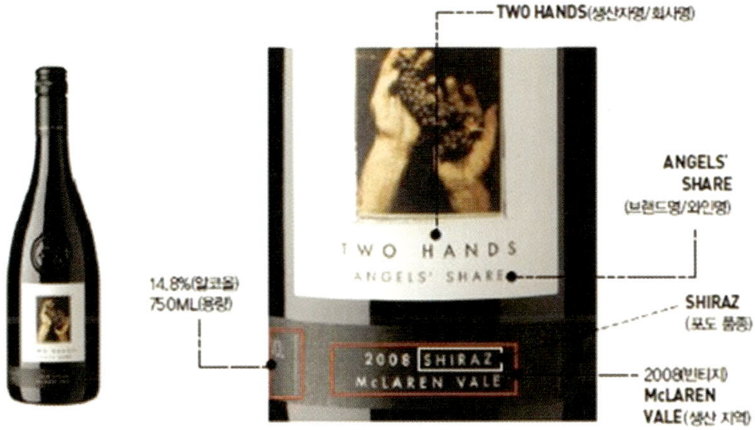

2) 와인 법규

(1) G,I(geographical Indicate₩ion) : 지리적 호칭 제도

오스트레일리아의 와인 법은 와인 명산지의 프랑스의 브르고뉴 Bourgogne, 끌레렛뜨 Claret, 샤블리 chalbis, 호크 Hock 등의 용어를 호주 국내시장에서 사용하는 것이 아직까지 허가되어 있듯이 와인사업은 엄격하게 조직 된 명칭제도를 따르고 있지 않고 있다.

그러나 와인 라벨에 포도명을 표기하는 경우에는 그 포도가 와인 중에 85% 이상 포함해야 하며 수확한 해를 표기한 경우에는 그 해의 포도가 85%함유 되어야 한다. 최근 원산지를 표시하는 경우 그 산지의 포도를 적어도 85% 이상 포함해야 한다는 원산지 체계가 확립되었다.

이것이 바로 G,I(geographical Indications, 지리적 호칭) 제도이며 떼루아(Terroir)를 중시하는 유럽수출을 목적으로 만들어진 원산지 체계이다.

4 주요 생산지

1) 사우스 오스트레일리아(South Australia)

(1) 바로사 밸리(Barossa Valley)

오늘날 오스트레일리아 와인산업의 중심부이다. 대기업 와인메이커가 모여있는 와신 생산의 거점지로서 1800년대 중반 다양한 인종의 초기 정착민들과 1847년 독일 이민자들이 종교 박해를 피해 이민 오면서 와인생산이 시작되었다.

떼루아가 다채롭고 낮과 밤의 일교차가 크며 풀 바디 레드 와인부터 높은 곳에 위치한 포도밭에서는 리슬링이 재배된다.

이곳의 쉬라즈는 다른 호주의 어떤 지역에서의 쉬라즈보다 강렬한 과일 풍미를 자랑한다. 1951년 처음 만들어진 최초의 프리미엄 드라이 와인 펜폴즈 그랜지(Penfolds Grange)의 원료로 쓰였다.

(2) 클레어 밸리(Clare Valley)

온난한 대륙성 기후로 오스트레일리아 최고의 리슬링 생산지이다. 이든 밸리와 함께 리슬링으로 유명한 산지이다.

크레어 밸리 리슬링은 미네랄이 풍부하고 시트러스와 라임 아로마가 풍기는 상쾌한 스타일로 장기숙성이 가능하다. 더불어 꿀처럼 달콤한 세미용도 높은 평가를 받아왔다.

(3) 맥라렌 밸리(McLaren Valley)

1838년 을 거슬러 올라가는 오래된 와인산지로 장기 숙성형 와인을 생산하며 새로운 품종의 재배도 활발히 이루어지고 있다.

애들레이드 힐스 외곽지역에 있으며 서쪽으로 빈센트 만이 따뜻한 포도밭을 식혀주고 동쪽으로 마운트 로프티 산맥의 높은 고도에 포도밭이 있어 좋은 포도가 생산된다

주요 품종으로는 잘익은 샤르도네와 쉬라즈이다.

(4) 애드레이드 힐스(Adelaide Hills)

1970년대 서늘한 기후의 포도재배가 활성화된 이후 부상한 와인산지이다. 애드레이드 근교의 400m~500m의 높은 곳에 위치한 포도밭으로 최고급 드라이 와인과 스파클링 와인산지로 떠오르고 있는 산지이다.

레드는 피노누아, 화이트는 샤르도네, 쏘비뇽 블랑이 주목받고 있다.

(5) 쿠나와라(Coonawarra)

보르도 지방을 닮은 해양성 기후대로 까베르네 쏘비뇽에 적합한 테라로사(Terra Rossa)의 붉은 토양의 산지이다. 구대륙에서는 신대륙의 떼루아중 토양을 대체로 인정하지 않는 경향이 있으나 이곳의 테라로사는 전형적인 떼루아로 인정받고 있다.

테라 로사 & 쿠나와라 카베르네 쏘비뇽 와인

포도 성숙기 서늘한 시기에 까베르네 쏘비뇽의 탄닌 성분이 강하고 농축되어 보르도와 비슷해진다.

(6) 패서 웨이(Pathaway)

1990년대에 뒤늦게 인정받은 산지로 쿠나와라에 이어 해양성 기후의 산지로 고품질의 샤르도네, 까베르네 쏘비뇽이 재배되고 있다.

(7)리버랜드(Riverland)

마레강 유역의 산지로 생산량이 많고 캐스크에 담긴 일상 와인과 주정 강화 와인의 공급지로서 알려져 있다. 벌크 와인의 공급지로 생산량이 많다.

2) 뉴 사우스 웨일즈(New South Wales)

(1) 헌터 밸리(Hunter Valley)

헌터강을 중심으로 로우 헌터 밸리 와 업 헌터 밸리로 나뉜다. 1820년 오스트레일리아 와인 산업의 개척지로 해양성 기후이고 고품질의 스틸와인부터 주정강화, 귀부 와인까지 생산되는 와인의 종류가 다양하다.

로우 헌터 밸리는 전형적인 오스트레일리아 스타일로 알려진 전통 산지로 화이트는 헌터 밸리 세미용으로, 레드는 거친 느낌이 나는 쉬라즈로 유명하다. 어퍼 헌터 밸리는 헌터 밸리 지역 최북단의 신생 포도 재배 지역으로 1960년 이후로 개척된 지역이다.

화이트는 버터 풍미의 샤르도네, 레드 와인은 즙이 많은 까베르네 쏘비뇽의 특색 있는 와인을 생산한다..

(2) 머지(Mudgee)

"머지"는 "언덕의 보금자리"라는 원주민어이다. 1850년대부터의 오래된 역사를 갖는 생산지. 유칼립투스 풍미의 특징을 갖는 쉬라즈, 까베르네 쏘비뇽이 생산된다.

(3) 리베리나(Riverina)

리베리나는 오스트레일리아에서 2번째로 큰 와인생산지로전국 생산량의 15%가 생산되는 벌크 와인을 생산한다.

3) 빅토리아(Victoria)

(1) 골번 밸리(Goulburn Valley)

비오니에, 마르산, 루산, 쉬라즈, 무르베르드는 프랑스 론 밸리의 품종이자 호주 골번 벨리 와인의 강점이기도 하다. 쉬라즈는 1860년대부터 마르산은 1930년대부터 골번에서 재배되었으며 나머지 론 품종들은 이후에 재배되기 시작하였다.

(2) 절롱(Geelong)

오스트리아 와인역사에서 1875년 필록세라의 상륙지로 기록된다. 현재의 절롱은 해양성기후의 보르도와 브르고뉴 두곳을 모두 닮은 지역으로 따뜻한 내륙인 아나키 지역에서 쉬라즈를 서늘한 해양성기후의 벨라린 반도에서는 피노 누아와 샤르도네를, 이 두 지역 사이의 배녹번에서는 개성강한 피노 누아를 생산하고 있다.

(3) 야라 밸리(Yarra Valley)

1920년경 끊어졌던 와인 산업이 1960년대 예링버그 와이너리의 부활을 거쳐 1990년대에 부흥하였다. 야라 벨리는 피노 누아, 샤르도네, 까베르네 쏘비뇽, 쉬라즈에서 스파클링 와인까지 질 좋은 와인을 생산해 낸다.

이것은 이 지역이 서늘한 와인산지이면서도 야라 배릴 북쪽으로는 따뜻하고 건조해지는 반면 남쪽으로는 서늘해지고 습해지는 등 소 지역 기후가 다양하기 때문이다.

멜버른에 가깝고 부띠끄 와이너리가 많으며 섬세한 탄닌과 숙성력이 좋은 까베르네 쏘비뇽, 깔금하고 우아한 쉬라즈와 함께 스파클링과 피노 누아의 산지로 유명하다.

(4) 모닝턴 페닌쉴라(Mornington Peninsula)

1970년대에 이르러서야 와인생산지역으로 개발되기 시작한 새로운 와인 생산 지역이다

삼면이 바다로 둘러쌓인 반도로 해양성 기후로 서늘한 산지로 산미가 강하고 좋은 샤르도네가 생산된다. 바닷바람이 열을 식혀주어 브르고뉴의 주 품종인 샤르도네와 피노 누아에게 최고의 환경을 제공해 준다.

(5) 히스코트(Heathcote)

주요 와인은 까베르네 쏘비뇽과 쉬라즈,샤르도네이다. 레드 와인은 힘있고 단단하며 탄닌 성분이 강하며 특히 최고급 쉬라즈의 산지로 알려져 있다.

(6) 킹 밸리(King Valley)

빅토리아의 북부 알프스 산기슭에 위치한 호주 최고 높이인 800m 에 포도밭이 위치하고 있다. 여러 품종의 포도를 대량으로 생산하며 국내각지에 원료로 제공하고 있다.

바르베라, 돌체토, 네비올로, 산지오베제 등의 이탈리아 품종을 비롯하여 따나, 쁘띠 멍상, 템프라니요 등의 품종도 도입, 시도 되고 있다.

4) 웨스턴 오스트레일리아(Western Australia)

(1) 스완 디스트릭(Swan District)

1829년 웨스턴 오스트레일리아 와인 발생의 산지로서 내륙의 고온 건조한 기후로 1920년대에 두각을 나타낸 주정강화 와인 생산에 적합한 지역이다. 현재는 레드보다는 화이트 와인이 각광받는 산지로 베르델호와 슈냉 블랑이 유명하다.

(2) 마가렛 리버(Margaret River)

1970년대 초에 탄생한 인기 와인산지로 많은 일조량과 차가운 해류로부터 오는 시원한 기류가 포도밭의 열기를 식혀준다. 마가렛 리버는 오스트레일리아에서 가장 바다의 영향을 많이 받는 지역이다.

1965년 존 글래드스톤즈 박사에의 해 마가렛리버와 보르도의 비교 분석 이후 여러 면에서 비슷한 보르도와의 연관성이 나타났다.

전통적인 보르도의 화이트, 레드 품종이 마가렛 리버에서 뛰어난 결과를 내보였다. 마가렛 리버의 까베르네 설명에 자주 등장하는 말인 "세련되고 우아하다."라는 표현이 잘 만든 보르도의 까베르네에서 자주 등장하는 표현과 일치함에서 잘 알 수 있다.

1967년 하나 뿐이었던 와이너리(벡스 펠릭스 포도원)였던 이곳에 현재는 백여 개가 넘는 와이너리가 존재한다.

르윈 에스테이트(Leeuwin Estate)

(3) 그레이트 사우던(Great Southern)

이 지역은 웨스턴 오스트레일리아에서 가장 큰 와인지역으로 남서부 해안을 따라 200km에 펼쳐져 있다.

5) 퀸스랜드(Queensland)

1863년부터 와인을 생산해온 와인산지로 다른 생산지와는 다르게 대부분의 지역이 열대 기후에 속하는 지역이다. 이곳 생산자들은 열기와 습기를 피하기 위해 바다 바람이 불어오는 높은 지역에 포도를 재배한다.

퀸즈랜드 남부 화강암 벨트(Granite Belt) 지역의 포도밭은 높이가 810m 위치에 포도밭이 있다.

6) 태즈메니어(Tasmania)

오스트레일리아에서 가장 서늘하고 해양성 기후의 영향을 많이 받으며 늦봄의 서리나 돌풍의 피해를 많이 입는 섬으로 포도를 재배하고 와인양조에 어려운 섬이다. 때문에 장소 선정의 전문화가 이루어졌고 태즈매니어 섬 북부, 동부, 남부 해안가를 따라 포도밭이 형성되었다.

피노누아와 샤르도네 리슬링이 주류를 이루며 스파클링 산지로도 유명하다.

5 호주 와인 마케팅

1) Bin 시리즈-펜폴즈(Penfolds)

호주는 최초에 영국의 형무소의 역할로 개척되었다. 최초의 포도나무를 심은 이도 이곳의 초대 총통이었으며 남아도는 죄수들의 인력을 동원하여 포도나무를 재배, 와인을 양조하기 시작하였다.

초기 죄수들의 문맹률이 높아 글자를 읽지 못해 포도 품종 구별 없이 섞이게 되었고 이후 이를 막기 위해 문자 대신 누구나 알고 있는 아라비아 숫자 표기로 포도 품종 구획을 구분하여 수확, 양조하게 되었다. 여기서 Bin은 술 창고를 의미한다.

펜폴드 Bin 시리즈 와인

이렇듯 BIN 222 chardonnay, Bin 444 cabernet sauvignon, Bin 555 shiraz , Bin 888 cabernet merlot 등은 각각의 품종을 해당 숫자로 구분지어 표기한 와인에서 유래한 것이다.

현재 호텔 레스토랑 리스트에서 와인 품목 앞에 "F 145"등 간략하게 알파벳과 숫자가 간략하게 적혀있는 경우가 많은데 고객입장에서도 간략하게 부를 수 있으며 관리자의 입장에서도 간편하게 관리할 수 있는 방법으로 사용된다.

이러한 번호를 Bin넘버라고 부르는데 그 이유에는 이러한 역사적 사례의 바탕이 있다.

2) Color Label-울프 블라스(Wolf Blass)

울프 블라스의 독창적 마케팅으로 라벨 색상으로 상품을 각인시키는 방법으로 홍보를 하였다. 품종을 기억하지 않아도 색상만 기억하면 와인을 선택할 수 있는 소비자 친화적 마케팅 방식이다. 울프 블라스 최고 와인의 컬러는 Black Label과 Platinum Label이다.

3) Blue Ocean Pioneer-블루 오션 개척자 옐로 테일(Yellow Tail)

"Yellow Tail의 신화를 이루다" 값싸면서도 소비자들이 원하는 와인을 만들기 위한 아이디어로 출발한 저가 와인 프로젝트. 비용을 최소화하면서 소비자들의 기호에 맞춘 와인으로 가장 호주적인 자유로운 와인으로 평가받았다. '옐로 테일의 블루 오션 전략' 이라는 유명한 논문이 쓰여지기도 하였다.

비싼 오크통 대신 오크 칩으로 맛을 내고 대중이 좋아하는 과일의 응축 미를 높이고 바닐라 에센스 첨가하는 등 저가 가격과 입맛에 맞춘 맞춤형 와인으로 전세계적으로 돌풍을 일으킨 와인이다.

참고문헌

兒島速人 CWE Test Your Knowledge of Wine ワイン教本2008年版 イカロス出版
田邊由美のWine Book 飛鳥出版
上級ワイン教本 Exploring wines & Spirits by Christopher Fielden. 柴田書店
(The Wine & Spirit Education Trust 編)
日本 ソムリエ 協會教本 社團法人 日本 ソムリエ 協會 飛鳥出版
The Wine Bible Karen Macneil 최신덕, 백은주, 문은실, 김명경 공역 WB by barom works
와인 구매 가이드 2 by 손진호 이효정 WB barom works
The world Atlas of Wine (휴존슨, 잰신스 로빈슨의 와인 아틀라스) 세종서적
by Hough Johnson, Jancis Robinson
Wine21.com

http://www.foxnews.com

와인의 세계

제13장

뉴질랜드 와인

1 지역 개관

뉴질랜드는 2009년 기준 와이너리가 650여개로 재배면적 32,000ha로 프랑스의 브르고뉴, 샹파뉴지방의 면적과 비슷하다. 영국내 수입에 있어서 평균가격 기준으로 가장 고가로 판매되는 만큼 선호도가 매우 높은 와인으로 보면 된다.

뉴질랜드는 와인생산의 혁신과 훌륭한 포도재배 지역으로 세계적인 명성을 가지고 있다. 총 700여개의 와이너리가 소재하고 있다(호텔앤레스토랑, 2014: 60).

2 뉴질랜드 와인의 특징

1) 기후

남위도 34~47도, 1,600Km에 걸쳐 있다. 풍부한 일조량을 갖고 있는 지역이다. 약 2,200시간의 일조량을 보인다. 시원한 해풍이 와인의 숙성과 산도를 높이는 역할을 한다. 서늘한 밤기온은 일교차로서 와인의 산도를 형성케 한다.

남북으로 길고 다양한 지형은 다양한 기후조건을 갖는다. 오클랜드, 기스본, 혹스베이 등의 북부지역은 풍요로운 일조량과 열을 보인다. 아열대기후대를 보여준다.

말보로[1], 넬슨, 와이라라파 지역은 가장 높은 일조량을 자랑한다. 센터럴 오타고 등 남부지역은 해가 잘 비치나 기온은 서늘한 곳이다. 지구의 최남단 산지이다.

2) 토양

토양은 생성된지 10,000년 이내의 유년기 토질이 대부분으로 침전물이 부족하다. 해안

1) Marlborough지역은 뉴질랜드에서 일조량이 가장 좋은 지역(10월부터 4월까지 약 2448시간)이며 2006년 기준으로 뉴질랜드에서 가장 넓은 와인재배 지역(11,488ha)을 형성하고 있다(손진호, 2010: 11,15)

으로 흐르는 강에 의해 운반된 자갈과 모래, 침적토와 충적토로 구성되어 있다. 풍부한 화산토로 구성되어 있다(손진호, 2010: 16).

3 포도 품종

1) 레드 와인

(1) 피노누아(Pinot noir)

뉴질랜드에서는 소비뇽블랑 다음으로 많이 생산하는 품종이다. 흙냄새가 나는 스타일이며, 스파클링 와인에서도 이품종이 사용된다. 말보로지역과 마틴보로 지역의 피노누아가 좋은 품질을 갖고 있고 센트럴오타고의 피노누아도 주목을 받고 있다.

뉴질랜드의 피노누아는 구세계의 섬세함과 신세계의 풍부한 과일향을 갖추고 농축미가 좋다는 평가를 받고 있다. 산딸기, 레드커런트, 체리, 제비꽃, 아니스, 감초, 버섯, 트리플, 사향이 느껴지며 뉴질랜드의 피노누아는 특히 밀짚과 흙, 토양이 느껴진다는 평가를 받는다(고종원 외, 2013: 269).

Pencarow Pinot Noir(펜카로우 피노누아)

Tasting Note

- **품종** 피노누아
- **원산지** 마틴보로(뉴질랜드)
- **색** 밝은 루비 빛
- **향** 신선한 레드 체리와 블랙베리의 조화가 뛰어남
- **맛** 신선한 산미와 부드러운 타닌의 절묘한 하모니
- **궁합** 오리, 양념있는 붉은 살, 흰살 고기요리, 다양한 폭의 매칭이 가능한 매력적인 와인

종합의견

뉴질랜드 마틴 보로의 피노누아의 우아함과 깊이의 복합미를 느낄 수 있는 펜카로우 피노누아, 가격대비 품질이 뛰어난 신세계 피노누아의 정수를 보여준다.

(2) 기타

레드와인은 피노누아 외에도 혹스베이 지역 등에서 카베르네소비뇽이 잘 생산된다. 그리고 메를로 등이 생산되고 있다.

2) 화이트 와인[2)]

(1) 소비뇽 블랑(Sauvignon blanc)

뉴질랜드의 대표적 품종이다. 아마도 세계시장과 국내시장에서도 뉴질랜드의 명성과 경쟁력을 부각시킨 품종이라고 해도 과언이 아닐 것이다. 가격대비 품질이 우수하고 개성적인 특성을 잘 느낄 수 있다. 말보로(Marborough) 지역이 유명하다.

뉴질랜드의 대표주자로 부각

뉴질랜드의 화이트 와인은 일반적으로 참나무통을 사용하지 않는다. 이로 인해 굉장히 신맛과 함께 풍부한 향을 전해 준다. 뉴질랜드의 소비뇽블랑은 아스파라거스, 라임, 잘려진 푸른잔디 향에 비유할 수 있는 자극적이고 진한 향을 낸다. 이러한 특이함으로 거의 하루 아침에 새로운 소비뇽 블랑 와인의 전형으로 등극할 수 있게 되었다. 특히 클라우디 만에 있는 양조장이 진한 향의 소비뇽 블랑으로 세계적인 명성을 얻었는데, 1985산은 가장 좋은 수확연도로 평가된다 (Ed McCarthy, 2003; 214).

뉴질랜드 소비뇽블랑은 뉴질랜드 와인을 세계시장에서 경쟁력을 끌어 올린 주역이다. 가격대비 밸류와인으로 평가받는다. 저자의 경우, 강렬하며 독특하며 산도가 강해 처음에는 뚜렷한 개성적인 특성으로 선호도가 적었지만, 오히려 그러한 특성으로 인해 색깔이 분명하다는 이유로 선호하게 된 와인이기도 하다.

(2) 샤르도네(Chardonay)

북섬의 오클랜드(Auckland), 호크만(Hawkes Bay)에서 주로 생산한다. 소비뇽블랑에 못지 않게 경쟁력을 지닌 화이트 와인이다. 남섬에서는 말보로에서도 생산된다.

2) 뉴질랜드 화이트 와인이 73%를 차지하고 있다. 뉴질랜드 와인은 세계생산량의 0.13%를 차지한다(마이클 슈스터, 2007:241).

Oyster Bay Sauvingon Blanc(오이스터베이 쇼비뇽 블랑)

Tasting Note

- **품종** 쇼비뇽 블랑 100%
- **원산지** 말보로
- **색** 옅은 녹색을 띤 밝은 노란 빛
- **향** 구즈베리 향은 굉장히 강하게 지니고 있다.
- **맛** 진한 열대 과일 향과 구즈베리 향이 지배적이며, 산미의 밸런스가 훌륭하다. 전체적으로 발랄한 이미지의 와인이지만 알코올의 느낌이 차분한 여운을 남겨준다.
- **궁합** 새콤한 드레싱의 샐러드, 담백하게 구운 채소

종합의견

G20 정상회의 "특별만찬 한식"에 선정된 바 있다. 한식에 매칭하기 좋은 와인으로 영국황실의 와인 셀러에도 소장되고 있을 정도로 품질 좋은 화이트 와인이다.

(3) 기타

북섬의 오클랜드 호크만 주변 포도농장에서 밀러 투르가우가 생산된다(Ed McCarthy, 2003:214~214). 그밖에 소량으로 생산되는 피노그리, 최근 주목받고 있는 리슬링이 있다.

4 주요 생산지

1) 북섬

(1) 혹스베이

Hawke's Bay 지역은 샤도네이가 유명하다. 좋은 와인이 생산되는 지역이다. 또한 대표적인 와인 산지로 알려져 있다.

(2) 기스본

Gisborne지역은 프리미엄 레드와인이 알려져 있다(호텔앤레스토랑, 2014: 60). 또한 화이트 와인인 Chardonay가 유명하다.

(3) 마틴버러

Martinborough는 Wairarapa로도 불린다. 소비뇽블랑, 피노누아를 생산한다. 특히 피노누아가 유명하다.

(4) 오클랜드

Auckland는 좋은 레드 와인 산지로 알려져 있다. 최대 업체 몬타나와 품질이 좋고 다양한 와인을 생산하는 빌라마리아가 생산되는 지역이다.

2) 남섬

(1) 말보로(Marlborough)

전술한 바와 같이 말보로 지역은 소비뇽블랑이 유명한 지역이다. 물론 피노누아도 많이 생산되는 지역이다. 또한 스파클링 와인도 생산된다.

(2) 센트럴 오타고(Central Otago)

뉴질랜드에서는 가장 고도가 높은 지대, 즉 약 220m정도에서 재배된다. 시원하고 서늘한 이곳은 피노누아의 최적의 재배지이다. 이지역의 피노누아의 가격은 대체로 높다. 구조감이 있고 섬세하다. 타닌도 세련되고 단단하다. 과일향이 많이 나는 와인이 생산된다. 이 지역에서는 샤르도네, 리슬링, 쏘비뇽블랑도 재배된다. 서늘한 지역(고종원외, 2013: 271~272)이며 와인이 재배되는 지구의 최남단지역으로 의의가 있다.

(3) 넬슨(Nelson)

남섬의 북서 지역에 위치하며 마운트 넬슨(Mount Nelson) 등의 생산업체가 있다.

5 유명 브랜드 및 생산자

펠리셔 와인

뉴질랜드 최대업체인 몬타나(Montana), 여러 종류의 밸류와인을 생산하는 빌라마리아(Villa Maria), 소비뇽블랑을 세계와 높이 인식시킨 말보로 지역의 클라우드 베이(Cloud Bay), 좋은 품질의 밸류 와인 생산자인 킴 클로포드(Kim Crawford), 최근에 좋은 평가를 받고 있는 실레니(Sileni), 농축된 와인으로 평가받는 도그 포인트(Dog Point), 마틴버러지역의 품질와인을 생산하는 펠리셔(Palliser) 등이 국내에 수입되어 좋은 평가를 받고 있다.

참고문헌

고종원 외, 세계와인과의 산책, 대왕사, 2013.
마이클 슈스터, 와인테이스팅의 이해, ㈜BaromWorks , 2007.
손진호, 제9회 중앙와인학술축제 - 뉴질랜드 와인-, 중앙대 지식산업교육원 와인아카데미, 2010.
손진호, 손교수와 함께 배우는 와인의 세계, 손진호 와인연구소, 2010.
호텔앤레스토랑, 2014년 6월호.
Ed McCarthy외, 천재반을 위한 Wine, 비앤비, 2003.

https://www.wine21.com
https://www.socialvignerons.com/wine-knowledge/wine-regions/

와인의 세계

제14장

미국 와인

1 지역 개관

미국 포도밭의 시작은 동부인가 서부인가? 개척 당시 초기의 미국영토는 현재의 캘리포니아를 포함하고 있지 않았기에 동부가 시작점이라는 시각과 현재의 미국영토와 와인생산

지의 요충지를 고려하면 서부가 시작점이라는 시각이 있으므로 여기서는 동부와 서부를 나누어 살펴보겠다.

미국 동부에서 최초의 포도밭은 1815년 나폴레옹 전쟁 패퇴 후 망명 온 퇴역 군인과 민간관료들이 프랑스 농업, 제조업협회 결성 후 앨라배마에 유럽 포도 품종인 비니페라 품종을 최초로 심었으나 1828년 포도밭은 황무지가 된다. 이후 독일에서 건너온 이주민들이 1800년대 초 리슬링, 실바너 등 독일 품종으로 인디애나에 심었으나 역시 좋은 결과를 얻지 못하였다. 이러한 그간의 실패는 비니페라 품종으로의 집착 때문이었다. 당시 미국의 와인소비층은 비니페라 품종이 아닌 와인은 상상할 수 없을 만큼 문화적인 열등감에 시달렸기에 이러한 집착 또한 사회적 배경임을 알 수 있다.

이렇게 실패를 거듭한 후에야 토종 품종이나 변종 품종으로 눈을 돌려 상업적인 성공을 거둘 수 있었다. 이와 같은 성공사례는 변종이나 토종으로도 좋은 와인을 만들 수 있다는 사실이 증명하였고 이후 인디애나, 오하이오, 컨터키가 미국 포도 재배 산업의 선두주자로 떠오르게 된다.

이즈음 남부의 몇,몇 주도 와인생산에 노력을 기울였지만 기여는 미미하였다. 현재 서부의 캘리포니아와는 달리 동부의 뉴욕 주에서 미국의 토착품종이 와인생산에 주로 사용되는 이유도 이러한 역사적 배경을 바탕으로 하고 있다. 그러나 변종,토착 품종만으로는 고급와인은 생산하지 못 한다는 한계점에 다다르게 된다.

한편 현재의 캘리포니아의 남부 지역인 미국의 서부지역에서는 영국, 프랑스, 스위스, 독일, 네델란드에서 건너온 이주민들이 고심한 동부와 달리 1769년 현재의 멕시코지방에서 이동한 에스파냐 출신의 프란시스코 수도회의 주니페로 세라(Junipero Serra)신부와 수도사들의 심은 "미션"이란 비네페라 종으로 상당한 량의 와인을 생산하는데 성공한다.

이후 에스파냐의 세력이 약화되면서 이 지역은 멕시코로 독립하였고 후에 미국에 합병되면서 현재는 미국에서 가장 오랜 역사를 자랑하는 와인 명산지로 탈바꿈하게 되었다.

이렇게 넓은 국토와 다채로운 민족과 역사가 혼합되어 캘리포니아를 중심으로 현재의 대표적인 와인산지가 개발되고 발전되어 주목받게 되었다.

1848년 당시 골드러쉬로 유입된 1,4000명의 인구가 1852년 224,000명으로 폭발적 증가 한 것 또한 포도재배 산업을 발전 시키는 원동력이 되게 된다. 골드 러쉬(Gold Rush)로 유입된 인구가 금광이 없는 것으로 판명된 땅에 이 시기 유입된 외국 이민자 중 와인 제조 기술을 갖고 있는 프랑스,이탈리아, 독일의 이주민들에 희해 포도밭을 일구는 그레이프 러쉬(Grape Rush)로 전환되어 와인산업에 힘을 불어 넣게 된 것이다.

이제 캘리포니아 남부의 와인 붐은 북쪽으로 이어졌고 1850년대 소노마와 나파를 중심으로 포도재배가 널리 확산되기에 이른다.

1860년에서 1880년. 20년간 와인 산업은 급속도로 성장하게 된다. 이런 상황으로 북부 캘리포니아 와인 사업은 10년만에 남부 캘리포니아를 추월하게 된다.

토양과 기후 조건이 뛰어난데다 가장 큰 시장인 샌프란시스코와 가까워 운송료 측면에서도 남부 캘리포니아 와인에 비교 우위에 서게 된 것이다. 게다가 남부 캘리포니아에 병충해가 생기면서 수많은 포도밭이 폐허로 변했고 이후 대부분 와인용 포도가 아니라 건포도용 포도재배로 전환하게 된다.

1880년 캘리포니아 주립대학은 버클리에 주요 연구시설을 세우고 주의 여러 지역에 연구용 포도밭을 조성하여 캘리포니아 와인의 품질향상에 크게 기여한다. 이들 연구시설은 현재 세계적으로 유명한 와인 대학인 U.C데이비스의 포도재배, 양조학과로 발전하게 되었다.

1869년 미대륙횡단철도의 완공과 더불어 캘리포니아 와인은 미국 동부의 여러 주 소개되었고 많은 와이너리들은 유럽에 수출을 시작하였다. 1890년에 이르러 와인산업은 연간 1억리터의 와인을 생산하였고, 같은 해 파리에서 열린 파리박람회에서 경쟁부문에 출품된 캘리포니아 와인의 절반 이상이 금메달을 수상하는 등. 캘리포니아 와인은 폭발적으로 성장하고 되지만 찬물은 끼얹는 상황이 발생하게 되었다.

과거 유럽을 강타했던 필록세라 (Phylloxera)라는 포도나무 최악의 전염병이 캘리포니아에 창궐하였고 세기가 바뀌는 시기까지 많은 포도밭을 파괴하였다. 오래된 포도나무는 모두 뿌리가 뽑혀 제거되고 필록세라에 내성을 가진 미국 야생종 포도나무의 뿌리에 유럽 포도의 줄기를 접붙여 다시 심게 되었다.

금주법

하지만 캘리포니아 와인산업을 이보다 더 황폐화시킨 사건은 이후 1919년 발효된 금주법이었다. 이 법안은 미국 내에서의 술의 생산과 소비를 일체 금지시켰다. 교회의 미사용으로 소규모의 와인 생산은 유지되었지만 대부분의 포도밭은 제거되거나 일반포도 재배용으로 전락한다. 다만 판매용이 아닌 가정에서 포도주를 담그는 적은 양만이 허락되었다. 1933년 금주법이 폐지된 이후 와인산업은 모든 것을 처음부터 다시 시작해야 하는 매우 힘든 기간을 갖게 된다. 금주법 기간 동안 고급 와인 소비층은 사라졌고 싸구려 저가 와인만이 생존의 대안으로 제시되었다. 이 상황은 1940년 후반까지 이어진다. 또한 계속해서 이어진 대공황과 2차 세계대전이라는 악재가 와인산업의 재기를 힘들게 했다. 와인산업은 1950년대 초에 이르러서야 어느 정도 다시 일어설 수 있게 되었고 이즈음 연간 5억 리터의 와인을 생산하게 되었다.

1960년대를 통해 캘리포니아 와인산업은 다가올 1970년대의 와인 부흥기를 준비한다. 소비자의 기호가 변하기 시작하였고 단일 품종으로 만든 드라이한 와인이 단맛이 강한 와인을 제치고 더 많은 인기를 끌게 되었다. 또한 많은 수의 새로운 와이너리들이 소노마 와 나파 밸리 지역을 중심으로 문을 열기 시작하였다.

이시기 보리유 빈야드의 Andre Tchelistcheff(앙드레 첼리스체프)의 등장과 Mike Grgich(마이크 글기치)의 등장은 후에 1976년 파리에서 열린 프랑스와 캘리포니아의 최고 와인 비교 시음회에서 캘리포니아 와인의 극적인 승리를 이끄는 원동력이 된다.

1976년 파리의 심판 결과

순위	레드 와인	빈티지	오리진
1	스택스 립 와인 셀러	1973	미국
2	샤토 무통 로트칠드	1970	프랑스
3	샤토 몽로즈	1970	프랑스
4	샤토 오브리옹	1970	프랑스
5	리지 빈야드 몬테 벨로	1971	미국
6	샤토 레오빌 라스 카즈	1971	프랑스
7	하이츠 와인 셀러 마르타스 빈야드	1970	미국
8	클로 뒤발 와이너리	1972	미국
9	마야카마스 빈야드	1971	미국
10	프리마크 아베이 와이너리	1969	미국
순위	화이트 와인	빈티지	오리진
1	샤토 몬텔레나	1973	미국
2	뫼르소 샤름 룰로	1973	프랑스
3	샬론 빈야드	1974	미국
4	스프링 마운틴 빈야드	1973	미국
5	본 클로 데 무쉬 조지프 드루엥	1973	프랑스
6	프리마크 아베이 와이너리	1972	미국
7	바타르몽라쉐 라모네 프루동	1973	프랑스
8	퓔리니몽라셰 레 퓌셀 도멘 르플레브	1972	프랑스
9	비더크레스트 빈야드	1972	미국
10	데이비드 브루스 와이너리	1973	미국

JUNE 7, 1976

TIME

Judgment of Paris

Americans abroad have been boasting for years about California wines, only to be greeted in most cases by polite disbelief—or worse. Among the few fervent and respected admirers of *le vin de Californie* in France is a transplanted Englishman, Steven Spurrier, 34, who owns the Cave de la Madeleine wine shop, one of the best in Paris, and the Académie du Vin, a wine school whose six-week courses are attended by the French Restaurant Association's chefs and sommeliers. Last week in Paris, at a formal wine tasting organized by Spurrier, the unthinkable happened: California defeated all Gaul.

The contest was as strictly controlled as the production of a Château Lafite. The nine French judges, drawn from an oenophile's *Who's Who*, included such high priests as Pierre Tari, secretary-general of the *Association des Grands Crus Classés*, and Raymond Oliver, owner of Le Grand Vefour restaurant and doyen of French culinary writers. The wines tasted were transatlantic cousins—four white Burgundies against six California Pinot Chardonnays and four Grands Crus Châteaux reds from Bordeaux against six California Cabernet Sauvignons.

Gallic Gems. As they swirled, sniffed, sipped and spat, some judges were instantly able to separate an imported upstart from an aristocrat. More often, the panel was confused. "Ah, back to France!" exclaimed Oliver after sipping a 1972 Chardonnay from the Napa Valley. "That is definitely California. It has no nose," said another judge—after downing a Bâtard Montrachet '73. Other comments included such Gallic gems as "this is nervous and agreeable," "a good nose but not too much in the mouth," and "this soars out of the ordinary."

When the ballots were cast, the top-soaring red was Stag's Leap Wine Cellars' '72 from the Napa Valley, followed by Mouton-Rothschild '70, Haut-Brion '70 and Montrose '70. The four winning whites were, in order, Château Montelena '73 from Napa, French Meursault-Charmes '73 and two other Californians, Chalone '74 from Monterey County and Napa's Spring Mountain '73. The U.S. winners are little known to wine lovers, since they are in short supply even in California and rather expensive ($6 plus). Jim Barrett, Montelena's general manager and part owner, said: "Not bad for kids from the sticks."

Page 58

1976년 파리에서 열린 이 시음회는 참석한 당시 타임즈 기자의 의해 "파리의 심판"이란 이름으로 기시화 되기에 이른다. 화이트와 레드 와인 모두에서 프랑스 최고와인을 누르고 일등을 차지한 캘리포니아 는 이로 인해 하룻밤 사이에 국제와인비평가들에 의해 세계 최고의 와인 생산지역의 하나로 인정받게 되었다.

1970년대 후반에 이르러 이제 캘리포니아 와인은 생산량과 판매량이 연일 최고치를 경신하게 되었고 국제적으로 그 이름을 드높이게 되었다. 수요를 충족시키기 위해 새로운 포도밭들이 조성되었고 1960년에서 1996년 사이에 총 포도밭의 면적은 40,000 헥타르에서 135,000 헥타르 이상으로 증가하였고, 와인양조장의 수도 227개에서 800개 이상으로 급증하였다.

1980년대 후반 캘리포니아에 필록세라가 다시 창궐하였으나 이번에는 지식과 자본을 바탕으로 손상된 포도밭을 효과적으로 복구시킬 수 있었다. 비록 와인업계는 포도밭을 다시 일구기 위해 엄청난 투자를 해야 했지만 이를 통해 단위 면적 당 와인생산량을 증가시키는 방법을 터득하게 되었고, 무엇보다도 기존의 포도 품종을 해당지역의 기후와 토양에 가장 적합한 포도 품종으로 교체하여 재배하게 된 계기가 되었다.

캘리포니아의 대규모 와인생산업체들은 주 전역에 걸쳐 추가적인 포도밭과 양조시설을 건설하여 그 규모를 점차 증대시키는 반면 소규모의 와인생산업체들 및 새로이 산업을 시작한 업체들은 작은 규모이지만 높은 품질의 와인을 생산하는 쪽으로 방향을 바꾸었다.

또한 유럽의 와인업체 및 기술자들은 캘리포니아에 포도밭을 사고 와인을 생산하여 캘리포니아에서 자신들만의 새로운 와인생산의 욕구를 드러내고 있다. 현재 캘리포니아에는 900개 이상의 와인양조장과 4,400명 이상의 포도 재배업자가 224,000 헥타르 이상의 포도밭을 경작하고 있다.

2 미국 와인 등급 체계

1) 제네릭 와인(Generic wine)

색상이나 유명 산지 이름을 붙인 저렴한 와인으로 예를 들자면 Chablis, Burgundy, Mosel, Champagne, California Red, California White 등이 있다.

2) 버라이탈 와인(Varietal wine)

와인에 사용된 포도 품종의 이름을 붙인 것으로 1960년대 이후 캘리포니아를 중심으로 발달했다.

3) 싱글 빈야드 와인(Single vineyard wine)

한 포도원에서 재배, 생산, 병입까지 마친 와인으로 유럽의 모노폴 와인을 뜻한다.

4) 프로프리어터리 와인(Proprietary wine)

회사의 독작적인 상표를 붙인 와인으로 일반적으로 한 회사에서 생산되는 가장 최상급 와인에 속한다. 대표적인 예로는 Opus One, Dominus, Insignia, Cask 23 등이 있다.

5) 메리타쥐(Meritage wine)

1988년 공모로 선택된 명칭으로 Merit + Heritage의 합성어이다. 브렌딩 고품질 와인을 일반 테이블와인과 구별하기 위하여 사용되었다. 와인법상 사용된 단일 포도 품종의 비율이 75%를 넘지 못하여 품종명 상표를 붙이지 못하는 상황에서 고급와인에 붙여지기 시작했다.

현재는 캘리포니아에서 생산되는 보르도 스타일 브랜딩 와인을 뜻하며 대부분 생산되는 와이너리의 고급 와인이 이에 속한다. 최초의 Meritage Wine으로는 1988년 조셉 펠프스(Joseph Phelps)의 인시그니아(Insignia)를 들 수 있다.

6) 컬트 와인(Cult wine)

컬트 와인은 대부분 고가로 고용된 컨셀턴트이 극소량만 생산하는 와인이다. 진하며 오크향이 진한 이 와인은 미국의 평론가에게 만점에 가까운 점수를 받은 후 매우 구하기 힘들다. 대부분의 컬트와인은 높은 품질을 자랑한다.

일예로 2000년산 스크리밍 이글(Screaming Eagle)의 자선 경매 1병 가격이 1만 달러에 팔렸다.

3 미국 와인법

1) 원산지 이름

미국에서 와인의 원산지는 아래의 이름 중 하나를 사용한다.

(1) 주(state) 이름

사용된 포도는 100% 해당 주에서 생산된 포도를 사용해야 한다. 이경우 주 내의 여러 지역에서 생산된 포도를 브렌딩한 경우가 많다.

(2) 카운티(County) 이름

해당 카운티의 포도를 75%이상 사용해야 한다.

(3) American Viticultural Area(AVA) 이름

해당 A.V.A에서 생산된 포도 85% 이상 사용해야 한다. 단 오레곤 Oregon의 경우 County, AVA, Vineyard 모두 100% 사용의무를 갖고 있다

규정 알코올 함유량은 스틸 와인: 7~13% 오차 +/- 1.5%, 스파클링 와인: 10~13.9% +/- 1.5%, 포티파이드 와인: 18~21% +/- 1.5%이다. 신세계 와인의 대표 주자인 미국 와인은 당도 첨가는 불법으로 규정되어 있다.

American Viticulture Area : A.V.A

미국에서 포도재배지역 (Viticultural area)의 개념은 1978년 이전에는 존재하지 않았다. 그 이전에는 와인업체들은 모호한 산지 표시규정에 따라 서로 다른 다양한 지리적 이름들을 상표 라벨에 사용하고 있던 상황이었다. "미국 포도재배지역" 제도 (American Viticulture Area, AVA)는 1983년 1월 1일부터 규정이 되었다.

한가지 중요한 것은 어느 지역을 AVA로 지정하는 것이 그 지역에서 생산되는 와인의 품질을 인증하는 것은 아니라는 점이다. 이는 그 지역이 다른 지역과 "다르다" 라는 것을 의미하는 뿐 " 더 우수하다" 라는 것을 의미하는 것은 아니다.

또한 AVA 제도는 해당 지역에서의 와인생산방법을 규정하지도 않는다. 이것은 다른 나라의 인증제도와는 달리 미국의 와인생산자는 자신이 정한 품질 기준과 소비자의 요구를 반영하여 자신의 땅에 가장 적합한 품종을 선택하고, 필요에 따라 물을 주고, 최상의 시기에 수확하며, 최적의 단일 면적 당 생산량을 결정할 자유를 가진다는 것을 의미한다.

"샤르도네나 카베르네 와인을 만드는데 정해진 매뉴얼은 없다. 단지 개괄적인 지침만이 있을 뿐이다. 와인 메이커는 다양한 방법을 사용하여 각 와인에 자신의 스타일을 최대한 표현하는 Chef와 같다"

■Napa Valley Vintners Association(나파 벨리 양조자 협회)

이렇듯 나파밸리 양조자 협회의 언급 에서도 잘 표현하고 있다. 단 어떤 지역이 하나의 A.V.A로 지정되기 위해서는 해당 지역이 인근의 지역과는 다른 자연 환경적 요소(기온,토양 구조, 강우량, 안개 등)에서 현격한 차이가 있음을 과학적인 데이타로 증명해야만 한다.

고품질의 와인생산을 보장하기 위해 A.V.A에도 가당,(와인의 발효과정에서 설탕의 첨가가 금지되어 있다.) 포도밭에서의 농약의 사용, 생산공정의 위생관리 등 와인의 생산을 관리하는 엄격한 법 규정이 존재한다.

2) 미국 와인 라벨

4 주요 와인산지

미국의 와인 생산지는 동부의 뉴욕, 서부의 캘리포니아, 워싱턴, 오레곤 이렇게 4곳으로 크게 나누어지며 이중 90%가 캘리포니아에서 생산된다.

1) 떼루아

위도는 북위 38~40에 위치하고 높이는 20~700m 까지 포도밭의 높이는 해수면에서 시작해서 소노마와 멘도치노의 높이는 600m 까지 이르는 등 다채롭다. 포도밭은 대부분 북에서 남으로 이어지는 산맥의 계곡이나 낮은 구릉에서 재배되며 토양은 매우 다양하고 여름은 매우 더우며 가을은 대체로 상쾌하며 건조하고 겨울에 비가 많이 내리는 천혜의 혜택을 받는 지역이다.

2) 주요 품종

현재 캘리포니아에서는 프랑스, 이탈리아,스페인 원산의 비티스비니페라는 물론 U.C 데이비드에서 개발한 교잡종과 새로운 비티스 비니페라 품종을 포함해 100여종 이상의 품종이 재배되고 있다.

그중에서 샤르도네, 까베르네 쏘비뇽, 진판델, 멜르로, 피노누아, 쏘비뇽 블랑이 대표적인 품종으로 가장 많이 재배되고 있다.

특수 품종으로는 이탈리아에서 건너와 미국 캘리포니아주의 상징적 포도 품종이 된 진판델(Zinfandel), 뮈스까 블랑(Muscat Blanc), UC 데이비드에서 계발한 화이트 교잡종 에메랄드 리슬링Emerald Riesling(뮈스까뗄 Muscadelle X 리슬링Riesling) 등을 들 수 있다

3) 캘리포니아 와인 지역

(1) 캘리포니아 북부 해안지역(The Nothern California Coast Region)

❶ 나파 카운티(Napa County)

나파는 와포 인디언어로 "풍부한 땅"을 뜻한다. 1838년에 죠지 연트와 같은 초기 탐험

가들이 나파에 포도를 재배하였다. 찰스 크룩 (Charles Krug)이 1861년 첫 와인 양조장을 세운 것으로 인정 받았고, 1966년에 미국 와인의 아버지라 추앙 받는 로버트 몬다비 와인 양조장이 나파 밸리에 와인 붐을 일으켰다.

캘리포니아 와인 지역

캘리포니아는 5개의 큰 와인 지역들로 나뉠 수 있으며 81개의 AVA가 있다.

- **캘리포니아 북부해안** 샌프란시스코의 북부지역
- **캘리포니아 중부해안** 샌프란시스코 남부에서 산타 바바라
- **시에라 네바다** 시에라 네바다 산맥의 서쪽 지역
- **중앙분지** 세크라멘토와 베이커스필드 사이의 분지 지역
- **캘리포니아 남부** 벤츄라 남부에서 샌 디에고

샌프란시스코에서 동북쪽으로 1.5시간 거리에 위치하고 있다. 크기는 18.600 헥타르 포도원, 캘리포니아 전체의 8% 차지하고 있다. 나파 밸리는 길이45 km, 평균 넓이가 5km의 구역의 길죽한 모양을 하고 좌우에 산맥을 끼고 있다. 토양의 종류가 40여 종이 된다.

와인 양조장은 373개이며, AVA 15개 지역은 나파 밸리, 하웰 산, 챠일스 밸리 구역, 스프링 산 규역, 세인트 헬레나, 루더포드, 오크빌, 아틀라스 피크, 스태그스 리프 구역, 마운트 비더, 연트빌, 와일드 호스 구역, 로스 카네로스, 다이아몬드 산 구역과 오크 놀 구역이 있다.

Opus One(오퍼스 원)

Tasting Note

- **품종** 보르도 블랜딩 혼합
- **원산지** 미국/캘리포니아 나파 밸리(Oakville)
- **색** 검붉은 루비색
- **향** 프랑스 와인의 특징인 민트와 정향 등 스파이시한 아로마
- **맛** 풀바디하며 볼륨감과 밀집도가 훌륭함
- **음식과의 조화** 민트 소스가 가미된 칠면조 & 드라이 치즈
- **특징** (WA)100/94, (IWC)100/93, (WS)100/92-94

종합의견

보르도 스타일 레드 와인을 나파밸리 오크빌 지역에서 생산하여 탄생했다. 프랑스의 양조기술과 미국의 천혜자원에서 생산된 첫 합작 와인으로 많은 와인 애호가들에게 꼭 구매해야 하는 필수 아이템으로 손꼽히고 있다.

❷ 소노마 카운티(Sonoma County)

1812년에 러시아 식민지 개척자가 포트 로스(Fort Ross)에서 처음 포도를 재배하였고 1823년 Jose Altimera 신부가 프란체스카 수도원에 포도를 재배하기 시작하였다.

1857년에 캘리포니아 와인 사업에 대부라 불리는 헝가리의 아고스톤 하라스티(Agoston Haraszthy) 공작이 소노마에 있는 포도원을 사 부에나 비스타(Buena Vista)

포도원을 설립하였다. 소노마에서는 포도나무 수령이 오래된 올드 바인 진판델 Old Vine Zinfandel이 유명하다.

태평양과 나파 밸리 사이, 샌프란시스코에서 북쪽으로 한시간 거리에 위치하고 있다. 크기는 20,000 헥타르 포도원이 있으며, 와인 양조장은 260개이다. AVA 13개 지역으로 알렉산더 밸리, 베넷 밸리, 쵸크 힐, 드라이 크릭 밸리, 나이츠 밸리, 로스 카네로스, 소노마 북부, 러시안 리버 밸리, 록키파일, 소노마 해안, 소노마 카운티 그린 밸리, 소노마 산과 소노마 밸리가 있다.

Seghesio Old Vine Zinfandel(세게지오 올드바인 진판델)

Tasting Note

- **품종** 진판델 100%
- **원산지** 소노마카운티
- **색** 선명하고 붉은 색상
- **향** 검붉은 과일향, 라즈베리향, 향긋한 과일향, 모카커피, 갓 구워낸 빵
- **맛** 블랙과일과 라즈베리 맛이 복합되어 있고 약간 드라이하면서 적당한 타닌을 느낄 수 있다. 밸런스가 아주 좋으며 감미롭고 자극적이며 오랫동안 맛이 지속된다.
- **궁합** 스테이크, 붉은 소스를 곁들인 파스타, 양고기, 송아지 요리, 육즙이 풍부한 소고기 요리, 매운 요리

종합의견

100년 이상된 올드바인에서 만들어지기 때문에 산뜻하며 캐주얼한 진판델의 느낌보다 진하며 풀바디한 와인의 느낌과 오묘한 맛을 느낄 수 있다. 미슈랭가이드(Michelln Guide) '3스타 레스토랑' 피에르 가르니아 추천 와인이다.

❸ 멘도시노(Mendocino County)

첫번째 포도원은 골드 러시 이후 1850년에 세워졌다. 1970년도와 1980년도에 멘도시노 와인 양조장은 파두치 와인 셀러(Paducci Wine Cellar)와 펙저 빈야드(Fetzer vineyard)로 인해 국제적인 호평을 얻고 있다.

이곳의 엔더슨 밸리(Anderson Valley)는 소노마 밸리의 북쪽에 위치한 곳으로 기후는 서늘하며 기온은 Champagne와 비슷하지만 위도가 낮아 일조량이 풍부한 곳이다.거기다 차가운 해풍의 영향으로 서늘함이 유지되어 발포성 와인을 만드는데 이상적인 곳이다

미국에서 차세대 피노누아와 스파클링 와인 생산지로 각광을 받고 있다. 현재 프랑스의 샴페인 명가 루이 뢰더러(Louis Roederer)가 진출해 있다.

샌프란시스코에서 북쪽으로150 킬로미터. 울퉁불퉁한 산지와 빽빽한 숲들이 들어선 지역이다. 60%의 멘도치노는 숲으로 덮여져 있다. 와인 양조장은 53개이며, 크기는 6.300 헥타르 포도원, 그중 25%의 포도원은 증명된 유기농 인증 포도원이다. AVA 10개 지역은 멘도시노, 앤더슨 밸리, 콜 랜치, 맥도웰 밸리, 레드우드 밸리, 포터 밸리, 멘도시노 릿지, 요크빌 하이랜드, 유키아 밸리, 사넬 밸리가 있다.

❹ 레이크 카운티(Lake County)

1870년에 와인양조를 시작했다. 이 지역은 멘도시노 오른쪽에 있고 캘리포니아에 있는 천연 호수 중에 가장 큰 클리어 호수를 둘러싸고 있다. 코녹티 산 주변의 바위가 많은 붉은 화산성 토양에 포도 덩굴들이 재배된다.

크기는 2,300 헥타르 포도원, 와인 양조장은 11개이다. AVA 4개 지역은 밴모어 밸리, 클리어 호수, 궤노크 밸리, 하이 밸리이다.

❺ 로스 카네로스(Los Carneros)

1870년에 첫 와인 양조장을 설립했다. 1983년에 정식적으로 만들어진 로스 카네로스는 소노마 카운티와 나파의 남쪽 끝으로 이루어져 있다.

샌프란시스코 만의 바로 북쪽에 위치하여 안개, 바람과 적절한 온도가 특징으로 피노누아와 샤르도네를 생산하기 좋은 기후이다. 크기는 3,700 헥타르 포도원, 와인 양조장은 73개이다.

(2) 중앙 캘리포니아 해안 지역(The Central California Coast Region)

중앙 캘리포니아 해안 지역은 샌프란시스코에서 뻗어나서 몬테레이를 지나 산타 바바라까지이다. 프란체스코 수도사들이 “엘 카미노 리얼: 왕의 길”이라고 불렀던 가면 와인지역 리버모어 밸리, 산타 크루즈 산, 몬터리 카운티, 파소 로블레스, 산 루이스 오비스포 카

운티 그리고 산타 바바라 카운티에 있는 다수의 분지에 숨어있는 다양한 종류의 와인 양조장에 다다른다.27개의 AVA를 갖고 있다.

❶ 산타 크루즈 산맥(Santa Cruz Mountains)

1981년에 공식적으로 확립된 포도 재배지로 샌프란시스코에서 80km, 유명한 실리콘 밸리의 바로 남쪽에 위치해 있다. 이 산맥 지역은 태평양을 바라보는 서쪽 반 (피노 누아에 적합)과 샌프란시스코 만을 바라보는 동쪽 반 (카베르네 소비뇽에 적합)으로 나눌 수 있다.

작은 부분의 땅만 포도를 제배하기 위한 것이지만 전체 지역은 나파 밸리와 크기가 같다, 와인 양조장은 60개가 있다.

❷ 리버모어 밸리(Livermore Valley)

1840년에 로버트 리버모어가 첫 상업성 포도나무를 재배하였다. 1800년도에 웬트(Wente)와 컨캐논이 첫 와인 양조장을 시작한 사람들에 포함된다. 샌프란시스코에서 45km. 동쪽. 해안 안개와 바닷바람이 분지의 따뜻한 낮 공기를 식혀 줄 수 있는 캘리포니아의 분지 중에 얼마 되지 않는 동-서, 동향에 위치한다.

크기는 2,000 헥타르 포도원, 와인 양조장은 26개가 있다.

❸ 몬터리 카운티(Monterey County)

200년 전 프란체스칸 수도사들이 첫 와인 포도를 재배하였다. 1960년, UC 데이비스가 몬터리를 "포도를 제배 하기에 알맞은 시원한 해안과 온도의 분지"라고 분류했다.

60년도에 왠트, 미라쏘, 폴 메슨, 제이 롤 그리고 클론 와인 양조장들이 포도원을 심었다. 해안에 있는 샌프란시스코에서 남쪽으로 2시간 떨어진 곳에 위치하고 있다.

크기는 18,300 헥타르 포도원, 와인 양조장은 60개이며, AVA 7개 지역은 아로요 세코, 카멜 밸리, 헤임즈 밸리, 몬터리, 산 루카스, 산타 루시아 하이랜드, 클런이다.

❹ 산 루이스 오비스포 카운티(San Luis Obispo County)

1820년, 호세 산체스 신부가 400통의 와인을 만들었다. 보리유 빈야드의 Andre Tchelistcheff의 지도로 1970년대 초반부터 근대적 와인산업이 시작되었고 80년도 말에 이 와인 지역이 다시 살아나기 시작하였다.

위치는 파소 로블레스 바로 남쪽. 에드나 밸리가 샤르도네로 높은 평가를 받고 있다. 빠른 속도로 성장중이며 진판델의 새로운 명산지로 떠오르고 있다. 크기는 1,500 헥타르 포도원들(파소 로블레스를 제외), 와인 양조장은 25개(카운티 전체에는 파소 로블레스를 합쳐서 105개가 있다)이다. AVA 5개 지역은 에드나 밸리, 요크 산, 산타 마리아 밸리, 아로요 그란데 밸리 그리고 파소 로블레스이다.

❺ 파소 로블레스(Paso Robles)

1797년에 첫 포도원을 설립했다. 샌프란시스코와 로스 엔젤레스 중간사이 산 루이스 오비스포 카운티의 북쪽 부분에 위치하며, 크기는 8,000 헥타르의 포도원들, 거의 80%가 진판델, 카베르네 소니뇽 그리고 론 변종과 같은 레드 와인 포도가 재배되고 있다. 와인 양조장은 80개이다.

❻ 산타 바바라 카운티(Santa Barbara County)

1960년도에 현대적인 와인 양조가 시작되었다. 로스 앤젤레스에서 북쪽으로 150km 지점에 위치하고 있으며 샤르도네와 피노 누아로 가장 유명하다. 산맥이 남동쪽으로 쭉 뻗어 있어 내륙 깊숙한 곳까지 태평양의 한기가 들어올 수 있다.

크기는 9,000 헥타르 포도원, 와인 양조장은 100개이며, AVA 3개 지역은 산타 네즈 밸리, 산타 마리아 밸리 그리고 산타 리타 힐스이다.

(3) 시에라 네바다(Sierra Nevada Region)

시에라 네바다 (혹은 시에라 풋 힐) 지역은 1849년 골드러시의 고향이다. 대부분의 방문자들에게는 순식간에 금을 찾아 부자가 된다는 꿈이 남아있는 역사적인 현장과, 멋진 경관의 아침과 풍부한 야외 활동, 아마도어, 칼라베라스와 엘 도라도 카운티에 있는 여러 종류의 와인 양조장들이 어우러진 곳이다. 1850년도 골드 러시 이후에 와인양조가 시작된 곳이다.

샌프란시스코에서 2.5시간 동쪽에 위치하고 있으며 오래된 덩굴에서 재배되는 그윽한 맛의 진판델 와인으로 유명하다. 또한 아주 좋은 소비뇽 블랑을 생산한다, 크기는 2,500 헥타르 포도원, 1200 미터 고도이며, 와인 양조장은 70개이다.

(4) 센트랄 밸리(The Central Valley)

센트랄 밸리는 해안의 작은 언덕들과 시에라 네바다 산맥의 왼쪽 경사지대 사이에 위치하고 있고 캘리포니아 농업의 중심부이다. 와인 주산지는 로디(Lodi)와 산 호아킨 밸리(San Joaquin Valley)이다. 로디 AVA는 1986년에 확정되었다.

새크라멘토의 남쪽 분지에 위치하고 있다. 길이 400km, 넓이 75km로 이 지역에서 50%보다 많은 캘리포니아의 와인이 생산되고 있다. 크기는 로디에 있는 31,000 헥타르 포도원과 산 호아킨 밸리에 있는 80.000 헥타르, 와인 양조장은 50개이다.

(5) 남부 캘리포니아(Southern California)

남부 캘리포니아는 로스 앤젤레스 남쪽부터 샌디에고까지 뻗어있고 그 지역은 햇빛, 모래 해변, 서퍼, 놀이공원 그리고 영화 사업으로 유명한 지역이다. 과거 캘리포니아의 와인 산업이 시작되었던 곳이지만 현재는 소수의 사람들만이 테메큘라와 같은 고유한 와인 산지를 기억한다. 5개의 AVA를 갖고 있다.

4) 워싱턴 & 오레곤

워싱턴은 북위 45~48.5, 오레곤은 북위 42~45.5에 위치하고 높이는 워싱턴은 0~270m 비교적 낮은 지형인데 반해 오레곤은 90~800m로 매우 높은 지역에 위치하고 있다.

워싱턴은 캐스캐이드 산맥이 태평양의 습하고 온화한 해양날씨를 막아주어 연평균 강우량이 200mm에 불과한 반면 해안 산맥과 캐스캐이드 산맥 사이에 위치하는 오레건 산지는 강우량은 연평균 1,100mm로 대조적인 차이를 보여주고 있다.

산맥을 넘어 매우 건조한 워싱턴의 여름은 덥지만 큰일교차 덕분에 포도가 산미를 간직한 채 천천히 익게 되는 좋은 건조 기후를 갖게 되고 오레곤은 태평양의 영향으로 여름에는 시원하고 가을에는 습한 기후를 갖게 된다.

(1) 워싱턴

워싱턴 리슬링 와인

워싱턴은 현재 미국에서 두번째로 생산량이 많은 주이며 끊임없이 내리쬐는 태양 덕분에 다양한 포도 품종이 잘 자라며 샤르도네 , 리슬링, 까베르네 쏘비뇽, 멜롯, 시라가 중점적으로 생산한다.

(2) 오레곤

오레곤은 대부분의 와이너리가 해안의 영향으로 서늘하고 습기가 많은 윌라미트 밸리 내 캐스케이드 산맥 서쪽에 몰려있으며 서늘한 기후를 좋아하는 피노 누아, 피노 그리, 쏘비뇽 블랑, 게브르츠 트라미너, 리슬링을 주로 생산한다.

오레곤 피노 누아 와인

5) 뉴욕

아메리카 대륙의 야생 포도 품종인 비티스 라부스카의 원산지로서 한랭한 대륙성 기후의 내륙부와 대서양에 인접한 롱아일랜드 2개의 기후대에 걸쳐있는 산지이다.

재배 포도는 특이하게 아메리카 토착 품종과 유럽계 품종, 프렌치 하이브리드(프랑스와 아메리카의 교배종) 3개의 비티스(Vitis)계의 포도를 재배한다.

1950년대 닥너 플랭크Dr. Frank에 의해 Finger Lake(핑거 레이크) 지방에서 샤르도네와 리슬링이 재배된 것이 유럽 품종의 최초 기록이며 1970년부터 비티스 비니페라(유럽 품종)가 본격적으로 재배되기 시작하였다.

주요품종인 토착품종으로는 레드 와인용 콩코드(Concord), 스투벤(Stuben), 카토바(Catawba)가 있고, 화이트 와인용 나이아가라(Niagara), 델라웨어(Delaware), 이자베라(IZabera)가 있다.

교배종으로는 레드 와인용 바코 누아(Baco Noir), 카스카드(Cascard, Seibel13053)과 화이트 와인용 세이벨 블랑(Seybel Blanc), 울로라(Ourola), 비그노엘(Vignole)이 있다.

최근 도입되기 시작한 비티스 비니페라 품종으로 레드 와인용 Pinot Noir, Merlot, 렘베르거(Lemberger)가 있고, 화이트 와인용 Chardonnay, Riesling, Piont Blanc, Pinot Gris가 있다.

주요산지로는 핑거 레이크(Finger Lakes) 내륙부에 위치하고 있으며 뉴욕주의 85% 생산한다. 토착품종과 프렌치 하이브리드 품종이 많으며 점점 비티스 비니페라 품종이 증가하고 있다.

롱아일랜드(Long Island) 동부인 대서양에 인접한 곳에 위치하며 비교적 새로운 산지이다. 이곳 또한 서서히 비티스 비니페라 품종이 증가하고 있다.

참고문헌

兒島速人 CWE Test Your Knowledge of Wine ワイン教本2008年版 イカロス出版
田邊由美のWine Book 飛鳥出版
上級ワイン教本 Exploring wines & Spirits by Christopher Fielden. 柴田書店
(The Wine & Spirit Education Trust 編)
日本 ソムリエ 協會教本 社團法人 日本 ソムリエ 協會 飛鳥出版
The Wine Bible Karen Macneil 최신덕, 백은주, 문은실, 김명경 공역 WB by barom works
와인 구매 가이드 2 by 손진호 이효정 WB barom works
The world Atlas of Wine (휴존슨, 잰신스 로빈슨의 와인 아틀라스) 세종서적
by Hough Johnson, Jancis Robinson

Wine21.com
Wine-searcher.com
https://priceonomics.com/how-epic-fortunes-were-created-during-the/
http://www.blogyourwine.com/a-to-z-pinot-noir-oregon/

제15장

독일 와인

1 지역 개관

독일 와인의 역사는 로마시대로 거슬러 올라간다.

고대 로마인의 북방의 진출이 있은 후 기원전 100년경에 지금의 독일지역을 정복하였고 이윽고 포도 재배가 시작되었다. 당시 라인강과 모젤강 일대에 나중에 리슬링 품종으로 계량 발전된 야생 포도가 무성했다고 한다.

1~2세기경 로마군에 의해 포도묘목이 전파되어 식재 되기 시작하고 3세기에 들어서 와인황제로 불리는 로마 황제 프로브스(276~282)에 의해 장려되었다.

4~6세기 민족 대이동이 시작되고 동양계의 훈족의 북방지구 침입과 그 영향을 받아 쫓겨 났던 게르만 민족은 남서부의 식량과 경작지를 찾아 대이동을 시작했다. 포도나무를 뽑고 다른 작물을 심어 버리는 상태가 되었다. 이 대이동에 의해 로마 제국의 멸망과 함께 와인역사도 암흑의 350년간의 중세의 시대를 보내게 된다.

8~9세기에는 서유럽을 정복 통일한 프랑크 왕국의 칼 대제(742~814)는 황폐한 포도밭의 재건에 착수 교회, 수도원은 물론 일반 농민에게도 포도 재배나 와인 양조 전수, 보급에 힘썼다. 다시 한번 와인 양조가 발전하고 품질도 향상되었으며 칼 대제에 의해 라인가우에도 포도 나무가 심어져 포도 재배가 시작되었다.

1130년경에 지금의 요하니스베르그 성의 전신인 베네딕트파의 수도원이 요하니스베르그의 언덕에 건설되었다. 1135년에는 시토파의 수도원 크로스타 에베르바하가 설립되었다. 1618년 30년 전쟁이 발발하여 1648년까지 계속되었고 이 전쟁으로 독일 전 국토가 황폐해졌고 포도밭도 870년 포도잎 병, 1863년에 유럽대륙을 강타한 필록세라는 1895년 독일에 퍼지는 등 악조건이 겹쳐 포도밭도 이중의 피해를 입어 당시 15만ha였던 포도밭이 5만ha로 검소했고 다시 10만 ha까지 포도밭이 회복된 시기는 1914년이 되어서였다.

독일 와인은 옛날에는 대부분 드라이한 와인이었으나, 이때부터 여과기술과 스테인리스 탱크 등의 발달로 발효를 도중에 중지시켜 만드는 슈스레제르베(Sussreserve)의 기술이 도입되어 대부분의 독일 와인은 약간 단맛이 있는 와인으로 생산 되었다. 이것은 1930년경부터 시작되었으나, 본격화된 것은 1950년 이후이다. 그리고 이것이 독일 와인의 특징이 되어 세계에 널리 알려진 요인이기도 하다.

1950년대 중반까지는 독일 와인은 그 명성이 높았으나, 그 이후 포도 재배에 대한 국가적인 사업의 일환으로 광범위한 지역에 뮐러 투르가우 를 비롯한 다른 신 품종의 포도를 심어 소출량을 올리고 생산성 향상을 위해 화학비료, 살충제와 제초제를 사용하여 와인 산업의 산업화와 기술향상을 위한 노력을 강구해 왔다.

그 결과 타펠 바인(테이블 와인)과 같은 저렴한 와인을 대량 생산하여 해외 소비자들의 실망으로 이어져 독일 와인은 오랜기간 시간을 허비하게 된다.

독일의 대표 품종은 리슬링이다. 그러나 좋지않는 빈티지에 좋지 않은 밭의 리슬링이 잘 익을수 없다. 따라서 20세기 중반의 독일의 생산자들은 위험은 줄이고 생산은 늘리기 위해 1882년 개발된 뮐러 투르가우로 품종 전환했고 그 결과 만들어진 와인은 리슬링의 사랑스런 과일 느낌과 쨍쨍한 산도는 없는 대신에 부드럽고 온화한 스타일의 와인들을 생산하게 되었다. 그러나 산도의 부재는 곧 장기 숙성력의 결여를 의미하였다.

1996년에 이르러 독일 와인애호가 들은 리슬링의 재배 면적이 다시 1위로 올라선 것에 기뻐했다. 2005년 뮐러 투르가우의 재배면적은 14%를 겨우 웃도는 수준으로 감소했다. 또, 지난 10여 년 동안 독일의 재배자들 사이에선 레드 품종들의 인기가 급상승했다.

슈파트브르군더의 재배 면적은 무려 3배 증가하여 이제 뮐러 투르가우에 크게 뒤지지 않게 되었다. 현재 독일 전체 포도밭의 약40%가 레드 품종으로 덮여 있는데, 가히 혁명적 변화라 할 수 있다.

이에 반비례하여 재배면적이 크게 줄어든 것은 1980년대 처에 라인 헤센과 팔츠 지역에서 인기를 끌었던 화이트 교배 품종들이었다. 원래 숙성도를 획기적으로 높이기 위해 개발한 품종이었으나 두 가지 요인으로 인해 초기의 열광적 반응이 시들해졌다. 하나는 조악하고 지나치게 강한 향 때문이었고 다른 하나는 겨울의 추위에 취약하다는 점이었다.

최근에는 다시 한번 드라이 와인에 대한 수요가 증가하고 있다. 즉 요리와 와인의 조화를 중시한 드라이 와인(Troken), 세미 드라이 와인(Half Troken) 타입의 와인이 만들어지고 있고 현재에 이르러서는 독일 국내 생산의 50%를 넘고있다.

2 독일 와인의 특징

독일 와인은 당분과 산미의 발란스를 기본으로 한 신선하고 프루티한 맛과 향을 갖는 비교적 알코올이 낮은 우아한 와인 스타일과 다른 한편으로는 오크통을 이용한 양조 과정을 거친 탄닌이 강조되고 농후하며 복잡한 타입의 와인 스타일로 크게 구분할 수가 있다.

와인의 당도는 드라이 타입이 56%, 스위트 와인이 44%이다.

이들 독일 와인들이 공통점은 하나 하나의 와인이 각각의 생산지나 포도 품종에 따라 확실한 개성을 갖고 있는 점이다. 독일 만큼 다양성이 풍부한 와인을 생산하는 나라는 찾아보기 힘들다.

최근에는 도른펠더(Dornfelder)나 슈페트부르군더(Spaetburgunder) 등으로부터 만든 훌륭한 품질의 드라이 레드 와인과 리슬링(Riesling), 그라우부르군더(Grauburgunder), 바이스부르군더(Weissburgunder)등으로 만드는 드라이 화이트 와인이 세계적으로 높은 평가를 받기 시작했다.

1) 독일 와인 용어

(1) 바이스 바인(Weisswein)

화이트 와인

(2) 바인(Wein)

레드 와인

(3) 로트 바인(Rotwein)

적포도 짧은 침용 과정을 통해 옅은 붉은색을 얻는다.

❶ 바이스헤릅스트(Weissherbst)

로제 와인의 일종이다. 조건은 최소한 품질와인(Qualitaetswein) 이상, 포도 품종은 라벨에 명시되어야 한다.

❷ 로트링(Rotling)

적포도와 백포도를 혼용하여 파쇄 또는 각 포도즙을 혼용하여 생산하는 방식이다.

- **쉴러와인(Schillerwein)** 로트링의 일종이다. 뷔르템베르크 지방의 크발츠태인(품질와인) 또는 프레디카트와인 등급에서만 사용 가능하다.

- **바디쉬 로트골드(Badisch Rotgold)** 로트링의 일종이다. 바덴 지방에서 그라우부르군더와 슈페트부르군더 품종으로 생산된 품질와인 또는 프레디카트와인 등급에서만 사용 가능하다. 포도 품종은 함유양에 따라 라벨에 적어야 하며, 그라우부르군더의 사용이 더 많아야 한다.

(4) Sekt(젝트)

'Deutscher Sekt' (German Sparkling Wine)라는 상표를 가진 스파클링 와인은 독일에서 생산된 포도로만 만들어진다. 최고의 젝트 중 몇가지는 쿠발리태츠 샤움바인b.A (Qualitaets schaumweine b.A) 또는 젝트 b.A Sekt b.A.(포도재배지역이 명시된 고품질 스파클링 와인)로 세심하게 생산된다.

(5) 대표적인 와인 라벨 용어

❶ 양조장관련

Weingut(와이너리), Winzergenossenschaft(와인생산조합), Kellerei(양조장)

❷ 당도관련

Trocken(드라이), Halbtrocken(미디엄드라이), lieblich/sues(스위트), edelsuess(노블스위트)

2) 와인 라벨

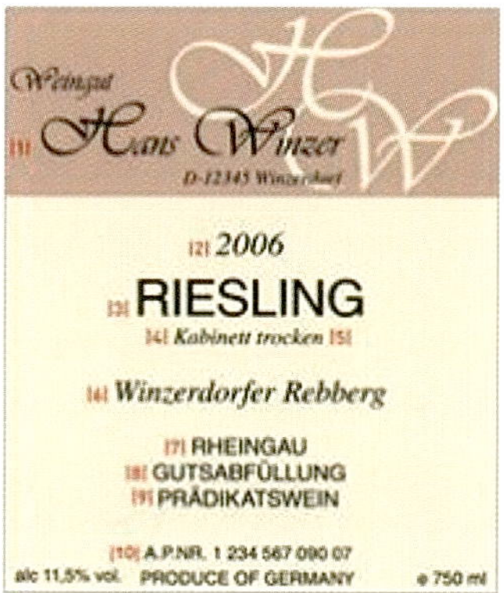

1. 와인 브랜드
2. 빈티지
3. 품종
4. Kabinett 등급
5. 당분 함유량
6. 생산마을 & 포도밭
7. 생산지역
8. 생산자
9. 프래디캇 등급
10. Amtliche Prüfungs nummer(A. P . Nr)

쿠벌리태츠바인(Qualitätswein), 프레디캇바인(Prädikat wein)에 기재 사항

A. P. Nr 1 234 567 090 07

1 : 지역 컨트롤 센터 번호

566 : 병입자 소재지 인식 번호

234 : 병입자 인식 번호

567 : 특정 로트 번호

07 : 검사 연도

3 포도 품종

1) 화이트 주요 품종

독일의 화이트와인은 옛날부터 이름이 알려져 있고 특히 라인과 모젤 와인은 세계적으로 유명하다. 독일의 화이트와인은 알코올 함량이 비교적 낮은 편이며, 신선하고 균형 잡힌 맛으로 가격도 비싸지 않아 가장 마시기 좋은 와인 중 하나라고 할 수 있다.

(1) 리슬링(Riesling)

독일의 대표적 품종으로 세계에서 가장 위대한 독일 품종으로 알려져 있다.

재배 면적은 전체의 21%로 라인가우와 모젤이 명성 높은 산지이다. 광범위하게 재배되고 있으며 통상 10~11월 초에 걸쳐서 늦게 성숙하는 만숙종 품종으로 늦수확 와인용으로 적합하다.

긴 생육기간에 풍부한 아로마가 형성되며, 천연의 숙성에 의한 감미와 산미의 균형이 생긴다. 와인은 방향성과 함께 과일 향을 갖으며 풍부한 산미와 강한 구조로 장기숙성에 적당하다.

(2) 뮐러 투르가우(Mueller-Thurgau)

1880년대 초기 개발되어 지금도 독일 포도 재배지에서 광범위하게 재배되고 있는 품종으로 재배 면적은 전체의 17%를 차지한다. 이 품종은 리슬링과 실바너의 교배종으로 Thurgau 출신의 H. Mueller 박사에 의해서 1882년 독일의 가이젠하임 연구소에서 개발되었다.

이 품종의 장점은 조생종으로 빠르면 9월에 성숙하기 때문에 가을 수확기에 날씨가 좋지 않은 경우에도 수확을 기대할 수 있는 것이다.

(3) 실바너(Silvaner)

실바너는 고전적 품종으로 재배면적은 전체의 6%를 차지하고 있다. 포도 알의 크기는 중간 정도이며 포도즙의 농도는 묽은 느낌을 주며리슬링보다 약간 일찍 익는다.

(4) 샤르도네(Chardonnay)

전 세계적으로 널리 재배되는 샤르도네는 1990년대에 독일에서 재배되기 시작하였다. 1992년 이래로 매년 약 60ha의 재배 면적의 꾸준한 상승을 보이고 있다. 샤르도네는 백지장 같은 품종이다. 발효와 숙성의 방식에 따라 다양한 와인 스타일의 창조가 가능하다는 것이며 그로 인해, 다양한 음식과의 조화가 가능한 장점이 있다.

샤르도네는 화이트 와인용 품종으로는 그라우부르군더 및 바이스부르군더와 함께 오크통 숙성 와인의 대표적인 품종이다.

2) 레드 주요 품종

French Paradox의 영향으로 건강에 대한 인식이 높아져 레드 와인의 소비가 증가하였으며 지구 온난화에 따른 독일 내 포도재배 환경의 변화로 적포도 품종 재배가 급격히 증가하였다.

독일품종증감현황표

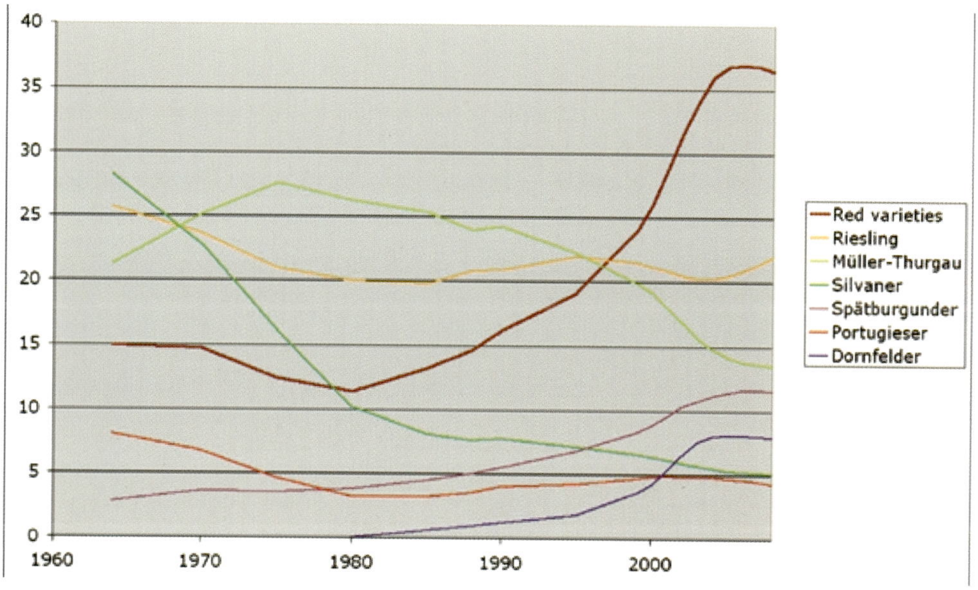

한때 세계 최고가의 와인으로 군림했던 리슬링에 비하여 오랜 세월을 비주류로 보내고 있던 레드 와인으로 인해 독일은 화이트와 레드 간의 균형이 결여된 정체성을 갖고 있었다

독일 레드의 수준은 화이트에 많이 뒤처져 있다는 평가를 받아왔으나 최근독일의 슈페트부르군더(Spaetburgunder)가 블라인드 테이스팅 (Blind Tasting)에서 빼어난 결과를 세상으로 내보이기 시작했다.

기존의 과일 향이 풍부한 가벼운 스타일의 대중 와인 생산에서 프렌치 오크 숙성과 같은 양조 기술을 도입함으로써 와인의 복합 미와 구조, 바디를 보강하여 좀 더 고급 이미지를 가진 와인을 생산하고 있다.

(1) 슈페트부르군더(Spaetburgunder)

프랑스에서는 피노 누아(Pinot Noir)로도 불리는 품종으로 화이트 와인인 리슬링의 아성에 필적하는 독일 레드 와인의 왕자이다. 인접한 프랑스의 브르고뉴 지방에서 도입된 품종으로 우아하며 독특한 향을 가졌고 포도 알은 작으며 생육기간이 원래는 짧은 품종이나 독일에서는 만숙종이다.

팔츠와 바덴의 떼루아에 가장 적당하며 과실향미가 풍부한 와인을 만든다.

(2) 포르투기저(Portugieser)

포르투기저는 포르투갈과는 아무 관련이 없으며 오스트리아의 다뉴브강 유역 지방에서 독일에 도입된 품종이다. 생육기간이 짧은 품종으로 와인은 풍부한 풍미, 경쾌하며 부드러워 가볍게 마실수 있어 부담 없이 일반 식탁에서 폭넓게 사용된다.

(3) 트롤링거(Trollinger)

약 2,600ha의 재배 면적으로 뷔르템베르크(Wuerttemberg) 지방에서만 재배되고 있다. 품종명에서 북 이탈리아의 남부 티롤 (Sued Tirol) 지방이 원산지로 추정된다. 와인은 향기가 많고 화려하며 과실 풍미가 있다. 경쾌한 산미와 풍부한 맛이 있다. 영한 와인일 때 마시는 것이 좋다.

(4) 도른펠더(Dornfelder)

도른펠더의 성공적인 이야기는 1979년으로 거슬러 올라간다. 1979년, 124ha의 자그마한 재배 면적에서 시작한 도른펠더는 오늘날 약 6,600ha의 면적에서 재배되며, 독일의 레드 와인용 품종으로서 슈페트부르군더 다음의 중요한 자리를 차지하였다.

팔츠와 라인헤센 에서 약 40% 재배된다.

와인의 빛깔은 진한 검붉은 색을 나타내며, 과실 향이 풍부하며 가끔은 담배 잎 향이 나기도 한다.

4 독일 와인의 등급 체계

독일에서는 1971년에 시행한 와인법의 규정에 의해 품질분류가 이루어졌으며 1982년 수정 되였으며 1990년 10월 3일 독일이 통일됨에 따라 다시 개정, 이후 2006년 개정을 통해 현재에 이르고 있다.

EU에 속한 독일은 EU의 유럽 표준(European Standard)에 의해 와인 등급을 2개의 품질의 영역. 즉 품계를 설정하고 있다.

그 하나가 테이블 와인(table wine) 다른 하나가 퀄리티 와인(quality wine)이다.

테이블 와인은 타펠 바인(Tafelwein)과 란트 바인(Landwein)을 말하고 퀄리티 와인은 쿠벌리태츠바인(Qualitätswein), 프레디캇 바인(Prädikat wein)을 말한다.

이중 프레디캇 바인(Prädikat wein)은 최상위 품질을 가진 와인으로 5개의 레벨로 다시 구분된다.

1) 테이블 와인(table wine)

(1) 타펠바인(Tafelwein)

독일 타펠와인(Deutscher Tafelwein)은 매일 음미하기에 적합한 평범한 테이블 와인으로 독일 내에서 대부분 소비된다.

(2) 도이츠 란트바인(Deutscher Landwein)

프랑스의 뱅 드 뻬이(Vin de Pays)에 해당하는 지역 와인으로 프랑켄을 제외한 19개의 지역에서 생산된다. 반드시 생산지역을 표시해야 하며 보당이 허용된다. 트로켄과 하프트로켄만 생산된다.

2) 퀄리티 와인(quality wine)

옥슬레(Oechsle)는 독일의 물리학자 Ferdinand Oechsle(1774~1852)이 1830년에 획기적인 과즙의 당도를 조사할 수 있는 비중계를 발명했다.

이 방법은 지금까지도 독일의 품질 풍질 평가에 큰 공헌을 했고 오늘날에도 이 방법이 품질의 등급을 분류하는데 사용되고 있는데 포도즙 비중은 와인의 기대 품질을 가늠케 한다.이 비중계로 표시되는 수치를 옥슬레(Oechsle)라고 부른다.

포도즙의 비중은 20℃의 온도에서 물 1리터의 비중에 대한 포도즙 1리터의 비중을 나타낸다. 포도즙의 특별한 밀도라고 할 수 있다. 만일 이 비중이 1,076이라고 한다면 포도즙은 76° Oe.(옥슬레)이다. 이 당도에 의해서 예상 가능한 최대의 알코올 수치가 계산된다.

(1) 크발리태츠바인(Qualitätswein) 51~72° Oe.(옥슬레)

2006년 법개정으로 Qualitätswein Bestimmter Anbaugebiete(QbA : 크발리태츠바인 베스팀터 인바우게비테퀴드)가 2년의 유예기간을 거친후 Qualitätswein으로 간략하게 표기하게 되었다.

그 조건은 다음과 같다.

- 13개의 와인 생산지 중 하나의 지구에서 재배된 포도만으로 만든 와인일 것
- 그 지구에서 고급와인 품종으로 추천 또는 허가된 품종으로 만든 와인일 것
- 최저 알코올이 7 이상일 것
- 좋지 않은 빈티지일 경우 보당이 허가되어있지만 제한적이다.
- 품질 검사합격번호, (A. P . Nr) : 공인된 테스트 넘버를 라벨에 명시할 것

(2) 프레디캇바인(Prädikat wein)

2006년 법개정으로 Qualitätswein mit Prädikat (QMP : 쿠발리태츠바인 및 프레디캇)이 2년의 유예기간을 거친 후 Prädikat wein으로 간략하게 표기하게 되었다.

그 조건은 다음과 같다.

이 Prädikat wein은 Qualitätswein보다 당도(oechsle(옥슬레))가 높은 고급 와인 등급이다.

Prädikat은 어디까지나 수확된 포도알의 당분의 당도를 기준으로 한 것으로 특별한 밭에 정해진 것이 안닌 독일 전역에서 생산된다.

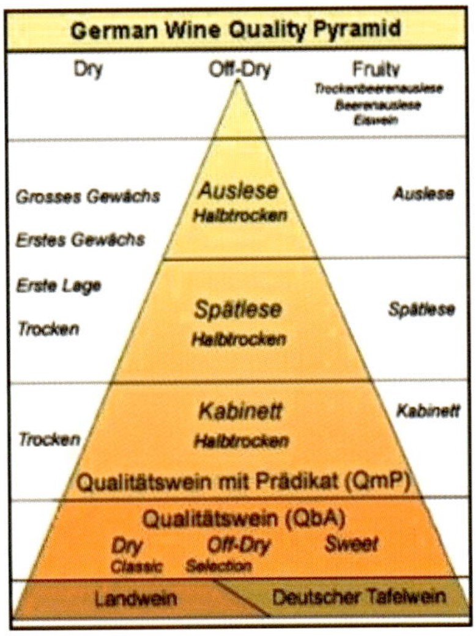

독일 와인 등급 피라미드

Prädikat은 다음 6단계로 구별된다.(다음의 옥슬레 기준은 모젤(Mosel) 지방이다.

❶ 카비넷(Kabinett) : 67~82 ° Oe.(옥슬레)

프레디캇바인에서 가장 낮은 등급의 와인으로 일반적으로 같은 시기에 수확한다.

크발리태츠바인 포도보다 좋은 위치에 있는 포도밭이 많고 잘 익은 포도이기 때문에 보당은 하지 않는다.

카비넷은 독일 와인 중에서 음식과 가장 잘 어울리는 와인으로 독일의 와인 애호가 들은 카비네트를 일상적인 디너 와인으로 마신다.

최저알코올은 7도 이상이다.

❷ 스파트레제(Spatlese) : 76~90° Oe.(옥슬레)

늦수확이란 뜻을 가진 슈패트레제는 늦게 수확한 충분히 잘 익은 포도로 만들어진다. 최저 옥슬레는 산지나 품종에 따라 달라진다. 포도 수확시기는 통상적인 수확이 끝난 후 적어도 1주가 지난 후가 일반적이다. 알코올 7이상

❸ 아우스레제(Auslese) : 83~100° Oe.(옥슬레)

최저 옥슬레는 산지나 품종에 따라 달라진다. 포도알이 충분히 익은 과숙한 포도알을 선별수확한다. 일반적으로 아우스레제는 날씨가 충분히 따뜻하고 최고의 해에만 만들 수 있다. 대부분의 아우스레제는 다소 달콤한 맛이 나는 풍성한 와인이다.

❹ 베렌아우스레제(Beerenauslese) : 110~128° Oe.(옥슬레)

귀부(Botritis Cinerea) 영향을 받은 포도와 과숙 상태의 포도로 만들어진다.

알코올 5.5 이상

❺ 아이스 바인(Ice Wine) : 110~128° Oe.(옥슬레)

최저 당도는 베렌아우스레제의 규정과 같다. 사람의 손이 개입하지 않고 자연 상태의 상태로 나무에 둔 채 날씨에 의해 언 포도를 수확해서 압착한 과즙을 사용해서 만든다.

아이스 바인용 포도

아이스 바인은 독일에서 가장 위대하고 또 가장 희귀한 특산품 가운데 하나다.

당도와 산도가 서로 쌍벽을 이루면서 놀라울 정도의 강도를 자랑한다. 통상 수확은 다음 년도에 행해지고 수확시간은 새벽에 시작해서 아침 일찍 마무리 짓는다. 온도가 올라가면 포도의 수분이 녹아서 와인에 희석되기 때문이다. 한겨울에 수확한 언 포도로 만든 아이스 바인은 귀부 포도로 만드는 베렌아우스레제나 트로켄 베렌아우스레제와는 상당히 다른 맛을 낸다.

❻ 트로켄 베렌아우스레제(Trokenberrenasulese) : 150~154° Oe.(옥슬레)

독일의 트로켄베렌아우스 레제(T.B.A)는 프랑스의 소떼른과 매우 비슷한 방식으로 만들어지지만 맛은 현저히 다르다. T.B.A는 대체로 알코올 함량이 반 정도에 불과하기 때문에 입안에서 훨씬 더 가볍게 느껴진다. 게다가 쏘떼른보다 두배가량 더 달콤하면서도 산도 또한 훨씬 높아서 더 멋진 균형을 자랑한다.

독일 스위트 와인 등급의 시초 : 슈페트레제(Spätlese)

독일의 와인 등급 체계 중 최고급에 속하는 과거 Q.m.P : 현 프레디캇바인(Prädikat wein)은 현재 여섯가지 등급으로 세분되나 옛날에는 '카비네트' 만이 있었다.

그러나 아무도 예측 못한 사고로 '슈페트레제' 가 탄생하면서 독일의 포도주 등급은 지금같이 복잡한 체계를 갖추게 되었다. 왜냐하면 슈페트레제 이상의 등급인 아우스레제 등은 실상 우연히 잘못 태어난 슈페트레제에서 아이디어를 얻어 생산된 연관 제품이기 때문이다.

1775년, 독일에서 있었던 일이다.

라인가우(Rheingau)지역에 소재한 요하니스베르크(Johanisberg)성에는 주변에 많은 포도원을 소유하고 있던 한 수도원이 있었다.

때는 늦은 여름, 수도원의 포도 재배와 포도주 제조를 책임지고 있던 수사는 예년과 같이 포도를 수확해도 좋은지를 알아보려고 전령편으로 150km 떨어져 있는 풀다(Fulda)에 주재하고 있던 대주교에게 잘 익은 포도 몇 송이를 보냈다. 대주교의 허락 없이는 포도수확을 할 수 없기 때문이다. 그런데 통상 일주일이면 돌아오던 전령이 왠 일인지 돌아올 때가 지났는데도 오지를 않았다. 설상가상으로 날씨가 너무 좋아 하루가 다르게 포도는 익어갔고, 급기야는 포도가 썩어가기 시작했다.

3주일이 지나서야 돌아온 전령은 "대주교님께서 포도를 수확해도 좋다고 말씀하셨다"는 당연한 얘기를 전했다.

일부는 썩었지만 부랴부랴 그때까지 운 좋게 남아 있던 포도를 수확하여 와인을 만들었다. 제대로 와인이 만들어지리라는 기대는 애당초 하지도 않은 채 와인이 숙성이 되어갔다.

이듬해 봄, 풀다에는 인근 각 지역의 포도원에서 생산된 포도주의 샘플이 집결되었다. 풀다 대교구에서는 인근 수도원에서 생산된 포도주를 시음해보고, 사용 여부를 점검하기 위해서다.

포도주 전문가인 신부님이 각 샘플을 차례로 맛보다가 갑자기 완전히 다른 술 맛을 보게 되자 깜짝 놀란 표정으로 이 술을 가지고 온 전령에게 물어보았다.

"이게 무슨 포도주냐?"

갑작스런 질문을 받은 전령은 엉겁결에 대답했다.

"Spätlese(포도를 늦게 수확했다는 뜻)."

이로써 독일 최초의 늦수확 와인인 슈페트레제가 탄생하게 되었고 이를 근거로 과숙한 포도로 만든 아우스레제(Auslese)와 아우스레제를 만들려는 욕심에 갑자기 닥친 겨울로 얼린 포도로 만들어진 아이스 바인(Ice Wein)의 시초가 되었다. 또한 과숙 중 생성된 귀부 포도로 만들게 된 베렌아우스레제(Trokenberrenasulese)와 트로켄 베렌아우스레제(Trokenberrenasulese)의 시초도 되기때문에 독일 스위트 와인 등급의 역사적 사건이라 불리고 있다.

이로써 슈페트레제 와인을 최초로 만들게된 요하니스베르크(Johannisberg)성에는 이 전령의 동상이 서 있게 된다.

1775년 전령의 동상

(3) 새로운 품질 등급

앞에서 언급한 와인 등으로 해외시장에서 독일 와인은 스위트하다는 경향이 강하지만 독일에서 주로 생산되는 와인은 드라이 와인이다.

소비자에게 조금은 어렵게 다가갔던 독일의 품질등급에 관한 분류는 독일 와인의 판매에 어려움을 주었던 것이 사실이다.

CLASSIC & SELECTION

이에 독일은 전 세계적으로 증가하는 드라이 와인의 판매에 발맞추어, 새로운 등급인 클래식과 셀렉션을 도입했다. 2000년 빈티지부터 새로이 도입된 클래식과 셀렉션은 드라이한 고급 품질와인을 뜻한다. 라벨에 클랙식이나 셀렉션이 적혀 있다면 이는 드라이한 고급 와인을 뜻하며, 또한 그 품질의 보증이기도 하다. 클래식은 평균이상의 드라이 와인을 뜻하며, 셀렉션은 최고급 드라이 와인을 뜻한다. 클랙식과 셀렉션은 소비자로 하여금 와인의 구매 시 보다 간편한 선택을 가능하게 한다.

(4) 독일 우수 와인 양조 협회(VDP) 등급

1910년 설립되었으며 2003년에는 회원수가 200이 넘었으며 독일 포도밭의 3%를 차지하고 있다. 상표에 VDP 로고와 독수리 로고가 붙어있는데 이 마크가 붙으면 독일에서 가장 고급 와인에 속한다고 볼 수 있다.

VDP. Die Prädikatsweingüter

VDP에는 3단계의 품질 기준을 갖고 있으며 이것은 보르도의 샤또 등급과 브르고뉴의 토양등급을 합친 방식으로 와인은 포도원별, 토양별, 등급 체계의 포도밭별로 특정 토지에 품종 별로 구분하였다.

그 새로운 분류는 각 지역에 최상급 포도밭을 지정하며 1등급은 지정된 산지에서 생산되는 최고급 드라이 혹은 스위트 와인으로 생산량은 50hl/ha 이하이며 포도 품종, 재배 방법 등의 규제를 받는다. 수확 당시 당도는 슈패트레제(Spatlese) 이상이어야 하며, 손 수확 및 선별과 VDP 관능 검사가 의무적이며, 전체 1등급 생산량의 1/3만 받을 수 있다.

VDP 3단계 등급 기준으로 최고등급인 1등급은 모젤 지역에서 에르스테 라게(Erste Lage), 라인가우 지역은 에르스테스 게벡흐스(Erstes Gewächs) 그외 지역은 그로세스 게벡흐스(Grosses Gewa¨chs)라고 한다. 최고급 스위트 와인으로 에델쥐서 스피첸바인(Edelsüsser spitzenwein)이 있다.

2등급(Klassifizierte Lagenwein)은 지정된 포도밭에서 생산된 우수 와인으로 허가된 품종으로 완숙한 포도를 65hl/ha로 선별 수확한 것을 뜻한다.

3등급(Gutswein und Ortswein)은 라벨에 상품명, 혹은 지역 명 표시가 인정된다. VDP 등급의 기본 품질 와인으로 Estate 또는 Commune이다. 각지의 VDP 가 인정된 각지 전통품종을 80% 이상 사용하고 수확량은 75hl/ha 이하로 아우스레제 및 완숙한 품질이 높은 포도를 손수확 등의 규정이 있다.

5 주요 생산지

포도 뿌리는 물과 영양분을 공급하기 위하여 토양이 필요하다. 토양은 복사열, 포도 나무의 성장, 포도의 익어가는 과정 등에 영향을 미친다. 토양의 종류와 경사 침식도는 포도의 성분과 더불어 와인의 향과 맛에도 영향을 미친다. 독일에서의 포도 재배는 매우 다양한 토양에서 이뤄진다. 독일의 포도밭은 땅속 깊이에 따라 아주 다양한 토질을 보여준다. 이는 기후와 함께 포도밭의 지역적 위치에 따른 중요한 조건이다. 모든 종류의 토양이 모든 품종에 맞는 건 아니다. 이는 독일 와인이 획일적이지 않고 다양함을 보여줄 수 있는 이유이다.

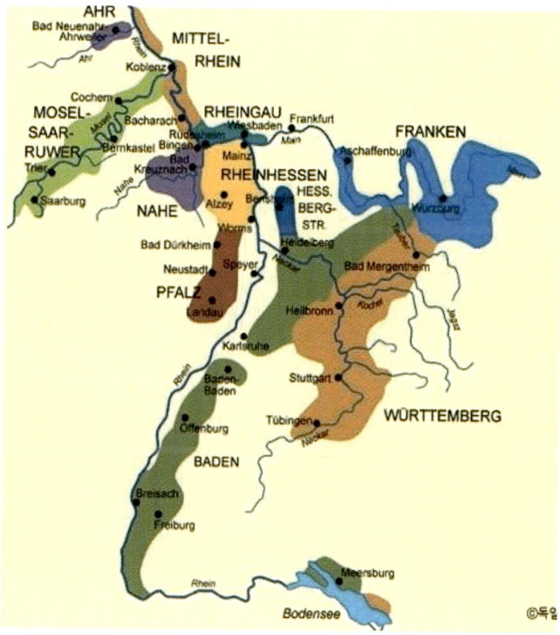

독일와인산지

남서부와 남부의 계곡은 라인 강과 그 지류인 엘베강, 잘레강, 운슈트루트강을 따라 포도 재배를 위한 최고의 조건을 충족시킨다. 태양은 평야보다 비탈진 재배지에 더 강하게 내리쬔다. 이에 비해 남부의 재배지는 더 긴 일조량을 가진다.

가을에는 강에서 일어나는 안개가 포도밭을 뒤덮어 한기로부터 포도밭을 지켜준다. 이러한 자연조건이 비교적 수확이 늦은 북쪽에 위치한 포도밭의 혹독한 기후 조건을 완화시켜 준다.

독일의 여름 아침은 빨리 밝아오고 해는 아주 늦게 진다. 이 긴 일조 시간에 의해 기온은 낮지만 포도는 부드럽게 익어간다. 급경사의 땅에 돌로 쌓아서 만든 포도밭이나 슬레이트석이 많은 포도밭 등에서는 그 돌이 낮 동안의 열을 흡수해서 야간은 포도밭에 열을 공급해 준다. 이처럼 독일의 포도밭에는 포도 재배에 매우 좋은 조건들이 갖추어져 있다.

독일의 대표적인 포도밭은 남향 급 경사면에 만들어져 있다. 계곡과 강줄기가 내려다 보이는 지역에 2~3군데 있지만 대부분 강 주변에 있다.

독일의 포도밭은 남쪽은 평탄한 지형이나 따뜻한 언덕지형으로 북쪽은 급 경사면의 남향에 만들어져 있다. 계곡과 강줄기가 내려다 보이는 지역으로 그 대부분이 강의 가까운 곳에 있어 강물이 그 일대의 기후를 부드럽게 만들어주고 추운 북쪽 지방의 포도 재배를 도와 준다. 즉 태양열을 수면에 반사하고 포도밭에 햇볕을 반사하여 낮이나 밤 동안 안정적인 온도를 유지하는 역할을 다하고 있다.

가을에는 수면으로부터 일어나는 노을이나 안개가 겨울의 시작을 알리는 최초의 한파로부터 포도를 보호해 주고 이와 같은 기상에다가 각각의 포도밭들의 미기후(Micro-climate) 특유의 조건을 부여한다. 또한 북쪽으로 치우친 독일의 위치는 온화한 기후를 가지며 포도들은 남쪽 지역에서 보다 긴 성숙기간을 갖는다. 이것이 다른 곳에서는 수확이 이미 끝난 시점임에도 독일에서 10월과 11월에 포도 수확을 하는 이유이다. 포도는 나무에 더 오래 매달려 있을수록 더욱 성숙한다.

이로 인해 더 많은 향기와 보다 풍부한 미감을 가져다 준다. 이렇듯 느린 성숙기는 포도가 산미를 유지하는 것을 가능하게 하고 이로 인해 독일 와인은 자극적이고 신선한 상쾌한 미감을 지니게 된다. 독일 와인은 대체로 자연적으로 특성 있는 산미와 상쾌한 맛 때문에 지방, 단백질, 강한 맛 등과 조화를 이루는 특징이 있다. 그리고 미각을 새롭게 하며 식욕을 돋구어 주기도 한다. 또한 음식의 맛이 섬세하고 부드럽다면 포도주도 거기에 걸맞게 부드럽고 섬세한 스타일의 독일 와인이 잘 어울릴 것이다.

독일 와인 생산지는 세계의 포도 재배지 중에서도 북방 한계선에 위치, 대부분 북위 47°~52°의 범위 내에 있다. 그 외에 산지로는 구 동 독일의 영토였던 북위 52°로 가장 북쪽의 잘레 운스트르트, 남동쪽의 작센을 포함하여 13개의 특정 생산지구(Beatimmtes Anbaugebiet)로 나뉜다.

숫자로 보면 지역 와인에 해당하는 란트 바인 생산지구 (Landweingebie)가 19개, 가장 큰 와인 산지 단위이며 Resion에 해당하는 안바우게비테(Beatimmtes Anbaugebiet)가 13개, 와인을 생산하는 마을 또는 구역으로 District에 해당하는 포도원 지구인 베라이히(Bereich)가 39개, 몇 개의 포도밭이 모여서 이루어진 선별포도 재배지로 영어로는 Collective vineyard 에 해당하는 포도원 집단인 글로스라게 (Glosslage)가 167개, 마지막으로 단일 포도원(Einzellage) 2,658개로 구성되어있다.

이 중 글로스라게 (Glosslage)는 식음료 분야와 수출 분야에서 브랜드화되어 와인 구매에 도움을 주며 단일 포도원은 최고급 와인 생산을 위한 차별적인 조건을 보여준다.

1) 아르(Ahr) "아르 지역의 재발견"

유럽에서 가장 북쪽에 위치한 재배지중 한 곳으로 이곳은 점판암, 석회질 그리고 황토질 토양으로 슈파트브르군더 종과 포르트기저 품종이 재배되고 특히 가볍고 과실미가 풍부한 레드 와인이 생산된다.

가벼운 스타일의 레드 생산이 88%, 화이트를 12% 생산하고 화이트 와인용 품종은 리슬링과 뮐러-투르가우가 재배되고 와인은 독특한 향미와 신선한 맛이 있다. 생산되는 와인은 거의 전량이 그 지역에서 소비된다.

2) 모젤(Mosel) "로마의 위대한 유산"

코블랜츠(Koblenz)로부터 프라스 토양과 프랑스 국경에 이르는 직선 거리는 65mile이지만 모젤강을 따라 완전히 굽어 흐르는 150mie의 길의 양편에 포도밭이 있으며, 남쪽으로부터 모젤강으로 흘러 들어오는 2개의 지류인 자르강과 루버강의 포도밭을 포함하고 있다. 이곳은 회색의 슬레이트 토양에서 자라는 리슬링으로 유명하다.

이처럼 먼 북쪽에서 리슬링이 잘 무르익으려면 밭의 입지가 아주 좋아야만 한다. 보통 훌륭한 밭들은 햇볕을 잘 반사하는 수면을 향해 가파르게 내려가는 남향의 비탈에 위치한다. 경사면의 비탈이 가파를수록 훌륭한 와인이 나오는 경향이 있지만 그만큼 일하기도 힘들어지기 때문에 포도 재배 및 생산에 어려움이 있다.

훌륭한 모젤 와인은 리슬링 품종으로 생산된다. 반면, 평지에 있는 뮐러 투르가우 품종의밭들은 점차 더 수익성이 좋은 방향으로 용도가 바뀌고 있는 추세며, 따라서 전체 포도재배 면적도 줄어 들고 있다.

모젤강과 그 지류인 자르강과 루버강 유역 지대의 와인은 경쾌하며 과실풍미가 있고, 향기가 매우 짙으며 색은 엷고 산미가 강한 것이 특징이다. 모젤 와인은 섬세한 과실풍미가 가득한 것에서부터 흙에서 오는 냄새까지, 스파이시한 맛에서 담담한 맛까지 다양하다. 이러한 다양성은 점판암질의 토양에 의해서 생성된 것이다. 약간의 탄산가스가 발생되는 것도 가끔 발견되기도 한다.

대단히 우아한 향의 리슬링은 남향의 급 경사면에서 잘 자라며, 특히 자르, 루버 지구의 빌팅엔(Wiltingen)과 샤르츠호프베르크(Scharzhofberg)의 주변에서 훌륭한 리슬링이 재배되고 있다. 모젤강 중류에는 베른카스텔(Bernkastel), 피스포르트(Piesport), 그라흐(Graach), 첼팅엔(Zeltingen), 에르덴(Erden) 등 와인을 만드는 유명한 마을들이 많다. 뮐러-투르가우는 물론 로마시대부터 재배되어 온 고대품종 엘블링(Elbling)도 이 지역에서 재배되고 있다.

주요 와이너리로는 바인구트(Weingut), 프리츠 하그(Fritz Haag)가 있다.

자르지역의 샤르츠호프베르그(Scharzhofberg) 포도원이 가장 유명하며 이 포도원은 커다란 명성 때문에 예외적으로 포도원이 속해 있는 빌팅겐(Wiltiongen) 마을의 이름을 표시하지 않고 생산된다.

에곤 뮐러(Egon Muller)는 샤르츠호프베르그의 가장 주요한 곳에 총 21ha의 포도원이 있으며, 전통주의를 고수하며 환경 친화적으로 양조한다.

에곤뮐러는 와인의 품질은 포도밭에서 100% 만들어진다는 철학으로 와인을 생산하며 포도나무는 19세기부터 내려온 야생상태로 관리되고 있는 올드 바인(Old vine)에서 수확량을 60hl/ha로 제한하고 매년 6회 이상의 쟁기질을 하며 화학 비료, 제초제, 살충제를 사용하지 않는다.

3) 미텔라인(Mittelrhein) “로맨틱한 라인강”

독일 와인 생산의 0.4%를 차지하는 작은 생산지로 라인강을 따라 130km에 걸쳐 이어지는 좁고 긴 포도재배 지역이다. 점판암질 토양의 급경사에 포도 재배가 이루어지고 있다 화이트는 리슬링을 중심으로 프레쉬하고 생생한 산미를 갖는 향이 강한 와인을 만들지만 때때로는 소박한 맛을 내기도 한다. 미텔라인은 많은 고성이 있는 관광지이기도 하고 현지에서 지역 와인 소비가 많아 수출은 적은 편이다.

4) 라인가우(Rheingau) “품질의 전통”

라인가우는 독일 와인 중에 최고급 와인의 생산지이며, 세계 최고의 와인 생산 지역 중의 하나이다. 지리적으로는 마인(Main)강에 접하고 있는 호흐하임(Hochheim)과 라인강 중류 근처의 로르히(Lorch) 사이에 위치하고 있다. 이 지역 와인은 예전부터 호흐하임에서 선적되어 수출된 관계로 영국에서는 “라인 와인”이라는 표현보다 “호크(Hocks)”라고 부르는 경우가 많았다. 빅토리아 여왕이 “호크 한병이면 의사가 필요없다”라고 말한 것으로 전해진다.

라인가우는 전체가 하나의 긴 언덕으로 되어 있고, 북쪽은 산림으로 덮인 타우누스(Taunus) 산줄기에 가려져 있고, 남쪽으로는 라인강에 접해 있다. 이 지역은 로마 시대부터 포도가 전파되었으나 본격적으로 재배된 것은 베네딕트 수도원이 이 지역에 설립되면서부터이다. 또한 리슬링 포도 품종이 재배되기 시작한 것은 1435년 호흐하임에서 식재되었으며 현재 독일에서 리슬링 재배율이 78%로 가장 높은 곳이로 생산되는 와인 중 프래디캇 등급의 와인 점유율이 47%로 가장 높은 산지이기도 하다.

토양은 기본적으로 자갈과 모래 및 점판암이며 표토는 모래와 진흙이 섞여 있다. 이 토양은 높은 수분과 미네랄을 함유하고 있어서 만생종인 리슬링에 충분한 수분과 미네랄을 공급하여 와인의 향을 좋게 한다.

포도원의 대부분은 상당히 가파른 경사면에 있으며, 전체 2,250여 생산자 중 84%가 소규모로 고급 와인을 생산한다.

모젤 지역의 와인이 리슬링 특유의 싱그러움과 부드러운 감미로 대중의 사랑을 받고 있다면, 라인가우의 와인은 우아하고 세련된 풍미의 와인이다. 모젤보다 더 깊이있고 짙으며 강건하고 향이 풍부하며 수명이 길다.

단일 포도밭 와인인 슐로스 요하니스베르크(Schloss Johannisberg), 슐로스 폴라츠(Schloss Vollrads), 슈타인 베르그 (Steinberg)의 3곳이 유명하고 전체가 하나의 요하니스베르크(Johannisberg) 재배 지구를 구성하고 있다.

특별한 품질과 가치의 차별화를 위해 1728년 슐로스 폴라츠(Schloss Vollrads)에서는 독일 최초로 와인을 카비네트(Cabinet)에 저장하였고 이것이 오늘날의 카비네트(Kabinett)등급의 와인이 되었다.

유명한 수도원이나 귀족들이 최고 품질의 리슬링을 재배하여 와인을 더욱 발전시켜 나온 것이 이 지역이다. 역사 기록에 따르면 1716년 이래 요하니스베르크 포도원은 베네딕트 수도원 대수도원장의 공식적인 포도수확 허가를 받아야 하는데 1755년 수확을 앞두고 수확 명령을 전달하는 전령사가 도착하지 않자 수확이 2주 정도 늦어진다. 그러나 결국 늦수확한 포도로 양조한 와인의 맛과 품질이 뛰어난 것을 발견하면서 슈패트레제라는 타입이 유래되었다고 한다.

천혜적인 기후와 이상적인 토양에 의해서 리슬링은 완벽하게 성숙되어 최고 품질의 우아한 와인을 탄생시킨다. 이곳 와인의 특징은 세련된 맛, 드문 향초, 과실의 산미, 그리고 성숙된 맛을 들 수 있다. 그 외에 슈페트부르군더 품종은 독특한 향의 레드 와인을 만들어 낸다.

이지역의 대표적인 마을은 호흐하임(Hochheim), 라우엔탈(Rauenthal), 에르바흐(Erbach), 하텐하임(Hattenheim), 빙켈(winkel), 요하니스베르크(Johannisberg) 등이 있다.

5) 나헤(Nahe) "남서부의 보석"

빙겐에서 라인강을 따라 나헤강 지류 일대의 포도산지로 다양한 토양 위에 퍼져 있다.

황토층 점판질의 미세한 자갈토양과 석영암, 북부는 사암이 많고 라인헤센 와인과 비슷하다. 남부는 점판암질 토양으로 주로 리슬링, 뮐러 투르가우, 실바너등 재배되고 리슬링으로는 모젤와인의 꽃향기와 라인가우의 기품도 갖추고 있다.

최초의 카비넷 와인 : 슐로스 폴라츠

1716년 슐로스 폴라즈에서 처음으로 하이 퀄리티 와인을 카비넷(Kabinett)이라고 불렀고 그 이후 1971년 독일 와인 규정 내 '카비넷' 이라는 명칭이 되었다. 전 세계에서 여러 해 동안 좋은 평가를 받고 있으며 잘 익은 파인애플과 같은 섬세한 과일의 아로마와 함께 입안 가득 꽃 내음을 느낄 수 있다. 구조감이 좋고 균형 잡힌 산도감이 일품인 와인이다.

스시, 사시미 또는 카레요리와 같은 스파이시한 아시아 요리와 곁들이면 좋다.

와인은 구매 후 바로 마시는 것도 좋지만 리슬링은 숙성력이 있는 품종으로 일반적으로 어린 빈티지의 와인은 최소 3~5년 숙성 후 즐기는 편이 더욱 좋다. 2008 빈티지는 미국의 저명한 와인 평론지 와인스펙테어터(Wine Spectator)에서 91점으로 그해 세계 100대와인 중 하나로 선정되기도 하였다.

6) 라인헤센(Rheinhessen) "강 기슭 속 1000여 개의 언덕"

라인헤센은 내려오는 언덕의 계곡 안에 있다. 서쪽으로 나헤강, 북쪽과 동쪽으로는 라인강으로 경계되어 있다. 26,300헥타르 크기의 라인헤센은 보름스(Worms), 알차이(Alzey), 마인츠(Mainz), 빙엔(Bingen)이라는 지역들 사이에 위치해 있다.

다양한 토양 형태와 미세기후로 인해 새로운 교배종들과 함께 세가지 전통적인 백포도 품종인 뮐러-투르가우, 리슬링, 질바너를 포함해서 많은 포도 품종이 재배된다. 라인 강변이나 라인 언덕에는 니어슈타인(Nierstein)이라는 마을을 끼고 유명한 포도원들이 많다. 하지만 여기에는 마을 이름과 관련해서 주의해야 할 사항이 있다.

예를 들자면, 위대한 히핑 빈야드산 이어슈타이너 히핑(Niersteiner Hipping)같은 탁월한 와인이 있다. 하지만 니어슈타인(Nierstein)이라는 단어는 베라이히(Bereich : 포도원 지구)이름이기도 하다. 요컨대 결코 특별하지 않은 포도원에서 나온 수많은 진부한 와인들도 그 명칭을 사용할 수 있다는 점이다.

그 좋은 예가 니어슈타이너 구테스 돔탈(Niersteiner gutes Domtal)이다. 이 와인은 구테스 돔탈로 알려진 거대한 주변지역(그로스라게glosslage : 포도원 집단)어디서나 생산되는 포도로 만든 상당히 특색없는 대중적 와인이다.

이 지역은 대부분의 지역에서 괜찮은 정도의 와인을 만든다.

그 중 상당수는 상쾌하고 순하며 저렴한 제네릭 와인으로 성모(Liebfrau)의 젖(milch)을 뜻하는 립프라우밀히(Liebfraumilch)이며 안타깝게도 이 와인이 세계적으로 가장 유명한 독일 와인이기도 하다.

리프라우밀히는 라인헤센 외에도 나헤, 팔츠, 라인가우에서 생산된 스위트한 품질와인이며, 최소 70% 이상의 뮐러-투르가우 또는 케르너를 사용하여 생산되는 와인이지만 포도 품종과 지역 명칭을 라벨에 적는 것은 허용되지 않는다.

블루넌(Blue Nun)

영어권에서 가장 대규모로 팔리는 와인의 이름은 사실 우연히 탄생했다.

지켈(Sichel)가문이 이 와인을 생산하기 시작한 20세기 초반 이와인의 이름은 그냥 지켈 립프라우밀히(Sichel Liebfraumilch) 였다. 1925년 와인이 엄청난 인기를 얻게 되자 라벨에는 푸른 하늘을 배경으로 갈색 수녀 복을 입은 수녀들의 모습이 담겼다.

19세기 초반까지 독일 포도원 부지는 대부분 교회 소유였기 때문에 와인과 교회는 밀접한 관련이 있었다.

소비자들은 그 와인을 푸른색 라벨과 갈색 수녀들이 있는 와인이라고 부르기 시작했고 얼마 지나지 않아 와인의 명칭은 블루(Blue Nun) 바뀌었다.

7) 팔츠(Pfalz) "관능적 즐거움"

팔츠는 오늘날 독일에서 가장 흥미롭고 독창적인 와인생산지이다.

팔츠는 독일의 란인란트의 일부이지만 다른 지역들과 달리 기후는 라인강의 영향을 받지 않는다. 강은 3.2km가량 동쪽에 있으며 중요한 포도원들은 강을 접하고 있지 않다. 대신 프랑스의 보쥬산맥의 북쪽 측면인 하르트 산맥이 지배적인 영향을 미친다.보쥬 산맥이 건조한 기후를 만들어 알자스 와인에 영향을 미치듯 숲으로 덮인 하르트 산맥은 팔츠의 포도원을 보호해주는 좋은 환경을 만들어준다.

위도가 좀더 남쪽에 있고 햇빛이 더 넉넉하기 때문에 포도의 성숙은 거의 문제가 되지 않는다. 그 결과 팔츠의 와인은 활기찬 과일 향을 자랑한다. 석회암과 점토, 황토가 섞인 남쪽의 토양에서는 신선하고 강렬한 와인이 태어나고 독일 와인 중 가장 외향적인 와인이 팔츠 와인이다. 레드 와인붐으로 2005년엔 전체 와인의 40%가 레드 와인이었다.

8) 헤시세 베르그슈트라세(Hessische Bergstraße) "독일의 스프링 가든"

이 지역은 하이델베르크(Heidelberg)의 북쪽에 위치하고 서쪽은 라인강, 동쪽은 오덴발트 숲(Odenwald)과 접해 있다. 여기에서 만들어지는 와인은 푸르티하고 우아하다. 라인가우의 와인보다 맛이 진하며, 산미가 낮은 와인이 생산되며 고급 와인은 적은 편이다. 주로 재배되고 있는 품종은 리슬링이며, 풍미가 풍부한 뮐러-투르가우와 섬세한 실바너가 있다. 베르크슈트라세에서 생산되는 와인은 그 양이 많지 않기 때문에 대부분이 그 지역에서 소비된다. 헤펜하임(Heppenheim, 6월 하순)이나 벤스하임(Bensheim, 9월 상순)에서 열리는 지역 와인 축제에 참가하여 그 지역 와인을 마시는 것도 그 이유중의 하나이다

9) 프랑켄(Franken) "복스보이텔과 바로크"

프랑켄은 독일 포도 재배 지역 중에서 동쪽에 위치하고 있는데 지리적으로나 역사적 으로나 독일 와인의 주류에서 벗어나 있다. 정치적으로도 이 곳은 구 바바리아(Bavaria) 왕국에 속한다. 와인보다 맥주가 유명한 곳으로 포도밭의 대부분은 라인강과 그 지류 양측의 경사면에 모여 있다.

프랑켄 와인은 이곳의 기름진 음식과 곁들여 먹기에 적합한 스타일로 독일 와인 중에 가장 남성다운 와인이다. 타 지역의 와인보다 일반적으로 강하며 향기는 약하며 달지 않고 짜임새 있고, 또 지역 토양에서 오는 특별한 맛이 담긴 와인이다.

트로켄(드라이)과 할프 트로켄(미디엄 드라이)이 전체 와인의 94%를 차지한다. 프랑켄은 리슬링보다 실바너로 더 좋은 와인들을 생산 한다는 점에서 색 다르다. 전체 재배의 1/3을 차지하는 실바너는 프랑켄의 왕이라 불린다. 아로마가 훌륭한 케르너, 바쿠스로도 와인을 만들고 실바너와 리슬링을 교배해서 만든 리슬라너(Rieslaner), 쇼이레베(scheurebe)로도 우수한 디저트 와인과 무게감 있는 드라이 와인을 만든다.

중심도시인 뷔르츠부르크(Wuerzburg)는 유명한 포도밭 슈타인(Stein)의 중심이기도 하다. 프랑켄 와인의 총칭으로 정식 사용되고 있는 독특한 이름인 슈타인바인(Steinwein)은 여기에서 이루어진 것이다. 프랑켄 와인의 대부부은 복스보이텔 (Bocksbeutel)이라고 불리는 독특한 병으로 판매된다.

10) 뷔르템베르크(Wuttemberg) "레드 와인의 고향"

뷔르템베르크는 독일에서 네번째로 큰 와인산지이다. 뷔르템베르크 지역의 포도밭은 넥카르(Neckar)강과 그 지류의 경사면에 나란히 있다. 슈트트가르트(Stuttgart)가 중심도시로 전체포도밭의 3/4이 몰려있고 재배면적의 60% 이상에서 적포도가 재배되고 있으며, 독일 최대의 레드 와인 생산지역이다. 여기서 재배되고 있는 트롤링거(Trollinger), 뮐러레베(Muellerrebe), 슈페트부르군더(Spaetburgunder), 포르투기저(Portugieser), 렘베르거(Lemberber) 등으로 생산되는 와인들은 과실풍미가 풍부하여 대중적 와인에서 고급 와인에 이르기까지 다양하다. 심지어 프랑스 보르도의 레드 품종들도 자란다.

리슬링, 뮐러-투르가우, 케르너, 질바너 들의 화이트 와인은 힘있고 풍부한 맛이 있는 와인이다. 주로 트롤링거를 중심으로, 슈파트부르군더 로 만든레드 와인이 좋은 품질을 생산하고 독일 최대의 레드 와인 산지로 유명하다. 협동 조합 생산와인이 전체의 80%를 차지한다.뷔르템베르크 와인은 다른 지역에서는 찾아 볼 수 없는 독특한 맛과 향기가 있다. 따라서 인근지역인 바덴(Baden) 사람들과 마찬가지로 뷔르템베르크 사람들도 그 지역의 와인에 대한 큰 애착을 가지고 있다.

11) 바덴(Baden) "태양의 키스를 받는 곳"

프랑스의 알자스와 라인강을 사이에 두고 마주하는 바덴의 와인 스타일은 모젤에서 나오는 리슬링과 정반대다. 대부분이 드라이한 풀바디하며 종종 오크 통 숙성을 한다.

이런 와인은 음식과 함께 마셔야 한다. 독일 내 최고급 레스토랑의 아이템이지만 수출량은 아주 적다. 레드 포도 품종 비율은 44%로 뷔템베르크와 함께 높은 수치를 보여준다. 독일의 와인 지역 중 이들보다 레드 비율이 높은 곳은 아르 지역밖에 없다.

약 15,900여 헥타르의 면적을 가지고 있는 바덴은 독일에서 세번째로 큰 포도재배지역이다. 타우버(Tauber)에서 보덴제 호수(Bodensee)에 이르는 400km의 길이를 자랑한다. 바덴의 토질은 사암, 석회암, 점토, 황토, 화산암, 폐각석탄 등 매우 다양하다. 재배되고 있는 품종도 많아 꽃 향기가 나는 뮐러-투르가우와 진한 맛이 나는 루랜더(Rulaender), 가볍고 마시기 좋은 구테델(Gutedel), 향기가 강한 게뷔르츠 트라미너(Gewuerztraminer), 그리고 기품이 있는 리슬링(Riesling) 등의 와인이 생산된다.

슈페트부르군더는 카이저슈툴(Kaiserstuhl)이라고 하는 화산질의 토양에서 재배되고 있어 진한 맛이 있는 강한 와인을 만든다. 그 외에 바덴에서는 보덴제(Bodensee)라는 독일 최남단의 와인지역으로 동명의 호수 주변 산지들을 포괄한다. 이곳의 "제바인(SEEwein : 호수 와인)"은 슈패트 부르군더 품종을 가지고 바이스헤릅스트(Weissherbst)라는 세미 스위트 로제 와인이 생산되어 널리 애용되고 있다.

12) 잘레 운스트르트(Salle-Unstrut) "포도 재배 술의 밀래니엄"

작은 포도재배지역인 잘레-운슈트루트는 포도재배와 와인 양조의 긴 전통을 가진 독일의 포도재배지역 중 가장 북쪽에 위치하며 위도는 영국의 런던과 비슷하다. 그러나 대륙성 기후의 영향을 받기 때문에 여름은 몹시 무덥지만 반대로 봄 서리의 피해를 입기도 쉽다. 이 지역의 포도밭은 북쪽으로 흐르는 엘베(Elbe)강의 바로 상류인 잘레와 운슈트루트강의 계곡 언덕진 경사면에 위치해 있고 뮐러-투르가우, 실바너, 바이스부르군더 등이 재배되고 부드럽고 단맛이 적은 화이트 와인이 만들어진다.

13) 작센(Sachsen) "엘베강에서 느끼는 이탈리아의 풍취"

구 동독일의 통일로 잘레 운슈트루트와 함께 와인산지로 포함되었다. 작센은 드레스덴(Dresden)과 마이센(Meissen)이 중심지인데 드레스덴은 중세 프로이드의 수도 였던 도시로 드레스덴과 마이센의 문화, 역사적 중심지들은 매년 많은 방문객을 끈다. 그 지역 대부분의 와인이 그 지역에서 소비된다. 포도밭은 부근 엘베강의 가파른 경사면을 따라 약 50km에 걸쳐 이어져 있고 독일 포도재배 지역 중 가장 동쪽에 있다. 주요 포도 품종으로는 40%를 차지하는 뮐러 투르가우, 이어서 바이스브르군더, 트라미너 가 있다.

작센은 잘레 운슈트르트와 함께 규모가 아주 작은 지역이다.다른 분야처럼 구 동독의 와인산업은 구 서독에 비해 상당히 뒤쳐져 있는 것이 사실이다. 현재 만들어지는 와인은 일상소비용 와인이다.

참고문헌

兒島速人 CWE Test Your Knowledge of Wine ワイン教本2008年版 イカロス出版
田邊由美のWine Book 飛鳥出版
上級ワイン教本 Exploring wines & Spirits by Christopher Fielden. 柴田書店
(The Wine & Spirit Education Trust 編)
日本 ソムリエ 協會教本 社團法人 日本 ソムリエ 協會 飛鳥出版
The Wine Bible Karen Macneil 최신덕, 백은주, 문은실, 김명경 공역 WB by barom works
와인 구매 가이드 2 by 손진호 이효정 WB barom works
독일 와인의 조용한 품질 혁명 -Mosel을 중심으로- 박성철
The world Atlas of Wine (휴존슨, 잰신스 로빈슨의 와인 아틀라스) 세종서적
by Hough Johnson, Jancis Robinson
독일 와인의 재발견 -맥주에서 와인으로- 유석천 (2008) KOTRA
와인 소믈리에 실무 김의겸, 최민우, 정연국 공저 백산출판사
와인학개 론 김 성혁,김진국 공저, 2002백산 출판사
독일 가이젠 하임 와인대학 제공 자료
Deutschland aktuell 오늘의 독일 / DeutschernWeininstitut(DWI)

www.wineok.com
www.wine21.com 슐로스베리그 이미지
http://blog.naver.com/beh314?Redirect=Log&logNo=130014584529 VDP
http://www.germanwines.co.kr/ 독일 와인협회
http://www.germanwineusa.com/german-wine-101/read-wine-label.html 독일 와인라벨
kladilo-bocksbeutel.de/ 프랑켄 와인병사진 복스보이텔(Bocksbeutel)
http://blog.naver.com/jayokim?Redirect=Log&logNo=110051298346 독일 와인산지 지도
http://basicjuice.blogs.com/basicjuice/2007/10/a-question-of-e.html 아이스 와인 포도
www.fotolia.com/id/117223 트로켄 베렌아우스레제 사진(보트리티스 감염)
http://en.wikipedia.org/wiki/Germany_wine:독일 와인
http://en.wikipedia.org/wiki/File:Grape_varieties_in_Germany_over_time.pngne
http://blog.naver.com/jbcr/40015842059
[출처] [본문스크랩] 독일 최고급 와인 Spatlese의 탄생 비화 |작성자 화인원

제16장
동유럽/지중해/동아시아 와인

1 헝가리 와인

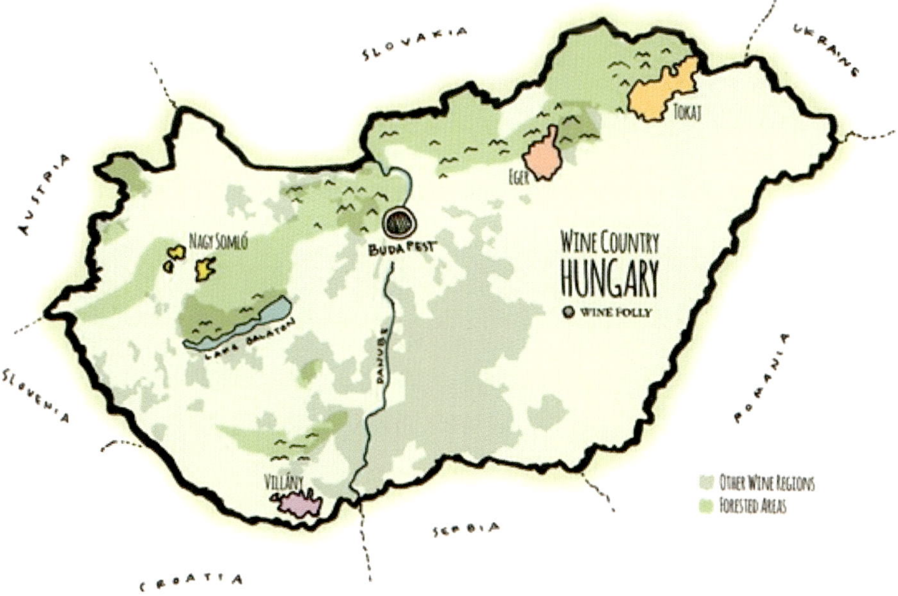

1) 지역 개관

헝가리를 대표하는 와인은 토카이로 세계적으로 유명하다. 헝가리 와인은 세계 생산량의 1.6%를 차지하며 화이트가 75%로 비중이 높다. 주요 적포도 품종이 카다르카(Kadarka), 케크프랑코스(Kékfrankos)이며 주요 청도도 품종이 푸르민트, 하르쉬레벨류, 레아니카 등이다(마이클 슈스터, 2007 ; 236). 국내에는 대부분 스위트한 디저트용 토카이 와인이 수입되어 유통되고 있지만 드라이한 스타일의 와인도 종종 경험할 수 있다. 헝가리 와인은 리즐링, 까베르네소비뇽도 생산하고 있다. 또한 아이스와인도 생산한다.

2) 대표 와인

(1) 토카이 아수(Tokaj Aszu)

타트라의 남부에 있는 토카이 헤잘리아 포도 재배지는 퓌르민트, 린덴블라트리거, 노란 뮈스카, 오레무스를 숙성시켜 만드는 것으로 유명한 토카이 와인의 원산지이다. 전통적으로 달콤한 맛을 내는 토카이 아수를 만들기 위해서는 완숙 시점이 지난 포도를 일정 부분 첨가해야 한다. 껍질이 쪼글쪼글해진 포도는 먼저 으깬 다음 건조시키고, 하얀포도즙과 섞어서 함께 숙성된다. 와인은 대개 얇은 효소층 아래에서 일정 양의 산소와 접촉하면서 5~12년 동안 작은 통에 담겨, 벽에 이끼가 두껍게 낀 동굴에서 숙성된다. 20년까지 숙성되는 경우도 있다. 전통적인 맛을 내는 방식이라 하겠다(베르너 오발스키, 2005 ; 151). 푸토뇨(puttonyo) 토카이 아수 와인당도의 범위는 3~6이 있다.

토카이 와인

헝가리 동북부 티서 강 유역에서 생산되는 백포도주인데 호박색 귀부와인은 당도가 높은 것으로 유명하다. 귀부 와인은 곰팡이로 변질된 포도로 건포도처럼 쪼그라들어 건조된 포도상태일 때 응축된 당분이 30~50%나 함유되어 있다. 토카이 귀부와인은 독일의 라인가우, 프랑스 보르도 지방의 소떼른과 함께 세계 3대 귀부와인이므로 헝가리에 가면 맛보는 것이 추천된다(출처 : 한국교직원신문, 2017.3.6; 7면).

Blue Label(500ml)[블루 라벨(500ml)]

Tasting Note

- **품종** Furmint(50%), Haralevelu(45%), Muscat(5%)
- **원산지** Tokaji, Hungary
- **색** 맑은 황금색
- **향** 풍성한 말린 과일, 벌꿀 향, 열대 과일 향
- **맛** 오렌지, 블랙 티, 캐라멜, 마말레이드 등의 상큼하고 가벼운 맛
- **궁합** 거위간 요리, 초콜릿, h가일 타르트, 블루치즈, 시가
- **서빙** 차게 해서(10~12도) 작은 포트잔에 담아 식전 또는 후식과 함께 마시기 좋음

종합의견

건조한 가을로 인해 과일이 잘 익었으며 긴 여운을 남긴다. 풍성한 향기와 단맛이 적당한 산도와 조화를 이루며, Royal Tokaji Wine Company만의 스타일을 잘 보여준다.

(2) 에게르(Eger) 와인

에게르는 토가이지방과 가까운 지역이다. 와인이 짙고 상큼한 과일 향이 나는 특징을 갖는다. 황소의 피, 장미라는 뜻의 프랑스어에서 유래되었다.

헝가리이 음식인 비프스튜 구야시(굴라쉬)와 잘 어울린다. 닭튀김요리도 에게르와인과 잘 매칭된다. Kadarka, Kékfrankos, Merlot, Cabernet franc, Pinot noir, Syrah, Cabernet Sauvignon, Turan, Blaufrankisch 품종 들 13개 품종 중 최소 3~4개 이상의 품종으로 블랜딩하여 만든다. 카다르카 품종이 메인이며 양조가 어려워 Kékfrankos 품종으로 대체되고 있는 것으로 알려지고 있다.

에게르(Eger) 비커베르 와인

일명 황소의 피 와인이다. 헝가리 북동부 산간에서 생산되는 적포도주로 황소의 피 와인이 유명하다. 16세기 중반 헝가리가 오스만 튀르크 군에게 점령당한 시대의 와인인데, 튀르크 군 8만명이 공격해 왔을 때 에게르 성을 지키는 병사와 시민은 불과 2,000명이었다고 한다. 에게르 성의 영주가 병사들에게 술 저장고를 개방해 병사들이 에게르의 적포도주를 마시고 술의 힘으로 적을 공격하게 하였다. 입 주위와 의복이 핏빛으로 물들어 있는 이들을 보고 황소의 피를 마시고 힘을 얻었다고 생각한 오스만 튀르크 군이 달아났다는 일화에서 유래된 적포도주로 스토리텔링이 접목된 와인으로 재미있다(출처 : 한국교직원신문, 2017.3.6; 7면).

참고문헌

마이클 슈스터, 와인테이스팅의 이해, ㈜BaromWorks , 2007.
베르너 오발스키, 도서출판 예경, 2005.
시사상식사전; 한국학중앙연구원
한국교직원신문, 2017. 3. 6.
www.winefolly.com/review/hungarian-wines-for-the-win/

2 그리스 와인

1) 와인 개요

그리스 와인은 전통이 있는 와인이라고 평가한다. 기원전 2000년에 그리스에 와인이 유입[1]되어 재배되어 왔다. 토착품종[2]만 350종으로 알려져 있다. 새로운 향과 맛을 찾는 와인애호가들에게 그리스 와인은 새로운 기회를 제공한다. 세계에서 가장 오래된 와인생산국의 하나로 평가된다.

---

1) 세계 최초로 와인이 생산된 곳은 중동지역으로 추정되고 있다. 그리스에는 중동에서 이집트를 거쳐 그리스에 기원전 2000년으로 추정되고 있다. 성경에는 포도나무의 원산지가 이란 북쪽 카스피 해와 흑해 사이 소아시아 지방으로 알려져 있다. 이곳은 구약 성경에 나오는 노아가 홍수가 끝난 뒤 정착했다는 아라라트 산(지금의 터키의 해발 5185미터의 빙하로 덮여 있는 산)으로 추정된다.

2) 그리스 토종포도는 2000년에 들어 와서 연구 대상이 되었다. 토종 포도로 빚은 와인은 맛이 진하고, 향기가 풍부하며, 순하고, 세계적으로 명성을 얻고 있는 국제적 와인의 훌륭한 대체 상품으로 인식되고 있다(베르너 오발스키, 2005; 145)는 평가이다.

고대 그리스는 와인제조에 있어서 세계 최고로 지중해에서 무역을 통해 각국에 전해 주었다. 프랑스의 론 밸리에 포도나무를 전해 주었다고 한다(고종원, 2011 : 352). 15C 중반 제국의 몰락 이후 400년 동안 침체에 빠졌던 그리스 와인은 1821년 독립 후 1981년 유럽 공동체의 회원국이 되면서 부활의 시기를 맞게 되었다.

특히 접하기는 쉽지 않지만 그리스 와인을 알게 되면 애호가가 되기 쉽다는 이야기도 있을 정도로 평가가 좋다. 그리고 그리스는 레찌나(Retsina) 와인이 유명하다. 그리스의 송진을 첨가한 와인으로 소나무로 만든 오크통에서 발효, 19세기 이래로 계속 만들어져 온 산토리니에만 있는 하나뿐인 와인이다(고종원 외, 2011 ; 354).

그리스의 와인생산량은 유럽 전체의 약 2%를 차지한다(베르너 오반스키, 2005 : 145). 그리스는 최고의 입지조건을 갖췄다는 평가이다. 연안에서 경작되는 포도는 800m에 이르는 높이의 산과 언덕의 비탈에 그 가지를 뻗쳐 나가고 있다. 경관과 고도 그리고 지질 모두 다양한 품종의 포도밭을 경작하는데 중요한 역할을 한다. 기후는 비가 자주 오는 편의 지중해성 기후이다. 또한 대륙성 기후로 바다에 의해 둘러싸여 있고 움푹 들어간 지형이기 때문에 온화하다. 토양도 석회암에 둘러싸여 있으며, 많은 화산활동으로 복잡하고 다양한 토양구조를 이루고 있다(최영준 외, 2006 : 154-155).

2) 음식과의 마리아주

그리스 사람들은 전채요리, 본 요리를 즐기는 만큼 거기에 맞는 와인을 선택하면 보다 훌륭한 식사를 할 수 있다. 그리스식 샐러드에 맞는 화이트 와인, 문어요리, 올리브 오일, 레몬즙이 뿌려지는 요리, 고기나 생선류와도 와인이 잘 매칭된다는 평가이다. 또한 그리스 와인은 한식과도 잘 어울린다는 평가를 받고 있다.

송진이 섞인 토속주 레찌나(Retsina) 와인

옛날 와인을 담는 용기는 항아리[3]가 아니면 양가죽으로 된 주머니였다고 한다. 그러나 늘 따라다니는 문제가 있었다. 아무리 마개를 꽁꽁 막아도 바깥 공기가 들어가 와인의 맛이 변하는 일이었다. 산화작용이 쉽게 일게 된 것이다. 이를 방지키 위해 고안해 낸 것이 당시 쉽게 얻을 수 있었던 송진을 마개에 발라 공기의 유입을 차단하는 것이었다. 한참 지나서 마개에 발라 놓은 송진이 녹아 와인 속에 젖어들면서 종전과는 달리 솔 향이 나는 와인으로 바뀐 것을 알게 되었다. 이에서부터 와인을 빚기 이전, 또는 발효 중에 송진을 첨가해서 레찌나라는 새로운 형태의 와인을 얻게 되었다고 한다. 그리고 널리 사람들의 사랑을 받아오게 되었다. 레찌나에 쓰이는 대표적인 품종은 사바티아노(Savatiano)이다. 그리스의 전통주 85%가 이 포도종으로 빚어진다고 한다. 그리스의 대부분 와이너리들은 레찌나를 생산한다. 질이 좋은 것에서부터 저렴한 레찌나에 이르기까지 다양한 수준의 것이 있다(출처: 최훈, 유럽의 와인 ; 338-339).

3) 레치나는 그리스어로 송진을 의미한다. 여기서 항아리는 암포라를 말한다. 포도주를 암포라에 담아 숙성시키고 이동하는 과정에서 새거나 흐르지 않도록 암포라 안쪽과 뚜껑에 소나무 수액을 발랐는데, 송진냄새가 밴 와인을 오히려 사람들이 좋아하게 되어서, 레치나와인을 생산하게 되고 전통이 되었다고 한다. 솔잎 음료냄새가 난다는 평가이다. 천년의 전통을 지닌 와인이다.

그리스 와인의 경쟁력

영국의 세계적인 여성평론가 잰시스로빈슨은 현재 우리가 마시는 형태의 와인은 그리스에 기원이 있다고 언급했는데, 양조용 포도 재배기술과 와인 생산기술이 그리스에서 개발된 것이 많다는 것으로 해석할 수 있다. 포도밭 단위면적당 포도 수확량을 제한해 포도의 당도를 끌어올린다거나, 어떤 포도 품종이 어떤 토양에서 잘 자라는지를 면밀히 관찰해 적용함으로써 와인의 품질을 높이는 기술 등 고대 그리스인들이 개발하고 체계화 시켰다는 평가를 받고 있다.

그리스 사람들은 포도 재배와 와인 양조 기술을 유럽전역에 전파했다고 한다. 프랑스, 스페인, 이탈리아 등 지중해와 흑해 연안에 식민지를 건설시 포도나무를 가져다 심었고 자신들의 식생활에 필수품이던 와인을 만들었다고 한다. 이후 비잔틴 제국의 멸망으로 400년 동안의 침체기를 거쳐 1980년 이후 다시 유학파 와인생산자들에 의해 발전하기 시작하였다고 한다.

현재도 토종품종이 강세를 보이는 그리스 와인은 최대 400품종까지 존재하는 것으로 평가되고 있다. 전통에 기초하여 자연에 순응하는 방식의 포도를 생산하여 국제적인 폼종과의 연계를 하고 있다(출처 : 김성윤, 그리스와인기행, 조선일보 ; D4면).

3) 산토리니 쿨루라 전통방식

산토리니 전통 포도 재배방식을 쿨루라라고 한다. 바다의 강한 바람과 태양으로부터 포도를 보호하기 위해 포도나무가지가 땅바닥에 눕혀 바구니처럼 둥글게 말려 있는 형태를 보인다. 그리스의 섬인 산토리니 섬에서 보여지는 일반적이지 않은 형태의 포도 재배방식으로 자연에 순응하는 방식을 볼 수 있다.

4) 생산지역과 품종

생산되는 와인이 대부분 뮈스까(Muscat)로 사모스(Samos) 섬의 와인이 유명하다. 주요 생산지는 북부 그리스의 마케도니아 지방으로 적포도주를 주로 생산한다. 그리스 남부의 반도인 펠로폰네소소는 그리스에서 가장 잘 알려진 포도재배지이다. 에게해의 섬에서는 만델라리, 산토리니 섬에서는 아시르티코와 백포도인 키클라데스가 생산된다. 산토리니 섬에서는 라임스톤에 둘러쌓여 있고 많은 화산활동으로 복잡하고 다양한 토양구조를 형성한 곳으로 독특한 포도밭을 갖고 있다(고종원, 2011: 353~354). 기존의 토착품종 외에 프랑스의 전형적인 품종 등이 재배되고 있다.

(1) 주요 적포도 품종

아지오르이티코, 시노마브로, 림니오, 마브로다프네 등이 있다(마이클 슈스터, 2007 ; 233). 일반적으로 잘 알려진 품종이기보다는 전통적인 토착품종들이다.

(2) 주요 청포도[4] 품종

사바티아노, 아씨르티코, 로디티스, 모스코필레로 등으로(마이클 슈스터, 2007;241). 전통적인 토착품종이다.

3 키프로스 지역 와인

예전에는 셰리 타입의 주정강화와인이 대부분이었다. 오래전부터 만들어 오고 있는 스위트 와인인 코만다리아(Commandaria)가 키프로스[5]의 일품와인으로 평가받고 있다. 스틸와인도 생산이 증가되며 수출되고 있다(Kenshi Hirokane, 2006 : 190)

4) 그리스는 화이트 와인이 74%를 차지한다. 세계생산량의 1.5%를 차지하는 나라이다(마이클 슈스터, 2007 ; 233).

5) 지중해에서 세 번째로 큰 섬이다. 사이프러스라고 불린다. 수도는 니코시아이다. 터키의 남쪽 지중해상에 위치한다. 인구는 1백18만9천197명(2015년 기준), 1960년 영국으로부터 독립하였다. 지중해성기후(여름에는 고온건조하며 겨울에는 시원한편)이다. 그리스인 77%, 터키인 18%, 영국인 5%이다. 그리스정교 78%, 이슬람교 18%로 구성되어 있다(시사상식사전 ; 한국학중앙연구원).

참고문헌

고종원, 세계의 와인, 기문사, 2011.
마이클 슈스터, 와인테이스팅의 이해, ㈜BaromWorks, 2007.
베르너 오발스키, 와인, 예경, 2005.
최훈, 유럽의 와인, 자원평가연구원, 2010.
최영준 · 서진우, 소믈리에, 대왕사, 2006.
조선일보, 2016. 4.14.
한국중앙연구원, 시상상식사전
Kenshi Hirokane,한손에 잡히는 와인, Cookand ㈜베스트홈, 2006.

http://winefolly.com/review/hungarian-wines-for-the-win/
http://www.santorini4you.com/santorini_wine.html
https://sites.google.com/site/wwwhealthygreekfoodscom/greek-cuisine-history
http://cordelia.typepad.com/anastasia/2009/07/sweet-commandaria.html
http://allaboutgreekwine.com/regions.html
http://nestorimports.com/kourtaki-retsina/

4 일본 와인

1) 지역 개관

일본의 와인 양조는 메이지 유신 시기(1870년) 서구문명의 유입과 함께 시작되었다. 한편으로 일본 토착 야생 포도 품종이나 코슈 품종등의 역사(718년 대선사 유래설)는 깊지만 일본에는 와인외의 주류(니혼슈)가 확고히 자리잡고 있어 포도는 생식용으로 머물며 양조로의 발전이 없었다.

그렇게 유입된 와인도 쌀밥 중심의 식문화 특성 속에 드라이한 와인은 쉽게 받아들여지지 못하는 한편 스위트 와인이 대중적으로 주목받게 되었다. 달콤하면서 마시기 쉬운 일본적인 와인은 당시의 생활 속에서 서양 이미지를 동경하는 대중의 취향에 맞는 와인으로 생활에 스며들게 되었다. 그러나 이후의 본격적인 와인 시장 확대 시기에는 이것이 오히려 장벽이 되는 원인이 되기도 하였다.

이와 같은 시기 야마나시 대학교 부설 와인연구소 등이 설립되어 일본에서 가장 오래 전부터 재배되어온 품종 중 하나인 코슈 품종을 비롯하여 포도 재배와 와인 양조를 습득하기 위하여 프랑스에 인력을 파견하고 육종 연구를 거듭하여 교배종 육성을 힘을 기울였다.

그 결과 Muscat Bailey A(머스켓 베일리 A), Black Queen(블랙 퀸) 등이 탄생하였다. 이러한 연구 성과 등을 바탕으로 일본 와인 양조자의 재배, 양조 기술의 발전되어 현재는 세계에서 인정받는 품질의 와인을 생산하게 되었다.

2) 포도 재배 환경과 주요 포도 품종

(1) 포도 재배 환경

일본의 양조용 포도 재배는 홋카이도 에서 큐슈까지 폭넓게 분포하고 있으며, 이는 고온 다습한 기후적인 약점을 극복하여 포도 품종 별로 적절한 테루아에 맞는 품종을 생산하기 위해서이다. 흔히 일본을 작은 섬나라로 묘사 하지만 일본 전체 면적은 한반도의 4배의 면적을 갖고 있으며 북에서 남으로 길게 위치하고 있고 산맥등과 함께 다양한 기후대를 가지고 있다. 또한 최근의 경향은 보다 서늘한 조건을 찾아서 고도가 높은 포도밭에서의 재배가 시작되고 있다.

(2) 주요 포도 품종

화이트는 코슈, 레드는 마스켓 벨리 A등이 예전부터 폭 넓게 이용되어 왔다.

❶ 코슈(Koshu)

대표적인 코슈 품종은 껍질은 적자색을 띄고 있으며 향기와 미감이 부드럽고 강렬한 특징은 없다. 감미가 있는 와인을 만드는 경우가 많지만 최근에는 포도에 부족한 산미를 효모로 보충하고 그후 쉬르리 등의 양조 방법 등을 적극적으로 사용 하여 바디감과 풍미를 보강한 좋은 품질의 드라이 코슈 와인을 생산되고 있다.

코슈 와인 홈페이지

❷ 머스캣 베일리 A(Muscat Bailey A)

Bailey * Muscat Hamburg(베일리 종에 머스캣 함부르그 종)을 교배해서 만든 것으로 병충해에 강하고 양조방법을 고안함으로 일본 기후에 적응한 양종용 포도 품종이 탄생하게 되었다.

❸ 유럽 & 미국 품종

유럽계 비티스 비니페라 종으로는 샤르도네, 쏘비뇽 블랑, 리슬링, 뮐러트르 가우, 케르너등의 화이트품종과 까베르네 쏘비뇽, 까베르네 프랑, 멜롯등의 레드 품종이 있으며 미국계 비티스 라부스카 종으로 나이아가라등의 품종도 다량 재배하고 있는 것도 이색적이다.

그 외에 계발된 육종 포도로는 까베르네 산토리, 야마 쏘비뇽등이 있어 각각의 개성 있는 와인을 만들어 내고 있다.

3) 와인 구분과 원산지 통제 호칭 제도

(1) 일본 와인 구분

전체를 과실주류 호칭하며 과실주, 감미과실주로 구분한다. 과실주(果實酒)는 과실을 원료로 발효시킨 술로 알코올 20도 미만인 술을 지칭한다. 감미과실주(甘味果實酒)는 과실주에 당분, 브랜디를 첨가하여 스위트 하면서 알코올이 높은 주정강화와인을 가리킨다.

(2) 원산지 호칭 제도

아시아에서는 특이하게 일본에서는 주요 산지별 협동조합을 중심으로 원산지 호칭 제도를 만들었다. 야마나시현, 야마카타현 와인 주조 조합 인증 실, 나가노현 원산지 호칭 관리 제도 등이 있다.

4) 주요 산지

포도 생산량은 전체에서 야마나시 현 26%, 나가노현 14%, 야마카타현 10% 순이다.

(1) 야마나시(Yamanashi)현

일본 와인의 중심지. 최근 코슈 품종으로 쉬르리 양조기법, 오크통 숙성 등을 도입하여 성공적 평가를 받고 있으며 그 외 멜롯, 까베르네 쏘비뇽 등 유럽계 포도 품종, 육종 품종, Muscat Bailey A(머스켓 베일리 A)의 와인도 양조하고 있다.

또한 "야마나시 누보 축제"를 매년 동경, 오사카, 야마나시현에서 열어 일식과의 마리아주 등을 통한 적극적인 홍보를 하고 있다.

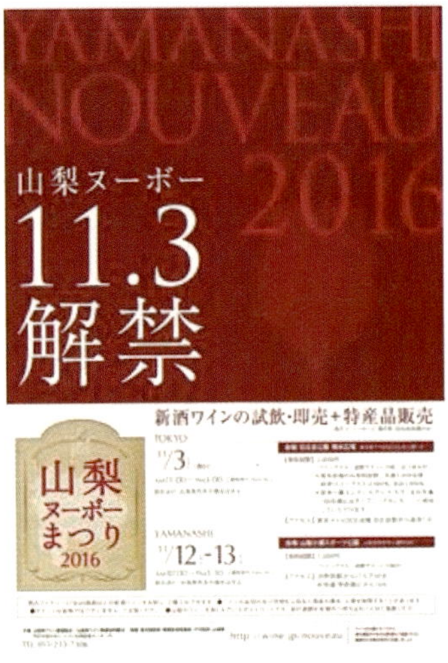

야마나시 누보 축제

(2) 나가노(Nagano)현

원산지호칭관리제도를 일본에서 최초로 도입한 곳으로 전통적으로 비티스 라부스카 종인 나이아가라, 캠벨, 콩코드 등 미국계 품종이 많다. 최근 멜롯과 샤르도네 품종이 증가 추세이다.

(3) 동북부 지방

과실 재배가 밀집된 지방으로 야마카타현에 와인너리가 집중되어 있다. 품종은 Muscat Bailey A,(머스켓 베일리 A)가 다량 재배되고 유럽계 비티스 비니페라종도 재배되고 있다.

5) 일본 와인의 현황

Suntory의 프리미엄 와인 토미(Tomi)

일본 와인은 품질 면에서도 특유의 장인 정신을 기반으로 산토리등 몇몇 와이너리가 높은 발전을 이루어 왔지만 일반적으로 같은 비티스 비니페라 종으로 생산되는 유럽 와인과 비교해서 품질적 비교 우위를 갖기는 힘들다.

또 가격에 세금을 부과하는 한국과 달리 총 중량에 세금을 부과하는 종량세의 주세 법으로 가격적인 면으로 고려해서도 수입 와인과 가격 경쟁력에서 떨어지는 현실이다.

하지만 일본 내의 자국 와인소비는 대형 주류 메이커(메르시앙, 산토리)가 와인너리를 소유 생산하여 세계의 유명 품평회에서 많은 상을 수상하고 양질의 대표 와인을 생산하는 등 와인 문화 산업을 발달시키고 있다.

또한 한편으로는 지방의 중소 생산자들과의 공조, 더불어 단순한 외국 브랜드 선호가 아닌 "일본 와인에는 일본 와인"이라는 미식 개념의 높은 문화 수준의 소비자 인식이 이와 함께 와인 기반산업을 잘 받쳐 주고 있다.

Suntory Wine

Mercian wine

참고문헌

兒島速人 CWE Test Your Knowledge of Wine ワイン教本2008年版 イカロス出版
田邊由美のWine Book (2009)飛鳥出版
上級ワイン教本 Exploring wines & Spirits by Christopher Fielden.(2009) 柴田書店
(The Wine & Spirit Education Trust 編)
日本 ソムリエ 協會教本 社團法人 日本 ソムリエ 協會 飛鳥出版
코슈 와인 홈페이지
http://wine.jp/nouveau/

5 한국 와인

1) 지역 개관

우리 나라에 처음 포도주가 전파된 것은 고려 충렬왕 11년인 1285년에 원나라의 황제 원제가 고려의 왕에게 포도주를 보낸 것이 시초로 문헌에 적혀 전해지고 있다.

1969년 포도가 아닌 사과로 만든 애플 와인 사실상의 과실주인 애플 와인 파라다이스가 최초 생산 되었다. 아이러니 하게도 현재 가장 경쟁력 있는 과실 와인으로 오미자로 만든 오미 로제 스파클링 와인, 감으로 만든 감 그린 등이 손 꼽히는데 과거에도 이런 이력이 있어 더욱 흥미롭다.

우리나라에서 근대에 이르러 상업적으로 탄생한 포도를 원료로 한 최초의 와인으로 1977년 5월, 동양맥주(東洋麥酒)에서 국산 1호 와인인 마주앙을 선보였다. 당시에는 국세청에서 술 이름에 외래어 표기를 일절 사용하지 못하도록 하여 '마주앉아 즐긴다' 라는 뜻으로 마주앙이란 이름을 지었다고 한다.

'마주앙 스페셜 화이트' 와 '마주앙 레드' 두 종류의 초기 마주앙이 출시되었으며 마주앙 스페셜 화이트는 로마 교황청의 승인을 받아 한국 천주교 미사주로 봉헌되었고 지금까지 미사주로 쓰이고 있다. 당시 마주앙은 높은 인기를 끌며 출시 약 4개월만에 35만병을 팔며 판매 호조를 보였다.

1978년 워싱턴 포스트지는 마주앙을 '신비의 와인' 으로 소개하였고1985년에는 독일? 가이젠하임 대학의 와인 학술 세미나에서 마주앙이 '동양의 신비' 라며 극찬을 받았다.

88올림픽을 앞둔 1987년 와인 수입 개방화 이후 OEM 방식(주문자 상표 부착 생산) 상품으로 구성하였으나 점차 시장을 수입와인에 잠식당하게 된다. 이후 오랜 기간 침체기를 보낸 한국 와인은 현재 영동, 영천, 대부도를 중심으로 재편되었다.

2) 주요 포도 품종

국내 포도 품종의 대부분인 70%가 식용 포도인 캠벨 얼리이며 나머지가 Muscat Bailey A(머스켓 베일리 A), 거봉 등이다. 대부도, 영동에서는 상당 부분을 캠벨 얼리로 와인을 양조하며 영천에서는 레드는 뮈스까 베일리 A, 화이트는 거봉으로 양조한다.

3) 한국 와인의 특징

포도를 원료로 한 와인 생산과 포도 이외의 원료로 만드는 과실 와인 두 가지 형태로 초기부터 현대까지 발달해 왔다. 근래에 이르러 과실 와인 쪽의 호평이 높았지만 몇 년 사이에 포도로 만든 와인의 질적 수준 향상이 빠르게 진행되고 있다.

유럽 원산지인 비티스 비니페라(Vitis labrusca) 품종이 아닌 비티스 라브르스카(Vitis labrusca) 품종인 켐벨 얼리, MBA(머루), 거봉 등의 포도를 주로 사용하여 와인을 양조하고 있다. 비티스 비니페라(Vitis vinifera)와는 달리, 잡종과 비티스 라브르스카(Vitis labrusca) 품종은 심하게 추운 겨울과 덥고 습한 여름을 잘 견딜 수 있기 때문에 우리나라의 기후에 적합하기 때문이다. 그외 개발된 육종품종으로 청수 , 두누리, 나르샤 등이 있는데 이중 '청수' 가 가장 주목받고 있다.

청수　두누리　나르샤

4) 주요 생산지

(1) 영동

전형적인 내륙 고원 분지형 기후로 포도 수확기에 강우량이 적고 낮에는 고온에 일조량이 많으며 밤낮의 일교차가 10C이상이 되는 등 포도숙성에 최적의 기후조건을 가지고 있다. 이 지역에는 전국의 11%, 충북의 69.4%인 1천800㏊의 포도밭이 있다.

최근 재배규모가 다소 줄었지만, 여전히 경북 영천 · 김천과 더불어 국내 3대 포도산지다.

영동군은 2005년 포도 · 와인 산업 특구로 지정된 뒤 '101가지 맛을 내는 영동와인' 을 슬로건으로 내걸고 와이너리 육성에 나서 지금까지 43곳을 조성했다. 해마다 와인축제를 여는 등 와인산업 육성에 힘쓰고 있다.

(2) 영천

강한 분지성 기후를 지니고 있어 동절기와 하절기의 평균 기온이 가장 큰 차이가 난다.

한편, 연평균 강수량 역시 전국 평균 대비 약 300mm 적은 1,022mm로 나타나 해외 와인 생산 국가와 비교한다면 다소 많은 편이며 여름에 호우가 집중되는 단점이 있지만, 높은 연평균 기온의 차이, 적은 강수량, 여름의 높은 온도 등의 떼루아(terroir)적인 측면에서 와인을 양조

하기 위한 포도를 재배하기에는 국내최적의 미시적 기후 환경(microclimate)이라고 할 수 있다

와이너리는 총 18개로 '까치락골' 을 비롯한 11개 농가형 와이너리와 '까브스토리' 를 비롯한 3개 마을형 와이너리, '성덕대학' 의 교육형 와이너리 1곳, '한국와인' 을 비롯한 3개의 공장형 와이너리로 구성되어 있다.

농가형 와이너리 중에서 가장 오래 전부터 포도를 재배하고 있는 곳은 포도 재배 경력이 22년인 '고도리' 와이너리가 있으며 이곳은 2008년부터 본격적으로 와인을 양조하기 시작했다.

(3) 대부도

대부도 와인은 경기도 안산시에서 그린영농조합에서 생산하는 와인을 총칭한다. 대부도 와인은 현재 32개 농가에서 와인을 생산하고 있으며, 포도는 재배 면적 2,000ha에서 재배하고 있다와인의 품종은 캠벨얼리 품종으로 포도를 생산하고 있다.

대표적인 와인 브랜드 그랑꼬또(Grand Coteau)를 보유하고 있으며, 그랑꼬또는 대부도가 서해안에서 제일 큰 섬으로 큰 언덕처럼 보인다고해서 대부라는 이름을 얻었으며, 불어로 큰 언덕이라는 뜻을 가진 그랑꼬또가 대부도의 와인 브랜드가 되었다.

바닷가의 뜨거운 열기와 강한 습도, 큰 일교차, 미네랄이 풍부한 토양과 시원한 바닷바람이 부는 친환경포도의 명산지로 유명하다.

그랑꼬또 와인의 종류를 보면 크게 레드 와인, 화이트 와인, 로제 와인,아이스 와인으로 구분하며, 레드 와인, 화이트 와인, 로제 와인의 알콜 함유량이 12% 정도이며, 아이스 와인은 알콜 함유량을 10%임. 와인 용량은 750ml,375ml로 구성되어 있다.

5) 대표 와인 및 대표 과실 와인

(1) 와인

❶ 샤또 미소 스위트 레드 와인(영동)

품종은 캠벨얼리, 산머루, 머스캣 벨리 A를 사용하며 품종의 장점이 드러나도록 비율 블렌딩하였다. 미디 엄 라이트 바디로 적당하면서 뒷맛이 깔끔하다. 알코올은 13%이다.

❷ 그랑 꼬또 레드 와인(대부도)

품종은 캠벨얼리를 사용하며 껍질과 씨와 과육을 함께 넣어 발효하는 와인으로 밝고 경쾌한 장밋빛과 부드럽고 달콤함 향을 지니며 신맛과 단맛의 균형이 조화를 이뤄 가볍고 경쾌한 맛을 낸다

어울리는 한식으로는 보쌈, 김치전, 아구찜 등이 있다. 알코올은 12%이다.

❸ 고도리 드라이 화이트 와인(영천)

100% 친환경 거봉포도를 10월말 수확하여 당을 첨가하지 않고 발효한 와인이다. 풍부한 산미와 달콤한 과일향이 일품으로 저온에서 6개월 이상 2차 숙성을 거치면서 주석산을 제거하며 젖산 발효로 아로마틱한 부케향을 표출한다

오리고기, 닭고기, 신선한 회요리에 좋으며 그외 식전주로도 훌륭하다.

(2) 과실 와인

❶ 오미 로제 스파클링 와인(문경)

문경의 특산품인 유기농, 친환경 오미자를 원료로 정통 샴페인 공법으로 제조한 세계최초의 오미자 스파클링 와인이다. 향긋한 붉은 과일의 섬세한 거품이 코를 자극한다. 첫맛은 새콤달콤한, 뒤이어 다시 한번 향긋한 맛이 입안 전체를 감싸 안는다.

청와대 만찬에도 단골로 등장하는 와인이며 각 매체로부터 호평을 받는 한국을 대표하는 스파클링 와인이다.

❷ 감 그린 아이스 와인(청도)

초겨울 서리 맞은 과숙한 감을 엄선하여 언상태인 감을 착즙, 농축하여 저온 발효하여 만든다. 풀 바디한 특유의 묵직함과 달콤함 벌꿀향이 풍부하게 느껴지며 산뜻한 산도가 조화를 이루고 부드럽고 아로마와 부케가 풍부한 와인이다.

식후 음료로 좋으며 과일을 주재료로 사용한 디저트와 잘 어울린다.

❸ 상떼마루 아이스 와인, 드라이 화이트 와인(영주)

건강을 뜻하는 불어와 최고를 뜻하는 우리말 마루의 합성어로 이를 마시면 건강해진다는 의미를 뜻한다. 아이스 와인과 드라이 와인 2종으로 출시하였다. 알코올은 12%이다.

향토산업육성사업의 일환으로 '영주스타식품개발사업단'을 발족한 이래 3년 10개월의 개발 끝에 탄생한 와인이다.

참고문헌

와인케뮤니케이션, 세경, 고재윤
https://www.google.co.k
http://www.yonhapnews.co.kr
http://www.omynara.com
http://www.kyongbuk.co.kr
http://www.pedien.com/news/
영천 와인 스토리 텔링 관련자료 (사)한국 국제 소믈리에 협회
http://blog.naver.com/PostView.nhn?blogId=foodpin&logNo=120192838401

제3부

와인 서비스 실무

와인의 세계

제17장

소믈리에 실무 1

1 소믈리에의 정의

"소믈리에 Sommelier"란 무엇인가?

소믈리에(프랑스어 : sommelier)는 레스토랑등에서 협의적 의미로는 주로 와인만을, 광의적 의미에서는 각종 주류 및 음료에 관한 서비스를 전문적으로 하는 사람을 말한다.

본격적으로 소믈리에란 직업이 성장하기 시작한 시기는18세기 말 프랑스에 많은 레스토랑이 등장하기 시작하면서 현재의 직업군이 형성되기 시작하였다.

오늘날에는 미식(美食). 즉 가스트로노미 Gastronomy 산업에서 전문직으로 각광받는 직업으로 성장하게 되었다.

2 소믈리에의 업무

소믈리에란 직업을 단지 레스토랑에서 와인 추천, 오픈하고 디켄팅 서비스를 제공하고 와인과 음식이 마리아주를 연출하는 일이 전부라고 생각하는 경향이 있는 것 같지만 그것은 소믈리에의 업무에서 한 부분이라고 말 할 수 있겠다. 소믈리에의 직무를 크게 몇 가지로 나눌 수 있는데 우선 레스토랑에서의 소믈리에 업무에 대해 알아보자

1) 레스토랑 소믈리에

(1) 와인 바이어로서의 소믈리에

전세계 와인중 해당 레스토랑에 어울리는 와인을 품질면, 가격면, 다각도로 선별 할 능력이 있어야 겠다. 와인 리스트의 작성은 해당 레스토랑의 음료 매출을 좌우하는 첫 단추이다.

(2) 경영자로서의 소믈리에

소믈리에는 레스토랑의 음료 매출을 담당하는 음료 전문 담당 디렉터이다. 총괄하는 경영자라 하더라도 음료에 대한 지식이나 매니지먼트를 할 수 있는 능력을 갖고 있는 경우가 많지 않기 때문에 음료 관련 매출에 가장 큰 영향력과 책임을 지게 된다. 음료 마케팅을 통한 와인 및 음료 매출을 극대화하는 것이 가장 주요한 업무이다.

고객층을 파악하고 레스토랑의 셀러를 어떻게 가출 것인지 셀러의 와인 및 재고를 어느 정도로 유지하여 재무의 부담을 줄이면서도 적정량의 선물을 구매하여 향후의 가격 충격을 회피 할 것인지 등 재무적인 업무도 큰 비중을 차지하게 된다. 물론 당연히 애호가인 고객의 입장에서 생각하고 고객 서비스의 방법 등을 연구하여 고객 만족의 서비스를 제공하는 것도 소믈리에의 업무이지만 결국 궁극적으로는 그러한 업무를 통한 레스토랑의 음료 매출 활성화가 궁극적인 목표라는 점을 소믈리에는 잊어서는 안되겠다.

(3) 전문성을 바탕으로 한 전문 서비스 제공자

한 병의 와인이라 해도 오늘이 다르고 몇 년 전, 며칠 후, 몇 달 후 다르다. 끊임없는 노력과 시도, 경험을 통해 서비스를 제공하기 위해서 전문성을 갖추어야 한다.

3 소믈리에 고객 서비스의 사이클

1) 고객 최초 접점 서비스

고객과의 접점에서 가벼운 인사와 함께 주문을 함께 받는다.

주빈에게 메뉴와 함께 와인리스트 및 음료리스트를 먼저 제공하여 음료를 권한다.

가벼운 코멘트와 함께 추천 음료를 제안하는 것도 좋다.

주문을 받을 경우 와인과 음식의 조화를 고려하여 쉽게 설명하면서 추천하여 고객의 신뢰를 얻어 궁극적으로 음료 매출 활성화를 꾀한다.

이를 위한 고객의 기호도 파악 및 서비스 순서 숙지 등 테이블에서의 고객 정보를 직원들과 공유하여 서비스에 만전을 기하도록 한다. 그로 인하여 고객의 재방문을 유도하여 지속적인 관계를 유지하도록 노력한다. 서비스로 고객의 입장에서는 최고의 가치를 느끼게 하고 그로 인한 매출이 발생하는 선 순환 구조를 최우선으로 고려해야 한다.

2) 글라스 선택

글라스를 투명하면서 무늬가 없는 것이 이상적이라고 설명하고 있는 경우가 많으나 가정이 아닌 레스토랑에서는 와인이 갖는 최대한의 매력을 표출해 내야 한다. 따라서 글라스 선정은 중요한 업무 중의 하나다. 글라스에 따라 와인의 맛과 풍미가 확연히 달라지기 때문이다.

일반적으로 레스토랑에서 사용하는 글라스는 립(Lip), 몸통(bowl), 스템(Stem), 받침(Base)으로 이루어진 글라스이다. 이러한 글라스에도 해당 와인 및 품종에 적당한 여러가지 글라스가 있다.

(1) 보르도 와인 전용 글라스

보르도 와인은 탄닌 성분이 많다. 이를 공기에 노출시켜 탄닌을 부드럽게 즐길수 있도록 만들어 졌다. 볼(bowl)이 클수록 향이 오래 지속되고 와인이 안쪽으로 넓고 길게 퍼져 나가 깊은 맛을 느낄 수 있게 해준다. 립(Lip)이 얇을수록 보다 섬세한 미감을 느낄 수 있지만 그만큼의 파손으로 인한 비용 발생 부분도 고려해야 한다.

(2) 브르고뉴 와인 전용 글라스

브르고뉴 와인은 향을 최우선으로 고려하는 글라스로 특유의 아름다운 브르고뉴 튜립 모양으로 제작된다. 특유의 특징을 즐길 수 있게 보르도 글라스 보다 활짝 펼쳐져 있는 형상을 보여준다. 향과 함께 신선한 산미를 즐길 수 있게 고안되었다.

(3) 키안티/리슬링 전용 글라스

상큼한 산미와 타닌의 조화로운 이태리 키안티 클라시코 전용 글라스로 부드러운 미감을 즐길수 있는 다목적 글라스로 인기가 높다.

화이트 와인 글라스로도 많이 애용된다.

(4) 샴페인 플루트 글라스

샴페인을 비롯하여 발포성 와인 전용 플루트 글라스로 끊임없이 솟아 오르는 기포를 눈으로 즐기면서 상쾌한 버블감을 입안에서 오래 즐길 수 있도록 만들어졌다. 샴페인의 경우 청결 상태는 무엇보다 중요한데 만약 글라스에 세제가 남아있다면 샴페인의 기포는 금방 사라져 버릴 것이다.

(5) 포트 와인 전용 글라스

3 Oz(90ml) 이하로 제공되는 글라스로 입구가 좁고 몸통 부분이 넓다. 향을 잔속에 가두어 즐기는 스타일로 달콤하면서 묵직한 포트 와인전용 글라스이다.

(6) 리델 O 시리즈(까베르네 쏘비뇽 전용)

스템(Stem)이 없는 아웃도어나 격식없는 자리에 어울리는 글라스로 스템이 없을 뿐 볼(Bowl)과 립(lip)은 리델의 정수를 그대로 담은 테이스팅 전용 글라스이다.

글라스 선택, 관리 유의사항

글라스는 기본적으로 소모품임을 명심해야 한다. 아무리 좋은 글라스와 브랜드라 할지라도 관리 감당할 수 없다면 차 선택을 고려 해야 한다. 경영자의 재무관점으로 본다면 같은 브랜드의 레스토랑 시리즈 정도를 선택하여 고객이 느끼는 가치를 유지하면서도 재무상황에 악영향을 끼칠 요소를 차단해야 한다.

글라스 같은 경우 한번 구매를 한 후 다른 브랜드로의 전환이 쉽지 않다는 점도 고려 대상이 되어야 하며 그러한 면에서 공급 또한 원할 해야 하며 앞으로의 가격 인상 폭 또한 예측을 해야 하겠다. 보르도 레드, 브르고뉴 레드, 키안티/리슬링 전용 글라스 정도만 구비하면 여러 상황별 변주가 가능하겠다.

코케지(Corkage) 운영

요즘 레스토랑 경영의 화두는 코케지[Corkage : 고객 반입 와인(BYO)]허용 여부이다.

음식과 음료를 판매하는 레스토랑에서 특히 이익을 남기는 음료쪽의 반입은 경영상 딜레마에 빠지게 하는 어려운 요소이다.

1테이블에 1병, 1병 주문 시 1병 코케지 프리 등 여러 경영 방식이 업장별로 도입되고 있는데 또 다른 문제는 코케지 이용 시 글라스가 손망실되었을 때의 기준 또한 정립이 되지 않은 곳이 많다는 점이다.

때문에 코케지 도입 시 손망실에 대한 명확한 기준제시 및 코케지 이용 시 낮은 등급의 글라스를 제공한다. 등의 영업 기준이 설정되어야 영업 외의 손실을 최소화할 수 있다.

3) 코르크 스크류 선택

윙스크류

소믈리에 나이프

전동 스크류

윙스크류는 일반 가정집에서 사용되는 초보자용 스크류이며 전동 스크류는 버튼을 누르면 자동적으로 코르크가 뽑히는 방식이다. 코르크 스크류는 소믈리에의 중요한 장비로 소믈리에 나이프를 전문적으로 사용하여야 한다.

올드 빈티지용 스크류에는 "더블 블레이드(또는 아쏘)"라고 불리는 두개의 날을 갖는 두날 스크류가 있다.

4 와인 서비스 방법

서비스 방법을 결정하기 위해서는 우선 와인의 상태를 확인해야 한다. 적정 환경으로 보관되었는지 확인한다. 오래된 빈티지일수록 내외부적 충격에 민감하기 때문에 이동되었거나 흔들린 정황이 있는지 유동성도 중요한 고려 사항이므로 더욱 세심한 확인이 필요하다. 육안으로 확인하기에는 한계가 있어 최종적으로 시음 과정이 필요하다. 물론 시음은 고객의 동의 하에 시음을 실시한 후 시음 결과에 판단된 서비스 방법을 이유와 함께 추천한다.

1) 일반적인 와인 서비스 유형

고객이 와인 라벨을 볼 수 있는 위치에서 병을 세운 상태로 오픈한다. 소믈리에 나이프로 캡슐을 제거, 냅킨으로 마개 주위를 잘 닦는다. 스크류를 정중앙에 기준을 잡고 시계방향으로 돌리면서 밀어넣는다. 이때 코르크를 관통하여 코르크 조각이 와인 속으로 떨어지지 않게 주의한다.

스크류를 지렛대 형식으로 사용하여 코르크를 뽑고 스크류에서 제거한다.

코르크를 코로 확인 후 고객에게 확인시켜 준다.

고객 허가하에 테이스팅을 실시하여 와인의 이상 여부를 확인한다. 이후 마개 주위를 다시 잘 닦은 후 호스트 테이스팅을 시작으로 와인 서비스를 진행한다.

2) 영빈티지 와인 서비스 유형

영한 빈티지 중에서도 탄닌이 거칠고 묵직한 와인 인경우 공기와 접촉시켜 산화작용을 통해 아직 거친 와인의 맛을 부드럽게 만들어 즐길 수 있게 만드는 과정을 브리딩(breathing)이라고 말한다.

브리딩은 오픈한 와인의 산화를 촉진시켜 각성시키는 작업이라는 측면외에도 음용에 적당한 온도로 끌어 올리는 수단이 되기도 하며 퍼포먼스를 통해 고객 서비스의 가치를 더해 주는 표현이 될 수도 있다. 이 과정을 통해 떫고 향이 닫혀진 와인의 경우 맛의 복잡성이 강해지고 풍부해지며 풍만함이 강조되어 탄닌은 부드러워지고 향이 발산되면서 전체적인 균형을 이루는 상태가 된다. 그러나 탄닌이 약하거나 충분히 숙성된 와인을 브리딩 할 경우 향이 날라가고 와인의 신선함이 사라지게 되며 미감에서 절정을 지나 시들은 맛을 가져다 주므로 주의하여야 한다.

와인에 대한 간단한 코멘트

와인 오픈

브리딩 서비스

브리딩 서비스 순서

❶ 고객 테이블에 와인에 어울리는 글라스를 준비한다.
❷ 브리딩에 필요한 부수기재(시음용 글라스, 코르크용 접시, 냅킨, 칵테일 냅킨) 등을 게리동에 준비한다.
❸ 셀러에서 와인을 가져온 후 고객에게 와인을 설명하며 확인을 받는다.
❹ 캡슐 제거 후 마개를 닦고 코르크를 뽑는다.
❺ 코르크 확인 후 다시 마개를 닦고 호스트께 확인시켜 준다.
❻ 고객의 허가 하에 소믈리에 테이스팅을 실시한 후 브리딩 여부를 제안한다.
❼ 고객 승락 후 까라프 브리딩을 실시하고 와인을 서비스한다.

3) 올드 와인 빈티지 유형

장기간 병에서 숙성한 와인인 경우 자연적인 안정화 과정으로 세디먼트(Sediment)라는 결정이 생기게 된다. 이러한 앙금을 디켄팅이라는 작업을 통해 앙금을 제거하여 맑은 와인을 고객에게 제공할 수 있다. 디켄팅의 목적으로는 앙금 제거가 주 목적이며 숙성 중에 생긴 약간의 이취를 날려주기도 하면서 퍼포먼스(Performance) 효과로 가치를 표현할 수 있다.

디켄팅 서비스 순서

❶ 고객 테이블에 와인에 어울리는 글라스를 준비한다.
❷ 디켄팅에 필요한 부수기재를 게리동(이동식 트롤리)에 준비한다.
❸ 부수기재에는 바스켓, 촛대, 초, 접시, 성냥, 냅킨 등을 들 수 있다.
❹ 와인을 셀러에서 바구니로 운반한다.
❺ 와인을 셀러에서 운반할 때는 아주 조심스럽게 바스켓으로 운반한다. 특히 와인을 세우거나 크게 흔들리는 일이 없도록 한다.
❻ 세디먼트(Sediment)는 올드 빈티지의 와인일수록 연기처럼 액체에 녹아 있는 듯한 모습을 보이므로 가능한 한 진동이나 충격을 주어선 안 된다.
❼ 촛불을 켠다. 성냥을 사용하는 경우 반드시 와인 오픈 전에 성냥을 켜야 성냥의 황 냄새가 와인에 영향을 주는 상황을 방지할 수 있다.
❽ 조심스럽게 바구니에 담긴 와인을 오픈한다. 오래된 와인일수록 캡슐 제거 후 코르크의 이물질을 잘 닦고 오픈 후 코르크 테이스팅 실시 후 호스트께 확인시켜 준다.

❾ 고객 허가 하에 소믈리에 테이스팅을 실시하고 디켄팅 여부를 제안한다.
❿ 승락 후 와인 병의 병목의 위치를 촛불 위에 위치한 오리 디켄터에 천천히 따른다.
⓫ 병목을 주시하면서 따르다가 병목 주위까지 침전물이 올라왔을 경우 침전물이 디켄터 안에 들어가지 않도록 즉시 멈춘다.

디켄팅에서 가장 주의해야 할 사항은 대상되는 와인이 디켄팅 과정을 견딜 수 있는가 하는 점이다. 아주 오래 숙성되어 자신의 생명력을 초과한 경우이거나 젊은 와인이라 하여도 유통 과정 등의 악조건으로 정상 퀄리티보다 약해진 경우가 있을 수도 있기 때문이다. 소믈리에가 테이스팅하는 이유는 소믈리에 테이스팅을 통하여 와인의 상태를 체크하고 알맞은 서비스 방법을 제안할 수 있는 것이다.

디켄팅은 단순한 침전물을 거르는 작업이 아니라 소믈리에로서의 오랜 기간의 경험을 활용하여 와인을 최고의 상태로 서비스 하는 세심한 선별 작업이다. 오래된 빈티지의 와인이라 할지라도 디켄팅을 행할 경우 와인에 좋지 않은 영향이 예상되는 경우에는 고객께 완곡한 표현으로 바스켓 서비스를 제안하고 의향을 묻는다. 단순히 보르도 와인 몇 년, 브르고뉴 와인은 섬세하니까 브리딩을 하지 않는다. 이렇게 머리로만 생각해선 안 된다.

소믈리에가 시간과 비용을 지불하면서 항상 시음을 거르지 않아야 하는 이유 중 하나가 서비스 퀄리티를 항시 최고로 유지하기 위함이란 사실을 잊지 말아야 한다.

바스켓 선택

조심스럽게 운반

디켄팅

5 적합한 부수 기재 선택과 적정 서비스 온도 및 보관

1) 적합한 부수 기재 선택(디켄터)

와인의 상태에 따라서 디켄터의 종류도 달리 선택해야 한다.

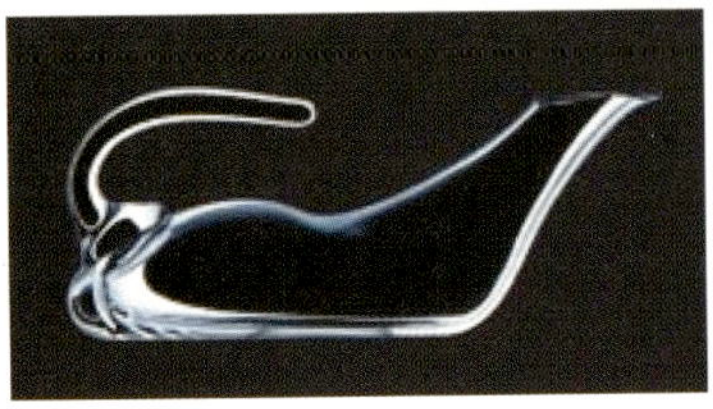

A

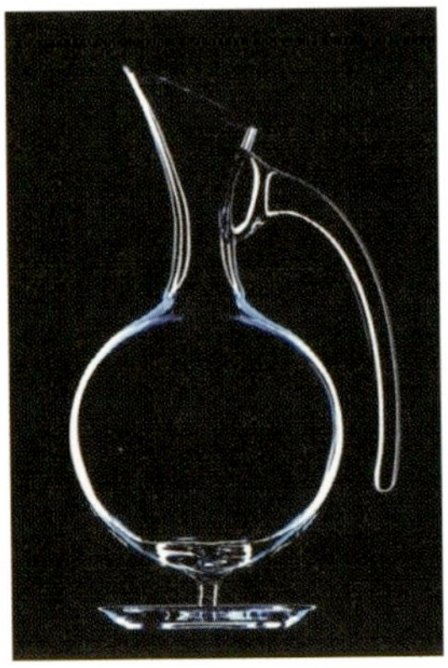

B

C

A. 오리 디켄터 일반적인 올드 빈티지 전용 디켄터로 올드 와인에 치명적인 과도한 산소의 유입을 막아주는 기능을 갖고 있다.

B. 뽀므롤 디켄터 올드 빈티지 중에서 특히 뽀므롤 와인 전용 디켄터로 과도한 산소 유입을 막아준다.

C. 까라프 디켄터 일반적으로 영한 와인의 브리딩 전용으로 사용하나 위대한 빈티지나 상황에 따라서 올드 와인을 브리딩할 경우에도 사용할 수 있다.

2) 적정 서비스 온도 및 보관

와인을 적정온도보다 차갑게 제공할 경우 신선한 느낌이 두드러지면서 과실 향 등의 제1차 아로마가 첫향에 강하게 표출된다. 숙성된 와인인 경우에는 숙성으로 형성된 제2차 아로마가 강하게 표출된다.전반적으로 드라이한 미감이 느껴지고 미감에서 균형미를 느낄 수 있다. 특히 화이트 와인의 경우산미가 좀더 안정되며 느껴진다.반대로 레드 와인의 경우 떫은 맛, 쓴맛이 강하게 느껴지게 된다.

와인의 온도를 적정온도보다 높게 제공 할 경우 향이 더욱 강하게 발산되며 숙성된 풍미 등 복합성을 보다 강하게 느낄 수 있다. 스위트한 미감은 강해지고 이에 비해 상큼한 산미는 상대적으로 부드럽게 느껴지고 보다 부드러운 질감이 느껴지게 된다. 전체적으로는 섬세함이 억제되고 쓴맛, 떫은 맛이 더욱 부드럽게 느껴지게 된다.

일반적인 와인 추천 제공온도(저자별 온도 상이함. 대략적인 참고사항으로 활용 추천)

와인 종류	온도	대표 와인 A.O.C
Vin Mousseux(일반적인 스파클링와인)	4~6	
Champagne	6~10	Vintage Champagne는 10 이상 온도
Vin Blanc		
Liquoreaux, Moelleux	4~8	Vouvray Moelleux, Sauterne
Sec	6~13	Muscadet, Chablis, Chablis Grand cru는 10~12
	10~13	Montrachet, Corton-Charmagne
Jaune	14~16	Arbois, Chateau-Chalon
Vin Rose		
Sec	8~10	Tavel
demi-duox	6~8	Anjou
Vin Rouge		
Leger	10~13	Beaujolais, Macon, Vin Nouveau
Bourgogne	14~16	
Rhone	14~16	A.O.C Cote du Rhone
Bordeaux	16~18	Bordeaux Rouge
Bourgogne	16~18	Port

레드 와인의 제공 온도는 예전부터 실온에서 라는 말이 전해 내려오고 있으나 여기서의 "실온"이란 "Chambre(실온 : 방안 온도)" 특히 중세 시대 대 저택에서의 방안 온도를 뜻한다. 그렇기 때문에 실온이란 말은 상온이라는 말과는 다른 의미를 갖는다. 통상적으로 레드 와인이 너무 높은 온도에서 제공되는 이유는 이러한 오해에서 비롯되기도 한다.

보르도의 Grand Cru Wine도 20도 이하에서 서비스 하기를 추천한다. 반면 화이트 와인은 너무 차갑게 서비스 되는 경우가 흔하다. 이 경우에는 가끔씩 버켓에서 빼서 적정 온도를 맞추면서 서비스 하기를 추천한다. 고객께 이런 이유를 곁들여 설명하면서 제공한다면 스몰 토크(Small Talk)의 역할로 특별한 케어를 받는 인상을 주어 테이블의 분위기가 더욱 좋아진다.

가정에서 와인 보관하기의 이상적인 보존 조건으로는 온도는 12°~14°, 습도는 70°~75°, 진동이 없고 냄새가 없는 어두운 곳에서 에티켓을 위쪽으로 향하고 빛이나 바람이 코르크에 직접적으로 닿지 않도록 하며 병의 밑부분을 손으로 잡을 수 있도록 눕혀서 보관할 수 있는 곳이 최적이 보관 장소이다.

이러한 장소가 바로 까브(Cave : 와인 저장고)인데 현실에서는 거의 불가능하니 와인 셀러(Wine Cellar)을 이용하게 되는 이유이다. 혹시 자신의 집에 지하실이 있다면 아주 훌륭한 개인 셀러 역할을 할 것이다.

제18장

소믈리에 실무 2

1 와인 테이스팅의 정의

우선 와인을 즐긴다는 개념의 Drinking과 분석한다는 의미의 Tasting으로 구분해보자.

Drinking일 경우 와인은 음식이 있으면 마리아주를 즐기면서 더욱 좋은 상승효과를 즐길 수 있을 것이다. 하지만 Tasting일 경우에는 제공되는 것은 비스켓 약간과 생수 1병이 주어진다. 와인을 분석하는데 모든 오감을 사용하기 때문에 가급적 외부 환경을 철저히 통제해야 한다.

이 장에서는 전문 테이스팅을 다루고자 한다.

레스토랑의 테이블이 아닌 전문가로서 전문 평가를 통해 소비자에게 정보를 전달하는 소믈리에의 업무를 살펴보자.

2 전문 테이스팅의 목적

전문 테이스팅의 목적은 각 테이스팅 주제에 따라 다르지만 주어진 주제에 맞는 와인을 소비자에게 추천하는 것이 궁극적인 목적이므로 소비자 구매 가이드의 성격이 가장 강하다고 말할 수 있겠다.

주어진 와인에 대해 전반적인 시각, 후각, 미각, 테이스팅을 통하여 와인의 성격 및 가치를 판단하여 테이스팅 노트를 작성하여 대중들에게 보다 쉽게 이해하고 즐겁게 와인을 즐길 수 있도록 도와준다.

테이스팅 시에는 선입관을 갖지 않고 실시해야 하며 개인의 취향이 반영되지 않은 중립적인 입장과 긍정적이고 열린 마인드를 갖고 임해야 한다. 와인 테이스팅은 와인의 현재, 과거, 미래를 알아가는 과정이기 때문이다.

3 와인 테이스팅 환경

충분히 밝으면서 덥지도 않으며 냄새와 소음이 없는 곳으로 흰색 테이블 보, 백지, 스핏 보울 등 시음할 수 있는 시음 기구가 준비되어 있어야 한다.

4 와인 테이스팅 노트와 작성 방법

소믈리에 자격검정 블라인드 Sheet 세부선택항목

세부향기 선택항목					
1. 꽃/과일 향					
1-1. 꽃향	1) 장미	2) 제비꽃	3) 아카시아	4) 엘더플라워	5) 꿀
1-2.녹색과일	6) 사과	7) 구즈베리	8) 서양배	9) 모과	10) 포도
1-3.감귤류	11)자몽	12) 레몬	13) 라임	14) 감귤류 껍질	
1-4.핵과일	15) 복숭아	16) 살구			
1-5.열대과일	17) 파인애플	18) 바나나	19) 패션 프루트	20) 리치	
1-6.붉은과일	21) 딸기	22) 레드커런트	23) 레드 체리	24) 라스베리	25) 자두
1-7.검은과일	26) 블랙베리	27) 블랙커런트	28) 블랙 체리	29) 블루베리	
1-8.말린과일	30) 건포도	31) 말린 자두	32) 말린 무화과	33) 딸기잼3	4) 체리 캔디
2. 야채/허브/스파이시					
2-1.미성숙향	35) 피망	36) 토마토			
2-2.풀향	37) 잔디	38) 아스파라거스			
2-3.허브향	39) 민트	40) 유칼립투스	41) 라벤다	42) 회향풀	
2-4.스파이시	43) 계피	44) 정향	45) 육두구	46) 바닐라	
	47) 후추	48) 감초	49) 바질		
3. 발효/숙성/기타					
3-1.견과류	50) 헤이즐넛	51) 구운 아몬드	52) 커피	53) 초콜릿	
3-2.구운향	54) 훈제향				
3-3.나무향	55) 오크	56) 삼나무	57) 아카시아나무		
3-4.발효향	58) 이스트				
3-5.유제품향	59) 버터	60) 요거트			
3-6.숙성향	61) 야채	62) 버섯	63) 젖은 낙엽		
3-7.동물향	64) 가죽	65) 사냥고기	66) 젖은 강아지	67) 부엽토	
3-8.미네랄	68) 페트롤	69) 돌			
포도 품종 선택항목					
1. 레드 or 로제 품종					
1) 카베르네 소비뇽	2) 메를로	3) 말벡	4) 시라(쉬라즈)	5) 피노누아	6) 산지오베제
7) 네비올로	8) 템프라니오	9) 그르나슈	10) 쌩소	11) 캠벨얼리	12) MBA
2. 화이트 or 스파클링 품종					
1) 샤르도네	2) 소비뇽블랑	3) 리슬링	4) 글레라	5) 마카베오	6) 파렐야다
7) 샤렐로	8) 아르네이스	9) 아이렌	10) 위니블랑	11) 꼴롬바드	12) 청수

소믈리에 자격검정 블라인드 Sheet

시험날짜	2017. 00. 00	와인번호	White / Sparkling 1	수험번호	

※ 해당되는 항목의 번호에 "∨" 표시를 하십시오.

평가항목	배점	점수
1. 외관		
1-1. 투명도 ① 아주 맑음 ② 맑음 ③ 흐린 ④ 조금 탁한 ⑤ 탁한	1점	
1-2. 색농도 ① 옅음 ② 중간(-) ③ 중간 ④ 중간(+) ⑤ 진한	2점	
1-3. 색상 ① 레몬-그린 ② 레몬 ③ 황금색 ④ 황색(Amber) ⑤ 갈색	2점	
2. 향		
2-1. 향의 상태 ① 문제없음 ② 곰팡이향 ③ 휘발산향 ④ 산화향 ⑤ 이산화황	1점	
2-2. 향의 강도 ① 가벼움 ② 중간(-) ③ 중간 ④ 중간(+) ⑤ 뚜렷한	2점	
2-3. 세부 향기 ※ 세부향기 선택항목에서 3개를 선택하여 번호기입 (　　)	7점	
3. 맛		
3-1. 당도 ① 드라이 ② 오프 드라이 ③ 미디엄 드라이 ④ 미디엄 스위트 ⑤ 스위트	1점	
3-2. 산도 ① 낮음 ② 중간(-) ③ 중간 ④ 중간(+) ⑤ 높음	2점	
3-3. 타닌 ① 낮음 ② 중간(-) ③ 중간 ④ 중간(+) ⑤ 높음	2점	
3-4. 알코올 ① 4~8.5% ② 9~11.5% ③ 12~13.5% ④ 14~15.5%	1점	
3-4. 바디 ① 가벼움 ② 중간(-) ③ 중간 ④ 중간(+) ⑤ 무거움	1점	
3-5. 뒷맛 ① 짧음 ② 중간(-) ③ 중간 ④ 중간(+) ⑤ 오래 지속	1점	
3-6. 균형 ① 불균형 ② 보통 ③ 좋음 ④ 균형이 잘 잡힌 ⑤ 완전한	2점	
4. 평가		
4-1. 포도 품종 ※ 포도 품종을 선택항목에서 선택하여 모든 번호기입 (　　)	15점	
4-2. 생산국가 ① 프랑스 ② 이탈리아 ③ 스페인 ④ 독일 ⑤ 미국 ⑥ 칠레 ⑦ 뉴질랜드 ⑧ 한국 ⑨ 호주 ⑩ 아르헨티나	15점	
4-3. 생산연도 ① 2015 ② 2014 ③ 2013 ④ 2012 ⑤ 2011 ⑥ 2010 ⑦ 2009 ⑧ NV	15점	
4-4. 숙성잠재력 ① 너무 어림 ② 적정함 ③ 장기숙성가능 ④ 노화	10점	
4-5. 음식과 와인 ① 붉은 육류 ② 흰 육류(가금류 등) ③ 생선 ④ 갑각류 ⑤ 채소 ⑥ 구운 채소 ⑦ 흰 송로버섯 ⑧ 소프트 치즈 ⑨ 중간 치즈 ⑩ 하드 치즈 ⑪ 절인 고기 ⑫ 밀가루 음식 ⑬ 디저트	10점	
4-6. 서비스온도 ① 6~8℃ ② 8~10℃ ③ 10~12℃ ④ 12~14℃ ⑤ 14~16℃ ⑥ 16~18℃ ⑦ 18~20℃	10점	
총 계	100점	

소믈리에 자격검정 블라인드 Sheet

시험날짜	2017. 00. 00	와인번호	Red 1	수험번호	

※ 해당되는 항목의 번호에 "∨" 표시를 하십시오.

평가항목	배점	점수
1. 외관		
1-1. 투명도 ① 아주 맑음 ② 맑음 ③ 흐린 ④ 조금 탁한 ⑤ 탁한	1점	
1-2. 색농도 ① 옅음 ② 중간(-) ③ 중간 ④ 중간(+) ⑤ 진한	2점	
1-3. 색상 ① 자주색 ② 루비색 ③ 벽돌색 ④ 석류석색 ⑤ 갈색 ⑥ 연어색 ⑦ 핑크	2점	
2. 향		
2-1. 향의 상태 ① 문제없음 ② 곰팡이향 ③ 휘발산향 ④ 산화향 ⑤ 이산화황	1점	
2-2. 향의 강도 ① 가벼움 ② 중간(-) ③ 중간 ④ 중간(+) ⑤ 뚜렷한	2점	
2-3. 세부 향기 ※ 세부향기 선택항목에서 3개를 선택하여 번호기입 (　　)	7점	
3. 맛		
3-1. 당도 ① 드라이 ② 오프 드라이 ③ 미디엄 드라이 ④ 미디엄 스위트 ⑤ 스위트	1점	
3-2. 산도 ① 낮음 ② 중간(-) ③ 중간 ④ 중간(+) ⑤ 높음	2점	
3-3. 타닌 ① 낮음 ② 중간(-) ③ 중간 ④ 중간(+) ⑤ 높음	2점	
3-4. 알코올 ① 4~8.5% ② 9~11.5% ③ 12~13.5% ④ 14~15.5%	1점	
3-4. 바디 ① 가벼움 ② 중간(-) ③ 중간 ④ 중간(+) ⑤ 무거움	1점	
3-5. 뒷맛 ① 짧음 ② 중간(-) ③ 중간 ④ 중간(+) ⑤ 오래 지속	1점	
3-6. 균형 ① 불균형 ② 보통 ③ 좋음 ④ 균형이 잘 잡힌 ⑤ 완전한	2점	
4. 평가		
4-1. 포도 품종 ※ 포도 품종을 선택항목에서 선택하여 모든 번호기입 (　　)	15점	
4-2. 생산국가 ① 프랑스 ② 이탈리아 ③ 스페인 ④ 독일 ⑤ 미국 ⑥ 칠레 ⑦ 뉴질랜드 ⑧ 한국 ⑨ 호주 ⑩ 아르헨티나	15점	
4-3. 생산연도 ① 2015 ② 2014 ③ 2013 ④ 2012 ⑤ 2011 ⑥ 2010 ⑦ 2009 ⑧ NV	15점	
4-4. 숙성잠재력 ① 너무 어림 ② 적정함 ③ 장기숙성가능 ④ 노화	10점	
4-5. 음식과 와인 ① 붉은 육류 ② 흰 육류(가금류 등) ③ 생선 ④ 갑각류 ⑤ 채소 ⑥ 구운 채소 ⑦ 흰 송로버섯 ⑧ 소프트 치즈 ⑨ 중간 치즈 ⑩ 하드 치즈 ⑪ 절인 고기 ⑫ 밀가루 음식 ⑬ 디저트	10점	
4-6. 서비스온도 ① 6~8℃ ② 8~10℃ ③ 10~12℃ ④ 12~14℃ ⑤ 14~16℃ ⑥ 16~18℃ ⑦ 18~20℃	10점	
총 계	100점	

1) 시각적 평가

시음용 글라스에 1~2oz (30~50ml 이하)의 와인을 따른 후 와인의 외관과 후각 미각적 검사로 와인의 특성을 확인한다.

시각으로 확인할 수 있는 사항은 색조, 색상의 깊이와 뉘앙스, 투명도 및 광택 눈물에서 알 수 있는 점도, 농도 등으로 와인의 상태를 추정할 수 있다.

(1) 색조

와인의 중심부와 가장자리의 색조를 비교해서 보면 와인의 숙성 정도를 추정할 수 있다. 화이트 와인은 최초 노랑, 초록빛을 띈 노랑색 등에서 시작되어 숙성 진행될수록 색상이 연노랑 빛이나 황금빛에서 탁한 갈색으로 점점 노화된 레드 와인의 색조로 진행된다.

레드 와인은 최초 보라빛을 띈 레드, 진한 레드, 밝으면서 생기를 띤 루비 레드색 등에서 시작되어 숙성이 진행 될수록 색상이 점점 탁해지면서 연한 색조 뉘앙스를 갖게 되어 노화된 화이트 와인의 색조로 진행된다.

숙성에 따른 화이트 와인 색조 변화

숙성에 따른 레드 와인 색조 변화

샤또 디켐

위의 색조 변화에서 보듯이 화이트와 레드 와인의 색조가 숙성이 진행될수록 화이트는 레드의 색조로 레드는 화이트의 색조로 변하는 과정을 볼 수 있다.

일반적인 화이트나 레드인 경우 숙성 마지막 단계의 색조인 진한 갈색에 이르면 와인으로서의 생명력을 잃은 상태이지만 예외적으로 화이트 와인에서는 최고품질의 스위트 화이트 와인,

레드 와인에서는 최고품질의 레드 와인인 경우 완전히 숙성된 와인의 깊은 맛을 즐길 수도 있으나 붉은색을 띈 와인에서 가장 생명력이 강한 와인은 주정강화 와인인 포트, VDN 등을 들 수 있다.

(2) 색상의 강도

색상의 강도로 양조 방법과 기술의 차이 등으로 인한 와인의 구조를 추정할 수 있는 단계이다. 일반적으로 색상이 진하고 깊다면 일반적으로 구조감 있는 와인이고 색상이 맑고 연하다면 일반적으로 구조감이 약한 와인으로 추정할 수 있다.

(3) 투명도

와인의 건강한지 보관상태의 문제점은 없는지 알 수 있다.

(4) 광택

와인의 빛나는 정도를 말하며 와인의 산도와 알코올을 추정할 수 있다.

(5) 점도

스월링 후 벽면을 타고 내려오는 다리의 모습을 보고 알코올함량과 글리세린의 정도를 추정할 수 있다. 알코올을 추정할 수 있다.

2) 후각적 평가

향을 구성하는 요소로는 여러 가지가 있지만 향을 판단하기 위해서는 하나하나의 요소를 단독적으로 다루지 말고 그들 요소가 어떤 구성으로 있는지 어떤 활동을 하고 있는지를 찾아내는 것이 중요하다.

최종적으로는 그들 요소가 어떤 이유로 존재하고 있는지를 분석한다. 향은 아로마(aroma)와 부케(Bouquet)로 나뉜다.

향은 휘발성을 가진 화학적 입자로서 공기를 타고 코에 전달되고 부케는 여러가지 아로마가 융합된 상태를 말한다.

향기는 큰 테마로 나눌 수 있다. 첫째 과일과 꽃향. 둘째 야채, 허브, 스파이시향, 셋째 발효, 숙성, 기타향으로 나누며 각각의 세부향은 표의 내용과 같다.

아로마 휠

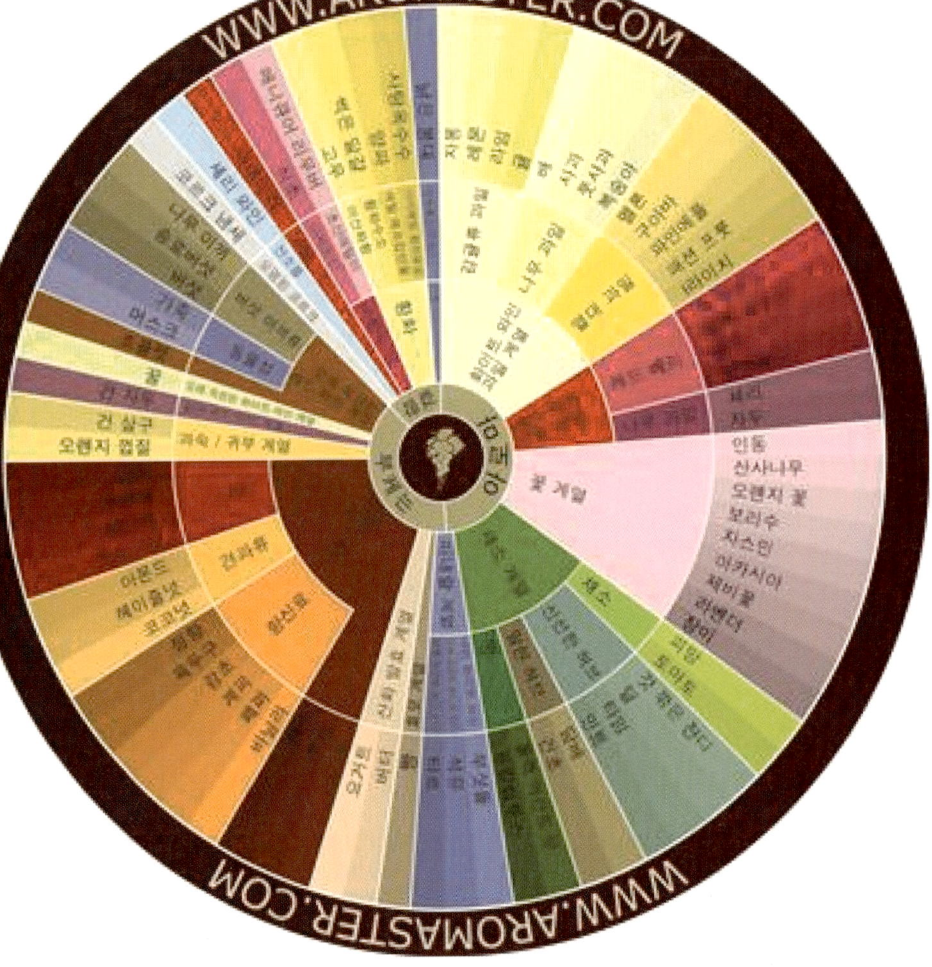

3) 미각적 평가

미각으로는 첫번째, 단맛, 짠맛, 신맛, 쓴맛에 촉감, 두번째, 개별적 표현, 평가로는 알코올, 탄닌 구조, 산미 표현이 있다.

다음은 총체적인 미감의 표현과 평가가 있는데 그 사항으로는 균형감, 조화 그리고 피니쉬(Finish)에서는 여운을 마신 후의 애프터 테이스트(aftertaste)에서 품질을 파악한다.

마지막으로 시각, 후각, 미각에서 얻어진 정보를 조합하여 논리적으로 와인의 원산지, 품종, 빈티지, 양조 방법 등을 추론한다.

위의 판단을 근거로 와인의 숙성 잠재력 및 서비스 온도 및 서비스 방법을 선택하며 최상의 페어링을 위한 요리를 추천하며 그 근거를 논리적으로 제시한다.

와인의 세계

제19장

소믈리에 실무 3

1 시음회 및 세미나 참석

소믈리에는 정기적인 시음회와 세미나, 와인 품평회에 참석해야 한다. 주요 와인 생산국의 소믈리에와 달리 와인 소비국의 소믈리에는 와인이라는 상품과 소비자와의 연결을 도와주는 가교의 역할이 무엇보다도 중요하다. 불특정 다수의 소비자에게 와인을 소개하는 역할은 와인시장의 저변을 확대할 수 있는 중요한 기회이다.

항상 주기적인 품평회에 참석을 통해 항상 일정 수준이상의 테이스팅 능력을 유지하면서 새롭게 조명되는 와인산지, 토착 품종, 와인메이커, 새로운 양조기술 및 국제 흐름 등에 귀를 잘 기울이고 습득하는 탐구심과 적극성을 가져야 한다.

아시아 와인 트로피 국제 심사위원단

1) Asia Wine Trophy

아시아와인트로피는 대전마케팅공사가 세계적으로 권위 있는 베를린와인트로피와의 협력을 통해 개최하는 국제적인 와인품평회다. 아시아와인트로피는 국제와인기구 OIV의 엄격한 규정에 따른 철저한 블라인드 테이스팅 결과에 따라 그랜드 골드(Grand Gold 92점 이상), 골드(Gold 85점 이상), 실버(Silver 82점 이상) 기타 특별상(80점 이상)을 부여하며, 전체 출품 와인의 30%까지 입상할 수 있다. 심사위원은 다양한 분야의 와인관련 전문가들로서 국제와인기구 OIV의 규정에 따라 과반수는 외국인으로 구성된다.

2) 아시아 와인 트로피 메달 수상 와인

아시아 와인트로피에서 수상된 몰도바, 루마니아 지역의 와인들이다. 유럽현지에서도 좀처럼 접하기 힘든 국가와 포도 품종을 테이스팅할 수 있는 행사로서 소믈리에는 흥미로운 체험과 경험을 쌓을 수 있고 생산자는 블라인드 테이스팅을 통해 자신의 와인을 140여 명으로 구성된 국제 심사위원으로 평가를 받는 기회를 갖게 된다.

수상된 와인에는 아시아 와인 트로피의 그랜드 골드, 골드, 실버, 브론즈의 해당 스티커를 부착하며 같은 형제 품평회인 베를린 와인 트로피, 포루투갈 와인 트로피와 함께 시장에서 소비자들에게 신뢰받는 수상 와인으로 평가받는다.

2 라이센스 취득 및 정기 적인 대회 도전

지속적인 라이센스 취득을 통한 자기개발 및 서비스 능력을 보강해 나가야 하며 주기적인 대회 도전을 통해 자신을 시험해 보려는 도전 정신을 갖고 있어야 발전성 있는 소믈리에로 거듭날 수 있다.

A.S.I.(Association de la Sommellerie Internationale) : 세계 소믈리에 협회는 1969년에 설립되어 현재까지 57개의 회원국 약 5만여명의 소믈리에를 보유한 소믈리에 협회로서 세계 베스트 소믈리에 대회를 비롯하여 각 대륙별로 유럽 베스트 소믈리에 대회, 아메리카 베스트 소믈리에 대회, 아시아-오세아니아 베스트 소믈리에 대회를 주관하는 명실상부 가장 공신력 있는 소믈리에 협회이다.

위 협회에서 인증하는 Diploma Sommelier A.S.I는 세계 소믈리에 협회가 공인하는 디플로마 소믈리에임을 증명한다. 2017년 현재 대한민국은 3명의 Diploma Sommelier A.S.I를 보유하고 있다. 또한 3년마다 유럽, 아메리카, 아시아 & 오세아니아 대륙별 최고 소믈리에 대회와 월드 베스트 소믈리에 대회를 공식적으로 개최하고 후원하고 있다.

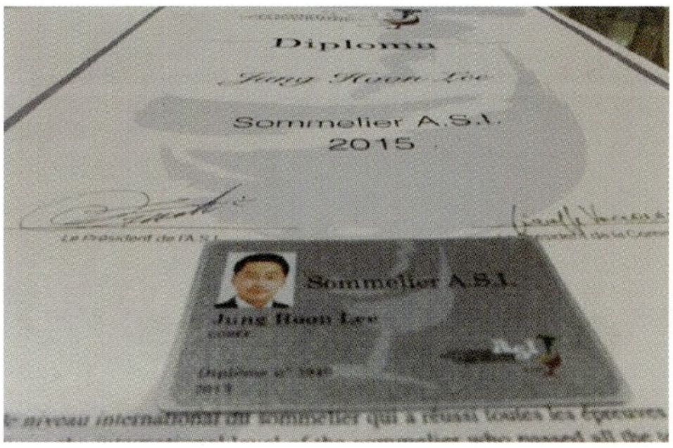

Diploma Sommelier A.S.I

2015 3rd Contest of the Best Sommelier Asia-Ocseania(A.S.I) - Hong kong

참고문헌

손교수와 함께 배우는 와인의 세계 - 손진호
Wine Tasting /Musee Sato Yoichi
Vins AOC de France 佐藤秀良, 須藤海芳子, 河?美 (2009) 三星堂
Grand Atlas des Vignobles de France 飯山敏道 (2005) 飛鳥出版
兒島速人 CWE Test Your Knowledge of Wine ワイン教本2008年版 イカロス出版
田邊由美のWine Book (2009)飛鳥出版
上級ワイン教本 Exploring wines & Spirits by Christopher Fielden.(2009) 柴田書店
(The Wine & Spirit Education Trust 編)
日本 ソムリエ 協會教本 社團法人 日本 ソムリエ 協會 飛鳥出版
The Wine Bible Karen Macneil 최신덕, 백은주, 문은실, 김명경 공역 (2010)WB by barom works
The world Atlas of Wine (휴존슨, 잰신스 로빈슨의 와인 아틀라스) 세종서적
by Hough Johnson, Jancis Robinson
도도한 알코올 와인의 역사. 로드 필립스 (2002) 시공사
와인 소믈리에 실무 김의겸, 최민우, 정연국 공저 백산출판사
프랑스 와인 산지 지도, 사진 제공: 소펙사 코리아
대유 라이프 ㈜ 리델 글라스, 디켄터 이미지 제공
사진작가 이운식님 이미지 사진 제공
K.I.S.A(국제 소믈리에 협회)블라인드 시트 자료 제공
http://www.djwinefair.com
www.aromaster.com/ aroma wheel
Asia wine Trophy 사진제공
Hongkong Sommelier Association 사진제공

제20장

소믈리에 실무 4

1 와인과 음식

1) 마리아주(Marriage)

와인과 음식의 궁합을 말할 때 영어권에서는 "Food fairing"이라고 말하지만 프랑스에서는 와인과 음식의 결혼, 즉 "마리아주(marriage)"라고 표현한다. 불과 몇 년 전에 이런 말이 어색하게 들렸다면 지금은 웰빙의 생활화에 와인과 함께 여러 식 문화를 경험하고 직접 배워보고 만들어 보는 등 문화적으로 폭 넓게 확산되어 친숙한 단어가 되었다고 볼 수 있다.

"와인이 없는 식탁은 태양이 없는 세상과 같다"는 유럽의 속담처럼 여러 식 문화 중에서도 서양의 음식에 와인 없이 음식만 즐긴다는 것은 상상하기 힘든 일상적인 행동 양식이다. 와인은 다른 주류와 달리 풍부한 향과 적당한 산도 및 알코올 등의 조화로 이루어지는 복합적인 맛을 갖고 있어 음식과의 조화가 뛰어나다.

와인과 음식이 서로 조화를 통해서 서로를 상호 보완해주는 역할을 함으로써 식사의 시작에는 식욕을 증진하는 역할을, 식사 중에는 테이블의 분위기에서 서로 간의 윤활유 역할도 하며 식사 후에는 소화를 돕는 기능적인 역할까지 많은 역할을 하게 된다.

2) 마리아주의 원리

(1) 맛에 따른 와인 선택

신맛의 소스를 곁들인 음식에는 산도가 높은 화이트 와인을 곁들여야 맛의 상승효과를 얻을 수 있다.

단맛이 있는 음식, 특히 디저트류에는 디저트보다 더 높은 당도를 갖는 디저트 와인을 곁들여야 디저트에 와인이 압도 당하지 않고 좋은 상승 효과를 얻을 수 있다. 이때 와인과 디저트는 풍미면에서 동질감이 있어야 좋은 조화를 이룬다.

짠맛이 있는 음식은 와인에 미네랄이 풍부한 와인과 매칭을 하면 좋은 조화를 이룬다.

음식의 짠맛은 보통 소금에서 유래하며 보통 식전 요리 등에 신맛의 음식과 같이 제공되는데 산미가 있고 미네랄를 함유한 드라이한 화이트 와인이 잘 어울린다.대표적인 예로 드라이한 독일 리슬링을 들 수 있다.

매운맛은 실제로는 통각으로 분리가 되며 아시아에서만 사용되는 맛이다

보통 서양인들은 아주 고통스러워 하며 스위트 와인을 마시지만 아시아인 입맛에는 탄닌이 강하지 않고 붉은 과일향이 풍부한 와인이 잘 어울린다. 대표적인 예로 프랑스 꼬뜨 뒤 론 남부 지방을 들 수 있다.

그리고 사천 탕수육일 경우에는 신맛과 단맛이 조화로운 독일 리슬링 슈패트레제가 좋은 조화를 이룬다.

(2) 조리 방법에 따른 와인 선택

❶ 삶기, 찌기

재료의 특성을 해치지 않는 가장 부드러운 조리 방법으로 와인 또한 아주 심플하게 양조된 와인이 적당하다. 스테인리스로 양조된 심플한 화이트 와인이 잘 어울린다.

❷ 튀기기

기름에 튀겼기 때문에 기름기를 씻어주는 화이트 와인류가 적합하며 튀김특유의 바삭거리는 식감을 고려해서 스테인리스로 양조된 심플한 드라이한 화이트 스파클링와인과 잘 어울린다.

❸ 볶음

요리의 재료와 소스에 따라 화이트, 레드를 선택한다. 심플한 소스의 하얀 소스를 곁들인 생선이라면 화이트를 돼지고기 같은 단단한 육재료에 고추가루 같은 향신료를 더 했다면 가볍고 과일향이 풍부한 레드가 잘 어울린다.

❹ 구이

생선구이라면 오크 에이징한 산미가 높은 화이트를 소고기 구이라면 오크에이징한 풀바디의 레드와인이 잘 어울린다.

탕과 조림등 국물이 있는 요리는 굳이 와인과 매칭하지 않고 다른 음료를 추천하는 것도 좋은 방법이다. 꼭 와인과 매칭하는 것이 좋은 소믈리에의 요건은 아니다.

2 와인과 음식의 마리아주

1) 일품요리 마리아주

일반적인 공식으로 흔히 100% 맞는 표현은 아니지만 "생선에는 화이트 와인 붉은 고기에는 레드 와인"이라는 포괄적 추천이 대명사처럼 전해진다.

소믈리에는 이러한 표현에 대해 설명해 줄 수 있는 논리를 갖고 있어야 되겠다. 마리아주 즉 조화란 음식과 와인 어느 한쪽이 다른 한쪽을 압도하지 않는 것이 중요하며 조화를 이루려면 와인과 음식의 성격을 먼저 파악하는 것이 중요하다.

대표적인 예로는 다음과 같다.

육질이 단단하고 맛이 풍부한 스테이크 풀바디하고 탄닌이 풍부한 레드 와인(카베르네 쏘비뇽, 멜론, 템프라니요 등)

육질이 부드럽은 흰살 육류(돼지, 닭) 미디엄 바디의 산도가 있는 레드 와인 또는 산미가 있는 화이트 와인(레드 : 키안티 클라시코, 산지오 베제 등, 화이트 : 리슬랑, 샤르도네 등)

생선, 해산물 산미가 있는 신선한 화이트 와인(서늘한 생산 지역(구세계)의 화이트 와인

특정 지역 요리 그 지역 와인

신맛이 강한 드레싱이 가미된 샐러드 가볍고 산도가 높은 드라이 화이트 와인(서늘한 생산 지역(구세계)의 화이트 와인

짠맛이 강하고 풍미가 강렬한 푸른곰팡이 치즈 스위트 화이트 와인(귀부 와인)

2) 코스 요리 마리아주

The Van Dusen Mansion
Exclusive Three Course Dinner Selections

Course One:

Balsamic Roasted Beet Salad, Stickney Hills Goats Cheese and Pine Nuts
Blackened Diver Scallop, Lemon Fennel Salad
Sliced Smoked Salmon, Citrus Vinaigrette with Salted Capers
Poached Oysters (4) with Warm Beurre Blanc
Leek And Potato Soup, White Truffle Oil, Smoked Berkshire Bacon
(served hot or cold)
Rillette of Pork Belly and Duck, Cornichons, Artisan Bread
Green Pea and Mint Soup with Lobster (served hot or cold)

Course Two:

Confit Duck Leg, Lyonnaise Potatoes, Port and Orange-braised Red Cabbage
Roast Pork Loin, Fennel and Garlic Crust, Apple and Potato Mash, Calvados Jus
Poussin Breast, Tuscan-style White Bean Stew, Wine and Rosemary Jus
Beef Tenderloin, Sauce Verde, Garlic Confit Potatoes, Wilted Baby Spinach
Osso Bucco, Crushed Root Vegetables, Red Wine Black Pepper Sauce
Italian Lamb and Roasted Pepper Stew, Grilled Polenta, Mint and Parsley Salad
Tagine of Chicken, Preserved Lemon, Olives, Saffron and Couscous

Course Three:

World Cheese Plate, French Sourdough Baguette
Whole Poached Citrus Cake, Citrus Salad
Fresh Berry Salad, Meyer Lemon and Lavender Syrup
Warm Belgium Chocolate Bread Pudding, Chilled Cinnamon Cream
Dark Chocolate and Cherry or Raspberry Terrine, Chocolate Biscotti

코스요리

다음과 같이 예를 들어 아페리티프부터 시작하여 에피타이저(또는 샐러드), 수프, 핫 에피타이저, 메인 요리, 치즈, 디저트 로 이어지는 코스의 대표적인 요리별로 와인을 추천의 예를 제시한다.

이때 제일 먼저 고려사항은 무조건적인 추천보다는 어린이, 여성, 건강상태, 알러지 등을 먼저 체크하여 배려심 있고 세심하게 다가가야 한다. 상황에 따라 무알코올 음료나 건강에 좋은 음료나 특별한 생수 등을 추천한다.

(1) 아페리티프

아페리티프로는 식욕을 돋구기 위한 음료이므로 진베이스(진토닉 등)나 보드카 베이스(그레이 하운드 등)의 알코올이 다소 높은 칵테일이 좋으며 와인으로는 드라이하고 가벼운 화이트 와인 또는 스파클링 와인이 잘 어울린다.

오크 에이징을 하지 않은 가벼운 스타일이라면 구세계나 신세계 어느 쪽도 좋다. 특별한 행사라면 품격을 올려주는 좋은 품질의 샴페인이 최선의 선택이 될 것이다.

카나페 Canape

(2) 스타터/콜드 에피타이저(Starter/Cold Appetizer)

❶ 아스파라거스 그린 뉘앙스의 화이트 와인으로 뉴질랜드 쏘비뇽 블랑 또는 오스트리아의 그뤼너 벨트리너를 추천한다.

❷ 푸아그라 빠떼 스위트 와인과 조화가 훌륭하지만 코

스요리의 첫요리인 콜드 에피타이저로 등장할 때는 샴페인 또는 단맛이 부담스럽지 않은 스타일의 알자스산 피노 그리 게브르츠 트라미네르를 추천한다.

❸ 훈제연어 일반적인 심플한 프랑스 마을 단위 샤블리부터 프랑스 쌍세르의 쏘비뇽 블랑, 독일의드라이 리슬링등 산미가 있으면서 미네랄이 느껴지는 와인을 추천한다.

❹ 샐러드 Salad

드레싱 없는 그린 샐러드 대부분의 드라이 화이트 와인, 그린 뉘앙스를 갖는 뉴질랜드의 쏘비뇽 블랑, 프랑스 알자스의 드라이 리슬링, 오크 에이징을 거치지 않은 산뜻한 산미의 프랑스 샤블리의 샤르도네를 추천한다.

비네가와 올리브 오일을 곁들인 샐러드 산도가 높은 비뉴 베르드, 뉴질랜드 쏘비뇽 블랑, 독일산 드라이 리슬링을 추천한다.

(3) 수프(Soup)

일반적으로 유럽에서는 수프가 코스에 포함되는 경우가 아주 적은 편이나 한국에서는 아직 많은 경우 코스에 포함된 리스트가 제공되고 있다. 이것은 한국의 국물 문화가 코스에 녹아 든 형태로 볼 수 있다. 기본적으로 와인은 액체류에 액체를 매칭하진 않으나 몇 가지 추천할 수 있다.

❶ 부야베스 생선과 해산물이 듬뿍 들어간 프로방스 지방 특유의 수프. 저렴한 화이트나 지역성에 맞게 프로방스산 화이트나 로제. 특히 방돌의 로제 와인를 추천한다.

❷ 크리미한 차우더 심플한 샤르도네 와인이나 산미가 있는 드라이 화이트 와인을 추천한다. 이때 오크 에이징한 화이트는 피하도록 한다.

(4) 핫 에피타이저(Hot Appetizer)

❶ 넙치 크림소스 좋은 식재료를 사용한 요리이므로 격에 맞추어 품질 좋은 화이트 브르고뉴(뿔리니 몽라셰 등), 고급 캘리포니아 샤르도네를 추천한다.

❷ 농어 버터소스 좋은 식재료를 사용한 요리이므로 격에 맞추어 오크 에이징한 품질 좋은 화이트 브르고뉴나 좋은 품질의 알자스 그랑크뤼 리슬링을 추천한다.

❸ 바비큐 연어구이 브르고뉴 피노 누아, 보졸레 가메이 레드 등 탄닌이 섬세하면서 바디감도 라이트한 레드 와인을 추천한다.

❹ 팬 프라이드 푸아 그라 푸아그라의 특유의 풍미와 질감, 팬 푸라이드한 조리법을 고려하여 흑 내음과 미네랄이 풍부하고 탄닌이 부드러우면서도 바디감이 묵직한 스타일인 뽀므롤 레드 와인을 추천한다.

(5) 메인 요리(Main Dish)

❶ 송아지 요리 오크 에이징을 하지 않은 샤르도네, 탄닌이 강하지 않은 레드 와인.키안티, 메를로, 피노누아 품종 와인. 혹시 조리법이 컷틀렛식으로 만들어진 요리라면 상큼한 산미의 레몬과 와인과 일체감을 북돋기위해 딸기 잼을 곁들이고 와인은 독일의 슈패트브르군더를 추천한다.

❷ 오리 구이 가벼운 붉은살 육질의 요리로 섬세한 탄닌의 프랑스 브르고뉴 피노누아, 또는 숙성되어 탄닌이 녹아있고 미디엄 풀 바디의 이탈리아 바롤로 와인을 추천한다.

❸ **가금류** 풍미가 강한 야생 조류의 요리에는 프랑스 보르도, 브르고뉴, 북부 론, 스페인 리오하 등 구세계의 품질 좋은 레드 와인을 추천한다

❹ **비프 스테이크** 프랑스 론 레드 와인, 보르도산 풀 바디 레드, 신세계의 풀바디 레드 와인등 좋은 품질을 갖춘 모든 종류의 미디엄-풀 바디 이상의 레드 와인을 추천한다.

❺ **구운 양고기** 고급 보르도 레드 와인, 그외 신세계 카베르네 쏘비뇽, 멜롯 등 묵직하고 풀바디한 고급 레드와인을 추천한다.

❻ 메인 요리에서 마리아주의 또하나 중요한 요소로 소스를 빼놓을 수 없다.

일반적으로 영한 레드 와인일 경우 레드 와인 소스 적당히, 숙성된 레드 와인인 경우 버섯 소 스, 오랜 숙성으로 쿰쿰한 풍미가 있는 레드 와인인 경우 블랙 트러플를 곁들인 버섯 소스, 호주 쉬라즈나 루아르의 까베르네 프랑 같은 매콤하고 풋풋한 풍미의 레드 와인인 경우 후추 소스를 곁들이면 좋다.

❼ 채식 주의자 메뉴 – 세페 버섯 스테이크 숙성된 쌩떼밀리옹 와인을 추천한다. 세페 버섯은 특유의 풍미를 갖고있면서 씹히는 질감이 고기의 질감과 유사하며 숙성된 쌩떼밀리옹 와인의 부드러운 탄닌과 함께 표출되는 버섯 향이 일체감을 불어넣어 준다.

(6) 치즈(Cheese)

❶ 레드 와인과 곁들이는 경우

코스에서 나오는 치즈는 남은 레드 와인과 함께 마시는 경우가 종종 있으므로 레드 와인과도 좋은 조화를 위해 메인 레드와인의 캐릭터에 겹치는 검은 또는 붉은 계열의 맛과 풍미를 갖는 잼 등을 곁들이면 좋다.

그에도 말린 무화과나 과일 꿀리(Coulis, 과일 퓨레) 등을 곁들이면 좋다.

❷ 치즈별 조화

블루치즈(Blue Cheese) 짭짤하고 쿰쿰한 풍미를 갖는 경우에는 스위트 와인, 타우니 포트를 추천한다.

로크포르(Roquefort) 블루치즈 중에서도 고가이므로 격에 맞는 귀부 와인. 좋은 품질의 쏘떼른을 추천한다.

브리(Brie) 화이트 와인으로는 오크 에이징된 풀바디한 샤르도네 와인, 과일향이 나는 신선한 레드 와인. 보졸레를 추천한다.

까망베르(Camembert) 크리미한 브르고뉴 화이트 와인, 캘리포니아 샤르도네 와인을 추천한다.

샤비뇰(Chavignol) 염소젖으로 만든 짭잘하면서 조직이 가벼운 치즈다. 지역성에 맞게 루아르산 쏘비뇽 블랑을 추천한다.

뮌스타(Munster) 풍미와 미감에서 강렬한 지속성을 보여주는 치즈다. 지역성과 치즈의 성격에 맞춰 알자스 그랑크뤼 등급의 게브르츠 트라미너를 추천한다.

(7) 디저트(Dessert)

과일 타트 계열 디저트 신선한 디저트 와인, 레이트 하비스트, 영한 노블 랏, 알자스 방당주 따르디브 등 미디엄 스위트 정도의 당도를 가진 화이트 와인과 좋은 궁합을 보여준다.

초콜릿 케이크 포루투갈의 포트 와인, 프랑스 루시용의 반뉠스 등의 레드 주정강화 와인과 환상적인 궁합을 보여준다.

(8) 커피 또는 티(차)

과거 소믈리에는 테이블에서 디저트 와인 또는 시가바(Cigar Bar)에서 포트 와인까지 마무리하고 손님들이 담소를 나누는 시간에 서비스를 마무리하는 것이 일상적이었다.

하지만 지금의 미식산업에서 시가바가 사라졌고 건강음료로 커피와 차 문화가 급격하게 발달하였다. 대한민국의 현재 커피 원두 수입량은 세계 6위를 기록하고 있을 정도로 커피 시장이 커진 상황이다. 이에 맞춰서 소믈리에는 고급 스페셜티 커피 Specialty Coffee와 고급 브랜드 홍차 및 중국 운남성의 보이차 등을 고객층에 맞추어 다양성 있게 구비해 두어야 미식의 마무리를 세련되게 마칠 수 있다. 또한 세심한 배려의 인상을 남겨 재방문 등의 기회를 높이는 기회로 활용 할 수 도 있다.

3) 아시아 각국 요리 마리아주

아시아 요리와 와인과의 선택시 우선 고려사항을 먼저 생각해야 한다. 특유의 풍미로 서로의 맛을 거스를 경우 그 요건을 제거하는 편이 좋다. 보통 서양식 식사에서 요리와 와인은 1대1의 매칭이 일반적이나 아시아의 여러 나라는 밥을 중심으로 반찬이라는 사이드 메뉴를 곁들이는 식사로 와인과 요리는 1대 다수의 매칭이 일반적이기 때문에 와인 추천 시 방해 요소를 제거하거나 조리법을 바꾸어 제안하는 등의 조치가 필요하다.

다음은 일반적인 와인 추천의 예이다.

고추장 소스를 곁들인 비빔밥 신선한 붉은 과일향을 갖으며 탄닌이 거칠지 않고 알코올이 받쳐주는 와인을 추천한다. 레드 와인으로는 프랑스 꼬뜨 뒤 론 레드 와인, 또는 스파클링 와인은 무난하게 입안을 정리해주는 역할을 해준다.

일식 초밥 곡류 와인. 사케. 와인으로는 심플하고 산미가 있는 화이트 와인을 추천한다.

일식 데리야키 스위트한 풍미 찐득한 과일 향이 있고 미감에서 알코올과 달콤한 과일 단맛이 가볍게 남는 레드 와인을 추천한다. 캘리포니아 진판델

일반적인 태국음식 음식의 강한 풍미에 대항할 수 있는 풍미가 강한 화이트 와인을 추천한다. 독일산 리슬링, 게브르츠 트라미너

육류의 색이 진한 중국 음식 육류와 함께 조리된 소스에 보통 간장을 더하여 감칠맛이 강하므로 이에 걸 맞는 진한 과일 풍미의 레드 와인을 추천한다. 신세계 메를로, 진판델, 오스트레일리아 쉬라즈

달고 신맛이 나는 중국 요리 상큼한 산미가 특징적인 독일산 카비넷트 리슬링 또는 다른 관점으로 스위트하고 향신료 풍미가 강한 알자스산 게브르츠 트라미너을 추천한다.

3 레스토랑 이용 시 마리아주 고려사항

고급 레스토랑에서는 대개 소믈리에가 상주하고 있지만 없는 경우를 대비해서 약간의 지식을 갖추는 편이 좋다.

일행이 서로 다른 음식을 주문했을 경우 와인이 절반 정도의 사람의 음식과는 어울려야 한다. 제일 우선 원칙은 무난하게 중간적인 성격의 와인을 선택한다. 극단을 피해 위험부담을 줄이는 원칙으로 화이트 와인으로는 오크 숙성을 하지않은 샤르도네, 쏘비뇽블랑 품종 등 대중적인 품종 와인이 좋다.

레드 와인인 경우 에는 멜롯 또느 과일 풍미의 까베르네이나 멜롯을 브렌딩한 와인이 좋다. 또한 이탈리아산 레드 와인 키안티는 탄닌과 산미를 적절히 갖고 있어 특히 여러 음식과 무난하게 잘 맞는다.

만약 정말 복잡하고 매칭하기 어려운 식재료가 있다면 스파클링 와인을 선택하면 조화가 무난하다. 탄산 성분이 있는 스파클링 와인은 의외로 다양한 음식과 여러 가지 음식에 두루 매칭할 수 있는 성격을 갖고 있다. 또한 특정 나라 스타일의 요리 전문 레스토랑인 경우 그 나라 그 지방 와인을 택하는 것이 좋다.

참고문헌

Wines of the world DK
와인과 음식의 조화 이효정
최신 와인 소므리에 이해 최병호, 최희진
Asian Palate 지니 조 리

https://www.tes.com
https://www.google.co.kr
http://egloos.zum.com/cool120p/v/4503995

저·자·소·개

■이 정 훈

- 숭실대학교 경영대학원 외식경영학과 졸업(경영학 박사)
- 2015 3rd Contest of the Best Sommelier Asia-Ocseania(A.S.I) 대한민국 국가대표(Semi-finalist)
- 2014 제10회 한국 국가대표 소믈리에 경기대회 왕중왕전 준우승
- 2013 제9회 한국 국가대표 소믈리에 경기대회 우승
- A.S.I(세계소믈리에 협회)공인 Diploma Sommelier 대한민국 1호 Sommelier
- 프랑스 농 식품 진흥공사 Sopexa 공인 Sommelier
- 영국Court of Master Sommelier 공인 Sommelier
- 프랑스 U.D.S.F(B.A) : 프랑스(보르도&아키텐) Sommelier 공인 Sommelier
- 독일 Mosel Wein Sommelier 공인 Sommelier
- (사) 한국 국제 소믈리에 협회 공인 Master Sommelier
- 국제 와인 품평회 심사위원, 독일Berlin Wine Trophy 심사위원, 홍콩 Asia Wine & Spirit Award Champion Sommelier Panel, Asia Wine Trophy 심사위원
- Hong kong Asia Top Sommelier Summit 대한민국 국가대표
- 한국품평회 심사위원, Korean Wine Awards, Korea wine Challenge, 영동, 영천 와인, 전통주 심사위원
- (사) 한국 국제 소믈리에 협회 부회장
- 국가대표 소믈리에 경기대회 필기&실기 심사 위원 및소믈리에 자격검정 출제&실기 심사위원
- 연성대학교 평생교육원 와인 소믈리에 과정 소믈리에 실기 강사
- 숭실대학교 경영대학원(MBA) 외식경영학과 F&B Seminar 과정 초빙 강사

현) Grand Walkerhill Hotel Sommelier

■고 종 원

- 경희대학교 국제경영 전공(경영학 박사)
- 서울대학교 보건대학원 식품외식 최고경영자과정 이수
- 중앙대학교 와인아카데미 와인마스터과정 수료
- 일본 OGM 와인전문과정 수료
- 미국호텔협회(AHLA) 와인소믈리에 공인 자격 취득
- 미국호텔협회(AHLA) 총지배인 자격(CHA) 취득
- FMP, American National Restaurant Association
- (사) 한국평생능력개발원 식음료자격취득검정위원회 와인관리사 심사위원장 역임
- 와인오케이닷컴(www.wineok.com) 와인칼럼리스트 역임
- 월간 호텔&레스토랑 와인칼럼리스트(세계와인문화이야기) 역임
- M 이코노미 칼럼리스트 역임
- 한국관광신문 논설위원 역임
- Winecook.kr 와인칼럼리스트

현) 한국와인소믈리에학회 이사 / 편집이사
한국여행발전연구학회 회장
한국관광서비스학회 부회장
한국커피와인문화연구원 심사위원장
연성대학교 관광과 호텔관광전공 교수
연성대학교 평생교육원 와인소믈리에/와인CEO과정 주임교수
숭실대 경영대학원 식음료경영학과 와인강좌(특강) 초청교수 / 최우수 강의 선정

저서 와인의 이해(백산출판사, 2011 공저) / 세계의 와인(기문사, 2011 대표 공저자) / 세계와인과의 산책(대왕사, 2013 대표 공저자) 외

논문 프랑스 와인품종 Syrah에 관한 연구(국제지역학회, 2013) / 게브르츠트라미너 와인품종에 관한 연구(연성대, 2010) 외 다수

칼럼 우울함을 떨치는 밸류 와인(한국관광신문), 한국와인문화와 소비환경(M 이코노미), 와인과 그리스도(barista magazine korea)외 다수

와인의 세계

2017년 9월 20일 초 판 인쇄
2017년 9월 30일 초 판 발행

저 자 이정훈 · 고종원
발행인 한 인 환
발행처 도서출판 **기 문 사**
등 록 1978. 8. 9. NO. 6-0637
주 소 서울시 동대문구 안암로 50-1(용두동) 홍신빌딩 3층
전 화 02) 2265-7214 / 922-8662~8663
팩 스 02) 922-8772

homepage : www.kimoonsa.co.kr
e-mail : book@kimoonsa.co.kr

ISBN : 978-89-7723-761-2 93590

정가 : 23,000원